PROSPERITY WITHOUT GROWTH
2ND EDITION

—— 全新修订版 ——

无增长的繁荣

[英] 蒂姆·杰克逊 (Tim Jackson) / 著

丁进锋 诸大建 / 译

中国出版集团
中译出版社

图书在版编目（CIP）数据

无增长的繁荣/(英)蒂姆·杰克逊(Tim Jackson)著；丁进锋，诸大建译. -- 北京：中译出版社，2023.6
书名原文：Prosperity without Growth: Foundations for the Economy of Tomorrow
ISBN 978-7-5001-7286-4

Ⅰ.①无… Ⅱ.①蒂…②丁…③诸… Ⅲ.①发展经济学 Ⅳ.①F061.3

中国国家版本馆CIP数据核字(2023)第001611号

著作权合同登记号：图字：01-2022-3205号

Prosperity without Growth: Foundations for the Economy of Tomorrow © 2017 Tim Jackson Original ISBN: 9781138935419
Authorized translation from the English language edition published by Routledge, a member of Taylor & Francis Group LLC. All Rights Reserved.
本书原版由Taylor & Francis出版集团旗下Routledge出版公司出版，并经其授权翻译出版。版权所有，侵权必究。
Chinese Translation and Publishing House is authorized to publish and distribute exclusively the Chinese (Simplified Characters) language edition. This edition is authorized for sale throughout Mainland of China. No part of the publication may be reproduced or distributed by any means, or stored in a database or retrieval system, without the prior written permission of the publisher.
本书中文简体翻译版授权由中译出版社独家出版并在限在中国大陆地区销售。未经出版者书面许可，不得以任何方式复制或发行本书的任何部分。
Copies of this book sold without a Taylor & Francis sticker on the cover are unauthorized and illegal.
本书封面贴有Taylor & Francis公司防伪标签，无标签者不得销售。

无增长的繁荣
WUZENGZHANG DE FANRONG

策划编辑：刘香玲　张旭
责任编辑：刘香玲　张旭
文字编辑：张程程
营销编辑：刘子嘉
版权支持：马燕琦
出版发行：中译出版社
地　　址：北京市西城区新街口外大街28号普天德胜大厦主楼4层
电　　话：（010）68359719（编辑部）
邮　　编：100088
电子邮箱：book@ctph.com.cn
网　　址：http://www.ctph.com.cn

印　　刷：北京盛通印刷股份有限公司
经　　销：新华书店
规　　格：710 mm × 1000 mm　1/16
印　　张：24.25
字　　数：300千字
版　　次：2023年6月第1版
印　　次：2023年6月第1次印刷

ISBN 978-7-5001-7286-4　　　　　定价：89.00元

版权所有　侵权必究
中 译 出 版 社

推荐语

改版经典是困难的，但杰克逊做到了。这是一本表述明晰的、将道德愿景与扎实的经济学相结合的学术著作。

——赫尔曼·戴利
《稳态经济学》作者

我清楚地记得初次阅读《无增长的繁荣》时的状态。它的明晰、勇气和希望涤荡了知识界的喧嚣。

——娜奥米·克莱恩
《改变一切》作者

蒂姆·杰克逊的《无增长的繁荣》系统地讲述了一个几乎无人相信切实可行的基本主题：通过与增长的潮流脱钩，再次实现共同繁荣和人类发展的梦想。这是拒绝向未来反乌托邦屈服之人的必读书。

——亚尼斯·瓦鲁法科斯
雅典大学经济学教授

无增长的繁荣

  我们时代最重要的论述之一：既富有远见又脚踏实地，立足于精心的研究，设立困难但可达的目标，它满足了我们的迫切需要——被动状态、短期自私自利和愤世嫉俗的替代品。

——罗恩·威廉姆斯博士

英国第 104 任坎特伯雷大主教

  挑战以增长为基础的主流经济范式，面临着无法逃避的两难困境，即如何协调"我们对美好生活的向往和地球有限的资源和约束"。它的评论深思熟虑、鞭辟入里，因对实现这一目标的可靠方案的概述而更加丰富。对不能忽视的紧急关切做出了富有价值的贡献。

——诺姆·乔姆斯基

美国麻省理工学院语言学教授

  世界上的许多地方仍然动荡不安。呼吁更高的经济增长是每位政客选择的"定心丸"。但是蒂姆·杰克逊极力敦促他们，放弃这些"定心丸"，重新思考我们对经济增长的不断依赖，立即开始为此类增长不再可行的世界做准备，因为它的环境成本大大超过收益。《无增长的繁荣》是独一无二的巨著，有关如何应对当代最严峻的挑战。

——乔纳森·波利特

"未来论坛"创始主任

推荐语

富裕国家获得更高的福利与 GDP 增长没有必然联系。蒂姆·杰克逊是提出这一真理的先锋。政府干预能实现预期的结果，即充分就业、减少不平等和降低温室气体排放。

——乔根·兰德斯

《众生的地球》《2052：未来四十年的中国与世界》作者

此书是蒂姆·杰克逊迄今为止最棒的突破性著作，从根本上深化了他的观点。全面的修订版比以往任何时候都更清楚地阐明了经济学不同的新维度——为人民、地球和繁荣而服务。本书阐明了我们需要采取行动（除了促进增长）的原因和方式。

——卡罗琳·卢卡斯

英国下院议员（布莱顿市穹顶宫选区）

大胆又刺激。

——《纽约时报》

近年来最杰出的环境经济学著作之一。

——《世界报》

2009 年最佳作品之一。

——《金融时报》

无增长的繁荣

新运动正在酝酿兴起。对于每个想要宣誓行动的人来说，应首先阅读这部行文出色的著作……就接下来的 10 年及未来而言，这极有可能成为你将读到的最重要作品。

——《卫报》

进步派是应该放弃增长，还是继续促进增长。这一问题仍未解决。但是，试图把去增长视为"天上的馅饼"不予理会来绕过这场讨论，现在则面临着驳斥这部巨著的艰巨任务。我期待着蒂姆·杰克逊对它的进一步阐述。

——大卫·乔特
"政策进步"博客主理人

在资源有限的星球上，无限增长不仅毫无可能，而且正在危及当代和后代的生存。我敦促每个人都要阅读蒂姆·杰克逊这部富有远见的巨著。他对现有的经济范式做了详细批评，并就共同持久的繁荣提出了令人信服的建议。

——比安卡·贾格尔
比安卡·贾格尔人权基金会创始人兼主席

面对经济危机，杰克逊写了一本现在所能写的最重要的书。

——詹姆斯·古斯塔夫·斯佩思
《世界边缘的桥梁》作者

推荐语

对于可持续发展来说,这可能和《布伦特兰报告》一样重要。

——保罗·玛丽·布朗格
可持续发展研究所所长

《无增长的繁荣》令人鼓舞和振奋的主题是,人类可以没有增长而繁荣。事实上,我们别无选择。

——罗伯特·古德兰博士
世界银行前顾问

蒂姆·杰克逊的著作的确重启了西方社会的议程。

——伯尼·布尔金
英国石油公司前首席科学家

杰克逊的前瞻性研究早已开启了重新定义如何实现人类和地球未来福祉的讨论。这是一本必读书。

——朱丽叶·肖尔
《大萧条下的生活经济学》作者

我长期阅读有关金融危机和社会状况的作品,这是我读过的最好的一本……其美妙之处在于,所需的变革将使我们更加幸福。

——克莱尔·肖特
1997—2003年英国国际开发事务大臣

无增长的繁荣

零增长不仅是必要的,而且是不可避免的,并将取代自私的资本主义。蒂姆·杰克逊精彩的分析揭示了危机内在系统因果关系,照亮了前进的道路。

——奥利弗·詹姆斯
《富足》作者

这部著作重要、必需和及时,值得广泛阅读。它不仅是关于发展真正可持续经济相关困难的杰作,也为与美好生活和美好社会本质相关的日益紧迫的讨论做出了重要的贡献。

——科林·坎贝尔
约克大学社会学荣休教授

什么让我们无法想象停止增长,即使它正扼杀我们?蒂姆·杰克逊大胆面对导致这种疯狂的结构矛盾困境,并在这本清晰、有说服力、可读性好的书中,提出了我们如何开始驶出这条自我毁灭的快车道。千万别错过了!

——黛安·杜迈洛斯基
《长夏的终结》《我们被偷走的未来》作者

有限星球上的无限增长,或是痛苦蔓延的无限衰退,都代表着不可能的未来。这里有非常有力的措施,可能带来非常充满希望的另一种结果。

——比尔·麦克基本
《深度经济》作者

推荐语

《无增长的繁荣》道出了一切：从我们今天深陷困境、不可持续、令人不满的经济开始，以信息充分、明确清晰、鼓舞人心、批判与建设的方式，为实现可持续经济和过上满意的生活，提供了有力的组合建议。

——理查德·诺加德
加州大学伯克利分校教授

针对脱离现实世界的经济正统观念，蒂姆·杰克逊的著作提出了有力且明智的挑战，即现实世界中资源有限、全球变暖和石油储备达到峰值。它严谨、诚实且充满希望，令人耳目一新！

——安·佩蒂弗
《货币权力》《只是钱》作者

谈到如何缓解环境与经济之间的紧张，口号应该是"少就是多"。如果你想知道我们如何才能更健康、更富有、更聪明，你就应该读读这本书。

——莫莉·斯科特·卡托
欧洲议会议员

我们生活在有限的世界，却有着无限的需求。人类的欲望、政治的便利和智力的惰性超出了地球的极限。蒂姆·杰克逊迎头而上，为更可持续的未来树立路标。

——卡米拉·图尔明
国际环境与发展研究所主任

这是我见过的最精彩的分析之一。这是一部深思熟虑、注重行动的杰作，着眼于如何克服未来任务面临的阻力。

——阿诺德·图克

荷兰莱顿大学工业生态学教授

人们容易哀叹增长经济学的不可持续性。从另一方面来说，要重新想象它会有点困难。最难的是详细描述转型，即如何在不破坏经济的情况下从增长过渡到稳定状态。这是缺失的部分。蒂姆·杰克逊大胆填补空白。这本书清晰、客观、没有政治偏见……《无增长的繁荣》一定是今年最重要的著作之一。

——杰里米·威廉姆斯

"让财富成为历史"博客主理人

蒂姆·杰克逊为我们提供了巨大的帮助，将讨论转化为可理解的语言。这本书将被广泛阅读，并为切实阐述许多基本思想打下基础，为解决公众的潜在关切提供方案。

——期刊《生态经济学》

杰克逊的分析非常独特。在生产的经济逻辑、消费的社会逻辑以及国家保持不可持续增长机制运转的矛盾立场之间，他仔细梳理了它们之间的相互依存关系。杰克逊还提供了一个独到的视角，确定了改变的杠杆点以保持最终有效的前景。从德内拉、丹尼斯·梅多斯和赫尔曼·戴利的开创性工作以来，我从未遇到过如此聪明和有洞见的分析。

——期刊《工业生态学》

《无增长的繁荣》得到了"我读两次"的荣誉……这本书读起来有点像小说……最后，我要求妻子安吉读读这本书，并为我做总结。她的结论是："这是一本会改变你生活的好书。读吧！"

——维诺德·巴蒂亚

期刊《国际经济学》

我认为这本书非常精彩。杰克逊的写作思路条理、结构清晰。他拥有写出生动句子的天赋。

——布莱恩·沃克

杂志《热门话题》

这是（一部）革命性的著作……它的时代已经到来。

——乔治·蒙比尔特

《卫报》

推荐序

做新文明的躬行者

如何正确地定义繁荣、繁荣与经济增长的关系,以及给出从目标到实现的清晰路径,这些是本书作者努力阐述清楚的内容。从书稿修订再版和读者反馈来看,本书显然是很成功的。

繁荣,在中文里是个高频词,出自晋代葛洪《抱朴子·博喻》:"甘雨膏泽,嘉生所以繁荣也,而枯木得之以速朽。"繁荣为草木茂盛之意,现在被更为广泛地应用于经济、社会领域,形容经济或事业的蓬勃发展。

在资本主义市场经济体制下,繁荣往往与物质的丰富和资金的流转捆绑在一起,互为因果。也因此,繁荣与萧条,成了一对反义词。而20世纪初曾波及整个资本主义世界的经济大萧条的阴影,更是一场未曾远去的噩梦。

因此,尽管我们在众多场合为生态环境强力呐喊、振臂而呼,但"经济增长"所携带的历史惯性和工业文明的强大力量总是能轻易地碾压我们。在很多人(包括很多政府官员)看来:经济不景气、增速放缓以及可能随之而来的金融投资预期不佳、社会发展不景气等"下行"威胁一旦发生,可要比呼吸一口被污染的空气，或者是遭遇一次强台风侵袭严重得多！原因简单且直接：难道有人想要退回到物质贫困或经济崩溃的生活中吗？看，这似乎是毫无悬念的提问。官员还可以用繁荣是"显绩"，生态是"隐绩"为借口，通过大项目来寻租。

但显然，现代工业文明所秉持的这种忽略生态和自然承载力，依赖推动消费者不断买买买来维持的繁荣表象，这种实现社会经济不断增长的模式，犹如饮鸩止渴。

我有一个拉杆箱，多年来它伴随我辗转国内外各地，曾先后坏过4次。很多人以过时、老旧为由，劝我换新，但幸运的是经维修后，它至今仍在坚定地履行着使命。并非我对老物件有格外的钟爱，仅是觉得还可用，弃之可惜。显然，我这种做法在当下看来很不合时宜，是不符合促进经济"繁荣"的需求的。毕竟现在很多物品被丢弃，并非因为损坏或无法使用，而仅是由于市场推出了迭代的新产品，旧的则显得落伍了，比如手机等电子产品。"升级换代"被写进文件，堂而皇之、大行其道。

当人们眼花缭乱于众多消费品中，为如何选择一个更新的或更有品味的产品而烦恼时，关于生态安全、环境代价等概念，往往被排斥在思考范围之外。于是，更多产品被加工生产出来，通过带动并满足消费者而帮助资本获得利润。这些产品有些还被包装为另一种表现形式——看似"绿色"的宏大项目或工程。例如，某大城市一处湿地公园建设，以符合人类审美和消费需求的方式，对原生自然植被进行了大量改造，虽然规划建成后的湿地公园拥有整齐的人工草坪和规则分布的树木，但通过施工前后生态状况的调研对比发现，改造后的区域，鸟类种群数量仅有四五种，相较建设前下降约10倍。随着后续为维护人工草木健康而不断投放的防治病虫害药物的增加，物种数量会进一步降低。还有轰动一时的海花岛项目，这个投资约810亿的项目，以提供旅游度假、商业会展、餐饮和海洋运动休闲、商品房居住等服务获取利润，但违规建设问题长期存在，被中央环境保护督察组多次点名，勒令其修复生态环境损害。与之类似的还有秦岭别墅群违建，屡禁不绝，最终在中央先后6次批示下，以"不彻底解决、绝不放手"的整改力度，才得以解决。

从事环保工作多年，相信很多志同道合者都会深感其艰难。我们弯着腰，低着头，弓着腿，近乎匍匐地向前，希望推动更多项目、工程，更加重视环境影响评价、重视对原生自然的保护。每一点积极的改变，都令我们鼓舞和欢呼，但是在资本强大的逐利性面前，依然举步维艰。

人类尚无法摸清地球生态系统承载力的边界，但气候变化、生物多样性丧失、公共卫生健康危机，已是地球对人类这种极限行为给出的反馈——或以新冠病毒感染突然暴发的迅猛之势，或以全球气温持续变暖的累积渐变之态，任何一种都需要人类付出惨重且持久的代价。至于突破边界的后果，或许人类依赖自然生态系统所建造的一切，会连本带利被收回。

在全球人口突破80亿，并很有可能在2050年达到97亿的时代，回归对"繁荣"的正确理解，变得愈发紧迫。繁荣不等于财富的堆积、物质的丰饶。如果不能维持我们生态系统的可再生能力、可得资源、大气、土壤和海洋的完整性，那么对经

无增长的繁荣

济的增长追求，则如无本之木，而繁荣也将成为无稽之谈。这虚假的繁荣，也非人类可持续发展之所需。

值得一提的是，金融危机以来，许多国家提出了绿色经济并试图以此提振信心，为经济持续增长找到新的突破口，这在一定程度上提高了对生态环境保护的重视，缓解了人类生产活动所带来的生态破坏和压力。但需要我们保持清醒认知的是，如果这依然是根植于资本主义不断追求增长的工业文明发展理念基础上的，则只能起到换汤不换药的效果，并且可以断言，一旦绿色经济没有达到资本预期的成果，便会被毫不留情地抛弃。

我们需要文明的变迁，如同人类所经历的原始文明到农业文明，再到工业文明——现在，若想实现真正的繁荣，我们需要一个新的文明作为引领。这个文明，便是以人们对美好幸福生活的向往为导向的生态文明。正如作者所说，我们生活在一个物质的世界，但我们的生活从来都不是完全物质的。

在中国生物多样性保护与绿色发展基金会的"生态文明驿站"体系中，有一个"老刘旧书店"。书店安静地坐落在长沙城南书院路一条小巷街角处，朴素的店面里，种类多样的二手书籍被归类摆放着。书店内时常可见上班族、学生、退休老人的身影；在"低碳工坊"体系中，一位北京大学自行车维修师傅，让很多老旧或问题自行车焕发了生命力，深受师生欢迎。我想，这些是值得我们给予更多关注和支持的。这些如星星之火的小微细节，是生态文明的有机组成部分，这何尝不是一种新时代的美好繁荣呢？

须承认的是，相较于数百年累积成势的传统工业文明发展趋势，生态文明尚势单力薄。然，不啻微芒，造炬成阳。随着更多躬行勇者的加入，生态文明时代的可持续繁荣之路，未来可期。

周晋峰博士
中国生物多样性保护与绿色发展基金会副理事长兼秘书长
第九届、十届、十一届全国政协委员
2023年2月

译序

理解什么是可持续发展，英国学者杰克逊（Tim Jackson）写的《无增长的繁荣》一书，是我推荐的经典书之一。我2009年到纽约参加联合国绿色新政研讨，在书店里看到这本书新鲜上市，马上买下。从那以来，不时研读这本书，从英文版到中文版，从第一版到第二版，觉得受益不浅。增长的繁荣，多年来被认为是天经地义的事情。但是，杰克逊指出，无限的经济增长是不可持续的，到了一定阶段需要转向无增长的繁荣。这本书的核心话题是经济增长与社会繁荣的关系，精确地说，是在资源环境有限的地球上人类发展应该追求什么样的繁荣，指出发达国家当下流行的绿色增长策略是有问题的。阅读此书，我觉得有三个基本点：

第一，增长的繁荣存在两大问题。一是无限的经济增长并不表示无限的社会繁荣，这是增长范式面临的不必要性挑战。在主流经济学的增长范式中，增长的潜台词是越多越好。这里的多是物质拥有多，好是生活质量好。在物质短缺的时候，经济增长与获得感确实是正相关。但是当物质拥有跨过一定的门槛之后，就不见得是越多越好了。20世纪70年代以来，学术界用主观满意度和人类发展指数等指标进行实证研究，证明主观满意度和人类发展指数并不随着GDP持续增长，无限的经济增长对繁荣的意义是收益递减的。二是无限的经济增长面临着地球生态物理的天花板，这是增长范式面临的不可能性挑战。经济增长伴随着物质规模扩张，无限的经济增长需要无限的物质规模扩张，但是这在自然资本有限的地球上是不可能的。2009年和2015年有关地球行星边界的先后两次研究成果表明，地球的9个生态系统服务有4个的消耗规模已经超过了地球行星边界，特别是在气候变化和生物多样性方面，这为现在全球行动起来控制二氧化碳排放和生物多样性减少提供了重要的科学证据。最近几年来，增长范式提出发达国家可以用绿色增长化解生态规模约束问题，即绿色技术可以通过改进效率，保持经济继续增长，从而实现经济增长与物质消耗的绝对脱钩。但是实证研究证明，技术改进具有相对脱钩的能力，但是受到反弹效应的制约，只要经济增长的速度大于脱钩的速度，绝对脱钩的情况就不可能发生。

第二，发达经济需要无增长的繁荣。杰克逊认为，如果无限的增长是不必要的，也是不可行的，那么发达国家的发展模式就需要转向地球约束下的无增长的繁荣。英国有学者论证，日本最近20多年经济增长低于美国，但是人均预期寿命和社会满意度却高于美国，说明无增长的繁荣是可能的。当然，这里的无增长不是GDP一点都不增长，而是经济增长的速度和规模控制在地球可以接受的范围内，一旦超过就要退回来。在人类经济社会发展受到地球生态约束的条件下,关键是要摆脱"多就是好"的物质主义的旧繁荣,倡导新的以满足人的需求为目标的新繁荣。新繁荣的实现路径之一,是从以前的重点提高劳动生产率转移到重点提高自然资源的生产率上来。一方面,GDP是劳动投入与劳动生产率的乘积,就业是社会获得感的重要方面,是需要鼓励的。传统的增长范式片面强调提高劳动生产率,结果在劳动人口增长的背景下减少了就业人数,进而导致了社会总体幸福感的降低。无增长的新繁荣强调,控制劳动生产率的无限提高是必要的,要通过减少劳动时间、分享劳动机会等,让更多的人拥有工作和收入的机会。另一方面,GDP是自然资本投入与自然资源生产率的乘积,消耗自然会影响社会繁荣,是需要抑制的。传统的增长范式严重忽视提高自然资源生产率,结果经济增长靠大规模消耗自然资本去实现,进而超越了地球生态门槛。无增长的新繁荣强调,要通过低碳经济、循环经济和共享经济等新的经济方式,大幅度提高自然资源的生产率,使得自然消耗保持在地球生态门槛之内。

第三,人类发展需要完整的可持续性思维。本书主要针对发达国家的情况,指出无限的经济增长是不可能的,绿色增长不可能解决生态门槛问题。把发达国家和发展中国家的情况整合起来,可以建立完整的可持续性思维,区分两种不同的发展状态及其转型模式。对于发展中国家来说,经济增长对于解决物质短缺是必要的,并且与社会福祉增长正相关,发展策略是在地球生态物理的阈值之内提高经济增长的效率和绿色化程度;对于发达国家来说,经济增长的规模已经超过了地球生态阈值,对社会福祉的贡献开始效用递减，发展策略是在保持生活质量的同时降低经济增长速度，将物质消耗控制在地球承载能力之内。这样一种完整的可持续性思维与中国的生态文明和绿色发展思维是一致的。中国式现代化强调不走西方国家的发展道路，要探索人与自然和谐一致的现代化。中国发展未来40年的目标是，到2035年全面建设社会主义现代化，到2050年建设成为社会主义现代化强国，到2060年以前实现碳中和。从完整的可持续发展思维可以认识到，中国未来40年的发展模式正在对过去40年的发展模式进行深化和变革，即从高速度增长转向高质量发展，从主要满足物质需要转向满足美好生活的多样化需要，从重视物质资本的增量扩展转向重视物质资本的存量优化。

诸大建

同济大学特聘教授

可持续发展与管理研究所所长

2023年2月28日

初版推荐序

我们应该如何繁荣？杰克逊教授关于可持续发展经济学的描述清晰易懂、卓尔不凡。位于其核心的简单问题是，在资源有限的地球上，活得好意味着什么。

不可否认，工业技术和精通科学为我们带来了巨大的好处。我们活得更长久、更健康，拥有几十年前做梦也想不到的各种机会。关于农业、营养、医疗保健、教育、信息和通信技术的革命，拓宽了我们的视野，使祖先们无法想象的事情变为现实——所有这些好处，无人愿意放弃。

无须多言，与世界上最贫穷的人们分享这些好处，我们当然有道德责任。我们仍然迫切需要，为20亿仍长期营养不良的人改善营养健康状况；为10亿仍无法获得安全、无污染供水的人增加获得清洁水源的机会；为撒哈拉以南非洲农村地区、东南亚部分地区以及拉丁美洲贫民区的人提供体面的生计。从一开始，本书就承认这些巨大的发展需求。

问题是，通过遵循同样的道路，我们能否满足这些需求？这条道路也造成了令人不安的局面，即我们消耗地球资源的速度已经超过了大自然的补充速度。不受约束的消费主义的代价高昂：地球越来越难以承受。证据非常清楚：现代进步与生俱来地依赖对大自然非凡恩赐的开发；依赖她丰富的自然资源，气候的稳定和生态系统的韧性。但她的恩赐必然是有限的，我们却没有尊重这些有限的资源。我们对大自然的看法太过于理所当然，似乎把她完全排除在外，因为我们在任何事情上都一意孤行，追求方便。

杰克逊教授试图研究，当今占主导地位的传统经济模式是否有助于解决这个问题，或者它是否阻碍了我们找到更平衡的方法来长期维持地球宝贵的生命支持系统。为了解决全面（环境）成本分析的所有问题，我设立了一个名为"可持续性会计"的项目。该项目鼓励企业衡量一切重要的东西，即大自然重要的"资本贡献"，并将这些东西纳入会计账户。

本书是一本既激进又有挑战的著作，但它就共同和持久繁荣的愿景传达了充满希望的信息。这是一个值得认真考虑的愿景。我们生态系统的健康，我们后代未来的繁荣，可能完全取决于此。

查尔斯王子（Charles）
克拉伦斯王府

前言

经济学家是故事家和诗人。

——迪·麦克洛斯基（D. McCloskey）[1]

2009年3月27日，周五晚上，在我下班走回家的路上，寒风呼啸，细雨绵绵。漫长的一周，手机铃响时，疲惫不堪的我真不想接听。但我也意识到，有两三个记者正在努力联系我，讨论我为英国可持续发展委员会提供的报告。下周一这份报告就要发布。[2]

《无增长的繁荣？》（这个问号我会尽快解释。）源自我领导的一项长期调查研究，为可持续发展委员会考察繁荣和可持续性之间的关系。研究的核心是一个非常简单的问题：在环境和社会资源有限的世界里，繁荣意味着什么？

传统观点认为，经济扩张会促进繁荣。更高的收入意味着更高的生活质量。这个等式似乎既熟悉又明确。但显而易见，在资源有限的地球上，物质的增长一定存在某些极限。不断增长的人口和其无止境的物质欲望与地球家园有限的本质之间充满矛盾。

面对这些极限，我们只有两条路径：一是持续从经济扩张中放弃物质追求，这样我们能继续在不破坏地球的同时，促进经济增长；二是我们必须在不依赖经济增长为我们带来繁荣的同时，学会找到繁荣之道。[3]

这两条路径都不容易实施，也难以直接在两者中做出选择。反事实思维遮蔽了简单的逻辑。物理学、经济学、政治学、社会学和心理学，这些学科都声称触及了这个观点的某些方面。言之成理需要愿意质疑公认的智慧，以及坚定的努力以避免熟知的公理。它还依赖一定程度的开放意识，相信政治和社会变革的可能性。

晚上走回家时，我意识到业已浮现的故事，既复杂，又富有争议。几十年的战后国际政策坚持认为，经济规模至关重要，总之是越大越好。暗示质量有时优于数量，并不完全是革命性的。但是即使在最好的时期，传递这个信息也是困难的，况且当前肯定不是最好的时期。

在报告发布的那一周，英国政府正好在伦敦主办第二届G20峰会。峰会的非正式目的是，在现代经历严重的金融危机后，重新激发经济活力。作为一个政府的委员会，召开新闻发布会礼貌地质疑增长，也许不是赢得高层朋友支持的最好方式。

这种针对我们的敏感性从未消失。从我们宣布着手探讨增长和可持续性的关系那一刻起，针对委员会的质疑便如连珠炮般接踵而来。我记得在一次公共会议上，财政部的官员听到这个消息后,站起来责备我们想"回到过去住在山洞里"。

面对这种敏感情况,标题的选择早已被证明相当棘手。委员会的同仁们都是经验丰富的独立思考人士,针对有待讨论的争议事项,从不会羞于公开表达自己的观点。对报告中观点的支持,从我们日常衡量的标准来看,显示了前所未有的团结。但是不同程度的不安也伴随着题目本身。

如果没有问号(如我最初的建议),《无增长的繁荣》就"发布"了变革的宣言。但在充满担忧的氛围中,它近乎具有煽动性。不同的替代方案被提了出来。我们能否限定一下"增长"这个词?"超越"是不是比"无"更安全?我们能不能重新换个题目,让它的争议性少一点?这些建议没有一个令人完全满意。

问号提供了一个妥协方案,具有缓和语气的优点,又不会完全削弱探究的力量。它以这种方式,发出参与重要讨论的邀请(也许是我们时代最关键的讨论),并不会在实际上预判结果:当社会没有持续扩张经济时,有没有繁荣的可能?最后,我们的委员会发起人同意,只要首次经过首相顾问的充分检验,将接受折中的方案。

一个时刻保持距离的委员会,如此大费周章来安抚财政部官员的敏感反应,也许显得奇怪,但这就是政治现实。如果你想要完全的独立,就去商业出版;如果你想要影响力,必须不时地关注你的发起人。当然,这并不必然意味着只说部长们想听的话。但是如果你看重自己的顾问角色,或许应当避免在"政治大牛"面前过度挥舞红布。

无增长的繁荣

作为英国政府的"诤友",我们依赖的是顾问和被顾问方之间脆弱的信任。在报告写作的每个阶段,我们都向相关政府部门提交发现并讨论其含义。在议程的最后阶段,我们实际上把标题的否决权交给了首相办公室。

答复令人鼓舞。顾问告诉我们,"我觉得你们用什么标题都无关紧要。"好的,我们想!相信我们已履行合法程序,便开始起草新闻稿,制定公关战略,向记者通报基本情况;尽己所能在不引起媒体烦躁的情况下,传达讨论的精妙之处。这也是政策咨询机器的一部分。

在那个潮湿的三月的夜晚,在铃声响起之前,所有的一切似乎都在支持我。并且,除了应对媒体零散的询问,我的周末时光都很安静,如同相对平静的避风港。下周一,最先开始的活动是BBC《今日》节目的访谈。我决定接听电话。

"10号火冒三丈。"电话线的另一端吼道。语气充满敌意。这显然不是我期待的记者,也不是我期待的消息。但我立刻听出了打电话的人是谁。这人直到此刻之前,一直是我们在政府里最亲密的盟友,是可持续发展委员会的重要发起人,也热心支持我们正在推进的工作。在短短几秒内,一切发生了明显的改变。

唐宁街10号顾问貌似简单的回答只是:欺骗性。果不其然,《无增长的繁荣?》(带有安抚性的问号)毫无征兆地放在首相案头时,尚在考虑的顾问正在去往中国的飞机上。这件事情正好发生在G20领导人齐聚伦敦"重启增长"数天前。"我们到底在想什么?"前盟友咆哮道。

事后看来,这是个好问题。我们是否天真幼稚,假定能消除此类担忧而免于惩处？也许会。在收到唐宁街10号的建议后，我们是否忽视了其内在的模棱两可？当然是。我们是否仓促确定了这样敏感的发布日期？也许是。在G20峰会那周，鲁莽地发布这一标题的报告，显然有虚张声势的成分。但是，拥有强烈的政治信息，因为太害怕而不能向相关民众传达，又有什么意义呢？

在G20领导人努力应对金融乱局的背景下，我们与增长一争高下，是不是错了呢？绝对不是。当被禁止质疑显著失衡的经济体系基本假设时，就是政治自由结束和文化压制开始的时刻。这也是可能的变革被明显遏制，也许是被断然剥夺的时刻。

这显然不是唐宁街10号的观点。在那么晚的时候安抚怒气冲冲的前盟友，我无能为力。禁令针对的是周一早上，但报告早已在那里了。即使我们想撤回，现在也做不到了。我礼貌地挂断来电，继续走回家。后来，我的确和一名记者通话。这段长长的谈话出人意料地热烈。他承诺在报纸头版大幅刊登报告的来龙去脉。

3月30日，周一，5点30分，我起床后不久，便赶赴设在萨里大学的BBC演播室，参加《今日》节目的访谈。"火冒三丈"这个词时犹在耳。我记得自己在心不在焉地想，什么样的怒火将会宣泄出来。

再一次，我的沉思被电话铃声打断了。这次不是愤怒的声音，只是个简单的消息：访谈被取消了。制作人对我表示歉意。首相在苏格兰自己的选区（柯科迪和考登比斯）有新闻。节目组必须前去报道。

无增长的繁荣

我虽然困惑但并不过于担忧。我去了学校的办公室，检索早上的新闻。在周末，政府宣布将解散并卖掉邓福姆林建房互助会。尽管其理事会予以抵制，认为这是因眼前利益而要牺牲他们，但是根据新的银行法条款，协议已经快速达成，显然它的批准是为了应对金融危机。

英格兰银行将接收不良资产，剩余的由另一家银行买入。失业可能无法避免。有些的确发生（实际上是在三年半后）在首相的考登比斯选区。这件事抢走了我们的风头。[4]

本周慢慢过去。起初令人沮丧的挫折，先是变得让人困惑，然后变得十分古怪。先前热情沟通的媒体，报纸上没有任何关于报告的头版报道。《今日》节目也没有继续跟进。其他的电台和电视台都无声无息。实际上，什么报道也没有。在 2009 年 4 月初，只有一篇关于绿色刺激的文章间接提到了《无增长的繁荣？》，这是它对国家媒体的全部影响。

★ ★ ★ ★ ★

7 年后的 5 月末，在下午的暖阳下，我坐下来反思这段由彼及此的特别之旅。回顾总是有益的。我想起了电影《幽情密使》（*The Go Between*）中同名叙事人的开场白。"过去的是另一个国度，"他说，"在那里，他们用不同的方式做事情。"

如果没有互联网的话，我觉得旅程也许从未开始。在不情愿的政府和不知情的媒体之间，《无增长的繁荣？》似乎注定只会销声匿迹。但在报告发布的某段怪异沉默期之后，人们开始从可持续发展委员会的网站下载它。

很快,下载量就超过了委员会历史上其他的报告。关于讨论和介绍这部著作的邀请陆续到来。不过,没有一份邀请来自政府发起人,这令人难过。甚至起初,也没有来自预期的支持者的。对报告感兴趣的原因稀奇古怪,其中包括对报告的反常质疑。

减贫活动家、资产经理、信仰团体、消费者组织、剧场经理、工程师、大主教、外交官、博物馆、文学社,以及个别英国皇室成员。涓涓细流很快化作滔滔洪水,直到今天也没有真正消退。

可持续发展委员会报告发布流产6个月后,它的修订版在地球瞭望出版社(Earthscan)出版。这是一家长期致力于生态文献的小型独立出版社。在报告出来后不久,该出版社的董事总经理乔纳森·辛克莱·威尔逊(Jonathan Sinclair Wilson)阅读了报告,比我更早地看到了它出书的潜在价值。

他对报告的信心得到了回报。出版几周内,第一版售罄。人们在商讨出版该书的17种外语译本。到了2010年初,《无增长的繁荣》不再是有争议的政府报告,在发起人的反对中备受煎熬,而是出人意料地变成了畅销书,令人惊喜地拥有了广泛的读者。

国际读者是这本书最大的意外惊喜之一。也许它在国外比在国内还广受欢迎。在法国和比利时,该书影响了针对萨科齐委员会衡量社会进步工作出版物的讨论。在德国,该书促成了增长、福利和生活质量研究委员会的成立。2011年，德国政府重印了此书，使更多人能将此书用于教育目的。[5]

不仅发达经济体对该书感兴趣。在17种外文译本中，还有汉语、韩语、立陶宛语和巴西的葡萄牙语译本。

有位年轻的印尼经济学家问我，能否同一群政府的经济学家进行交流。他们正在为巴布亚省制定"百年规划"。我对一个人均收入不到3 500美元的国家的经济增长表示怀疑，我也这样说了。

但是能为这个百年计划的大讨论做贡献，实在有些太吸引人了。因此我与这个团队进行了长达半天的线上交流。他们的前提很简单：我们有丰富的自然资源，巨大的发展挑战，以及不借用西方碎梦而创立自己繁荣愿景的意愿。如何能够使之运作？

联合国会议于2013年11月在纽约召开。期间，我就"增长的两难困境"做了长达20分钟的主旨演讲。讨论持续了4个小时。继我的"激进"言论之后，主持人转向了厄瓜多尔的一位部长。他想知道的是，"只有已经发展的国家才能讨论增长吗？"答案当然是"不"。"如果增长意味着社会状态以自私和消费为基础，那么我们宁可不要增长。"我的讨论小组成员答道。"我们提出的模式不是以消费为基础，而是立足于团结、可持续发展以及增长范式的转变。"她告诉我们。[6]

厄瓜多尔"美好生活"（Buen Vivir）的概念与初版报告中"繁荣"的概念有着惊人的相似之处，我很快就被它吸引了。也许反过来说也成立。在有点超现实的后现代时刻，4个小时后，所有参会的厄瓜多尔议员走向前来，问我能否一起合影并发到社交媒体上。[7]

英国政府对制造麻烦的顾问感到强烈不满。委员会自身成了紧缩运动早期的牺牲品。人类在地球上的活动能够持续无限扩张,这是现代社会所坚信的最恶毒的神话。与官方的认可恰恰相反,世界各地的各行各业的普通人期望对该说法细加考察。他们中有许多人明显发现,这是并不存在的假象。

最终,我不再尝试预测或解释这些讨论激烈的程度,以及本书出人意料地受欢迎的本质。我开始理解,这不过完全是谁的话语权来了而已。或者,也许更准确地说,谁的话语权又来了而已。

在匈牙利的巴拉顿湖会议上,一位留胡子的美国人把相机对准我的脸。我听到了按快门的咔嚓声。他说这张照片是给布告栏用的,并介绍说自己是丹尼斯·梅多斯(Dennis Meadows),《增长的极限》(*Limits to Growth*)的共同作者。这份罗马俱乐部的报告影响深远。第二天,他把此书第一版的签名本送给了我,说是他剩的最后一本。

这些前期讨论的资深人士热情洋溢。某政府委员会终于着手应对这个他们毕生探索的问题。但这绝不是来自过去的讨论。在欧洲各地的演讲厅,成百上千的年轻人和老年人在一起热情参与了一份能言人所不敢言的官方报告。我虽一贯谦卑,也常有些不知所措。

特别令人感动的是经济学专业的学生,他们很多人耐心地坐在演讲厅的台阶上,有时甚至坐在我讲台的后边,等待参与对话的机会。结束后,他们会等在走廊里向我询问。

"在哪儿能学到这种经济学?"他们问道,"我们已经学了近3年了，这些话题从来没有在课程里提到过。"我会向他们推荐如下经典：赫尔曼·戴利（Herman Daly）的《稳态经济学》（Steady State Economics）、弗雷德·赫希（Fred Hirsh）的《增长的社会限制》（Social Limits to Growth），以及最初的《增长的极限》报告。这些著作他们的老师肯定早已介绍过。

有些学生直接把这些论点讲给了他们的老师。这很正常但又有些讽刺。毕竟如果有一点是经济学教授应当懂的，那就是供求规律；如果这些孩子们开始有不同的经济学需求，教授们早晚得开始供给。

这些讨论大部分是理性的、学术的和善意的，当然也有些稍微失控的成分。在言论真正自由时，这时常发生。当然偶尔也会有愤怒的时候。权利被剥夺者和无依无靠者发言时，常常会稍许带些愤怒。

说实话，这类愤怒有些令人恐惧。某个上午，哥本哈根街头充满着危险的气氛。当天爆发了针对气候公平的大规模公众示威游行。愤怒的年轻积极分子身穿黑衣，直接对抗集结的警方，显然只想把普通的上午升级为莽撞的暴乱。

5年后，我应邀去智利的商业可持续发展会议演讲，在公园被愤愤不平的年轻人持刀抢劫。显然，在智利迅速发展的经济中，他们几乎看不到提高生活质量的可能，宁愿诉诸暴力。

在希腊经济紧缩最为严峻的时候，我在一场公共讨论会上发言。愤怒的男人和女人坐满了会场，怒斥"可恨的债务"，发起"债务豁免或免除"运动：不过是让希腊再次跪地而起的一些权宜之计。[8]

我认为这就是围绕增长事宜进行讨论的重要原因。把批判性讨论从桌面拂走，把现状之钉一锤锤打牢，不能解决我们面临的生态、社会和金融挑战，反而更有可能滋生不满、愤怒，甚至最终导致暴力。

在我访问希腊之前，因为欧洲在金融危机后大规模出台收紧的财政政策，紧缩已成为难听的口号。公司倒闭、商店封门、垃圾、破碎的纸板箱，以及无家可归之人丢弃的寝具和愤怒的政治标语，破坏了欧洲首都城市的街道面貌。

在雅典之旅的倒数第二天，我从酒店出发去比利亚斯港，坐渡轮去九头蛇岛。多年前我还是学生时，曾短暂参观过这里。当我抵达岛上洁净的新月形天然港湾时，仿佛什么也没有改变。

白房子依然如故地坐落在相同的山坡上，色彩斑斓的船只仍旧荡漾在波光粼粼的水面上。在渡轮下客时，游人和本地人交织在码头。一位瘦小的老妇人迎上来，拿着纸板标识，介绍晚上的住宿。一切似乎都是熟悉的样子。

进一步观察会发现一些不同。船坞中的帆船比我记忆中更多更大；仔细观察港口前的顾客，几乎人手一部手机。但是雅典愤怒的混乱，与岛上梦幻般的生命之美对比鲜明，挥之不去。

从港口的制高点远眺，我的目光穿过赤褐色的屋顶，向光彩夺目的蔚蓝爱琴海望去。11月的阳光照在后背，让我在温暖中沉醉。刹那间，感到这好似就是繁荣。

但是这个感受短暂如冬日的温暖。对现实乌托邦的追求遍布各种绝境，这显然是其中之一。就像希腊美人的画像，九头蛇岛仍然甜美如诗，但作为繁荣的样本，它早已日薄西山。

九头蛇港上方的荒山，往昔在泉水的滋养下郁郁葱葱。这些天然源泉也赋予了岛的名字。作为海上要塞，这里流淌出的财富也渐渐干涸。

连我最初对小岛的印象都是错的。自我上次参观该岛以来，其人口几乎减少了三分之一。小岛不过是作为富人的游乐场而持续存在，过度地依赖精疲力竭的渡轮。我将乘坐它们穿过月光下冰冷的大海，约一小时后返回雅典。[9]

★★★★★

过去的一切仿佛在另一个国度。他们在那里用不同的方式做事。世界上的领导人们自信地假定它将重新开始增长，相信一切回归正常指日可待。甚至在那个 3 月的雨夜，在通话中我所面对的义愤填膺，现在也有了奇怪的世外桃源的意味。

这更清晰地表明，在此期间，我们的经济严重失衡，债务负担繁重，过度依赖破产的幻想，与地球脆弱的生态格格不入，深陷不平等的泥沼。不平等所造成的政治和社会影响令人震惊。在英国，脱欧公投是被抛弃之人痛苦万分的怒喊。

这并不是说我们没有努力修复。首先是金融刺激和紧急财政援助，然后是节制消费和货币政策。但是奖励混乱的始作俑者，并撤回对最贫困和最脆弱群体的社会投资，只会让问题恶化。我们要找的是重振繁荣，而找到的却是加剧的脆弱、加大的债务和加深的不平等。

不是所有的努力都致力于维持现状。有些努力让世界走向更积极的方向。危机以来，全球可再生能源投资增长了 60%，在过去10年增了两倍。人们正在商谈一整套全新的可持续发展目标，以衡量为实现更为美好的世界所取得的进展。2015年12月，巴黎峰会排除万难，强化了应对气候变化的政治决心。[10]

这里有些放弃了希望，有些甚至激起了更大的恐惧。一方面，与进步相关的对话变得比7年前我们能想象到的更加开放和深入。另一方面，社会各界的紧张关系更加明显。有时，新的残暴行为似乎就潜伏在拐角处，早已在吞噬社会的核心、侵蚀我们的人性。

在这个业已变化、更不确定的世界，《无增长的繁荣》能说些什么呢？它提出的挑战和当今的政治是否根本相关？它开的药方是否仍然有效？或者让发起人如此不安的政府报告，是否只是环境的巧合，是来自别处更远地方稍纵即逝的情况？

这些是我坐下来修订本书时，自问的部分内容。我最初假设原书可以基本保持不变，只做简单地改动，更新一些图表、扩展一下参考资料，剩下的绝大部分维持原样。毕竟我的观点已经排练无数次了，这次也是我继续排练而已，我对它们的里里外外都明明白白。

但是我错了。在通读旧文时，我意识到变化到底有多大。这些年来，我展示这些相同观点时的感觉并不完全准确。我适时调整了它们。情况自身也在演化和改变。世界在变化中，我也必须随之改变。简单的修改已不能恰如其分地描述新情况。我发现自己在一遍遍地重写。

最明显的变化之一是地理框架。最初的报告是为英国政府写的。我从没想过它有如此广泛的国际读者。这次我是为他们而写。结论仍然主要和西方发达经济体有关，但现在的分析和轶事更加国际化。

我重写了开篇的第 1 章，因为我觉得就极限这一问题需要讲解更深入的观点。我和他人已经开展了太多的对话，他们觉得我忽略了极限的重要性。在和我的对话中，还有些人完全不同意极限这一概念。我想说清楚，我们何时应该认真对待极限，我们有哪些避免极限的机会。

我发现必须要重写第 2 章的金融危机。桥下河水滔滔向前。奇怪的是，我最初的结论，即危机的最终原因在于追逐增长本身，经受住了时间的考验。但是相关证据，如果有的话，甚至比 7 年前更强了，并且结论也比以往更有力。

有些事情则没有变化。这逐渐让我意识到，我在这些年参加的每场对话，几乎都是对本书一贯特点的探索：我称之为"增长的两难困境"。即使经济增长不可持续，但经济增长的反面或不增长也远非可取。这难道不是不证自明的吗？

这难道不是报告发布本身的故事吗？这难道不是危机的故事吗？这难道不是政客本能的恐惧吗？这难道不是哥本哈根街头的威胁吗？这难道不是我在智利的经历吗？这难道不是我在希腊的愤怒吗？在短暂的参观之旅后，我的怒火更加强烈了。我和希腊都没能预料到之后的每况愈下。

经三人领导小组同意，九头蛇船坞，连同希腊邮政服务和温泉网络作为第三次紧急财政援助的条件，很快成为 500 亿欧元大甩卖的组成部分。如果这是针对一个国家未能增长而施加的惩罚，人们怎能不怀疑增长的紧迫性和切实需要？[11]

当然，实际上是各种更加复杂的情况造成了希腊的不幸，不仅仅是系统性奖励少数、惩罚多数的货币和债务网。但在这里显而易见的是，网内之国的两难困境。战利品归于债权人。魔鬼来袭，慢者遭殃。

在这个过程中，或者在我参加的无数讨论中，我没有看到任何能缓解这一困境的措施，或任何否认其对我们共同未来重要性的证据。如果有的话，我看它在不同情况下的表现，只是进一步证明了其重要性。这在最新修订版中，仍然是探索的基础。

我全面修订了第5章关于脱钩的内容。科学共识继续推进。我花了大约一个月，重新统计并更新数据，结果引人入胜。虽然逻辑相似，但挑战加大了。和那些认为我过度强调所需脱钩程度之人的想法相反，这期间的科学研究表明我强调得还不够。绿色增长并非比我之前所认为的更容易了，它将比所有人曾经认为的都更加困难。

新版不只是重新校准比例和重新设定挑战，也是再次调整逻辑和明确变革建议。后一项任务永远是本书的目的：不仅诊断问题或哀叹灾难，还要清楚地列出围绕更一致的繁荣愿景构建的不同经济学的维度。期间，一些初衷不可避免地被人忘却了。

一本书常被简化为它的书名。"无"和"增长"这两个简单的词汇，各自本身并无不妥，但放在一起就如此具有破坏意味，吸引了很多人对本书的关注。它们偶尔也会分散人们对其预测的注意力。

阐明和拓展这些建议，是第二版中最有意义的修改。在这一过程中，我很幸运能广泛借鉴全新的研究成果。有些成果来自我自己广泛的合作，特别是和彼得·维克托（Peter Victor）的合作。最近的成果更多来自新成立的理解可持续繁荣中心。有些则来自针对金融、宏观经济学和货币自身本质的新洞见。[12]

我能应用这些新理解来更清楚地阐述未来经济（我决定将这一部分作为第 8 章）：企业、投资、工作、货币供给和公共部门所扮演的更为明晰和更具建设性的角色。在第 9 章，我在建立新宏观经济综合框架时试图比以往做得更好。它能够引领我们，超越对不断扩张的消费的结构性依赖，推动实现更加公平和更为可持续的繁荣。

修订本书比我预计花的时间更长。正因如此，本书变得更好了。基本的洞见保持不变：在资源有限的地球上过得好，不能简单地等同于消费越来越多的东西，过得不好也不简单等同于累积越来越多的债务。

繁荣，据其任一定义，与我们的生活质量和关系质量有关；与社区的韧性有关；也与我们对个体和集体意义的感受有关。与以往相比，这次修订更清楚地表明，追求繁荣这一愿景的经济是明确的、可定义的、有意义的任务。

繁荣正像其英文单词的拉丁语词根所揭示的，本身是关于希望的：对未来的希望、对孩子的希望、对我们自己的希望。关于希望的经济值得探索。

蒂姆·杰克逊

2016 年 6 月

目 录

第 1 章　增长的极限 / 001

第 2 章　失去的繁荣 / 029

第 3 章　重新定义繁荣 / 057

第 4 章　增长的两难困境 / 081

第 5 章　脱钩的神话 / 103

第 6 章　消费主义的"铁笼" / 125

第 7 章　极限内的繁荣 / 145

第 8 章　未来经济的基础 / 171

第 9 章　面向"后增长"的宏观经济学 / 195

第 10 章　进步的国家 / 225

第 11 章　持久的繁荣 / 255

注释 / 277

参考文献 / 309

致谢 / 339

第 1 章

增长的极限

任何相信在资源有限的地球上,可以实现经济指数无限增长的人,不是疯子,就是经济学家。

——肯尼斯·鲍尔丁(Kenneth Boulding),

1973 年 [1]

繁荣至关重要。繁荣是做得好和活得好。对我们和我们关心的人来说，它意味着一切进展顺利。"生活怎么样？"我们向朋友和熟人问好。"事情怎么样？"随意的交流比无聊的问候传达的内容更多。它们揭示了祝对方安康的心愿。希望万事顺遂是人类的普遍关注。

这些应当顺利进展的"事情"是什么，常常没有明说。"挺好的，你好吗？"这是本能的回答。我们排演的是熟悉的剧本。如果对话继续进行，我们将会讨论健康、家庭和工作。成功常被炫耀，失望时有流露。对信任的朋友，我们偶尔乐于分享未来的梦想和志向。

这种一切顺利的感觉会延续的想法，完全可以理解。如果我们确信事情会分崩离析，就不会乐意想生活会一帆风顺。"是的，我很好，谢谢。早上我要去破产登记。"这不合情理。未来对我们来说至关重要。关注将来会发生什么，是我们的天性。

还有观点认为，个体繁荣受社会苦难的限制。如果我的家庭、朋友和社区都处于困境，哪怕我个人诸事顺利，也没有多少安慰。我的繁荣和我周围人的繁荣紧密相连，有时密不可分。

显而易见，这个共同关切转化为人类进步的愿景。繁荣呼吁消除饥饿和无家可归，终止贫困和不义，希望世界安全和平。

这个愿景是重要的,不仅因为利他,也经常是自我生命有意义的保证。

伴随社会进步的可能性带来的,是事情会变好的慰藉感——哪怕对我们而言不总是这样,至少对我们的后代是如此。对我们的孩子来说,是一个更好的社会、一个更公平的世界,以及一个不幸的人某天会蓬勃发展的地方。如果不能相信这个前景的可能性,我能相信什么呢?我自己的生命又有什么意义呢?[2]

繁荣,在这个意义上,是共同的愿景。对它的共鸣栖息在我们的日常惯例中;对它的思考遍布政治和社会领域;对它的期望位于我们生命的核心。

到此为止,一切都好。但是如何才能达到繁荣?如果没有把希望转化为现实的切实路径,它只是梦幻泡影而已。为了取得进步,拥有可信的、强有力的机制至关重要。这不仅只是做得好的机构问题。关于过得好的手段,其合法性是保持社会团结黏合剂的组成部分。当希望丧失时,集体意义荡然无存,道德体系本身受到威胁,让机制恢复正常是必不可少的。

本书的核心观点之一是,我们在完成这个任务上正节节败退。我们的技术、经济和社会期望都与繁荣深刻的表达严重不一致。

驱使我们社会进步的愿景——立足于物质需求的不断扩张——本质上是达不到的。这个失败不是乌托邦理想的简单破灭。它更加基本。为了追求今天的美好生活,我们正在系统性地侵蚀明天的福利基础。我们为了追求自己的福利,正在暗中破坏他人追求的可能性。我们正处于真正的危险之中,会丧失与持久的共同繁荣相关的所有可能。

然而，本书不是痛斥现代性的失败，也不是哀叹人类处境难以为继的本质。毫无疑问，有些既定条件阻碍了我们实现持久繁荣的愿望：生态极限和资源约束也许是条件之一；人性的各方面也许是另外一个条件。对这些条件的关注是本书探索精神的核心。

针对当代最大的两难困境，寻求破解之道是本书高于一切的目的：把我们对美好生活的期望，与地球的有限和约束协调一致。下文的分析专注于在此背景下，寻找对人类社会繁荣有意义的可信愿景，并且建立经济学可信的各个维度，来实现这个目标。

作为增长的繁荣

本书的核心围绕一个极其简单的问题。在这个世界上，资源是有限的，而人口在数十年内有望超过百亿，繁荣可能会是什么样子呢？[3] 对于这样的世界，我们是否有合宜的繁荣愿景？在有限的生态资源面前，这个愿景可信吗？我们应该如何行动才能把愿景化为现实？

对这些问题的主流反应是用经济术语来解读繁荣，呼吁将持续提高收入作为实现它的手段。对从中获益的那些人来说，更高的收入意味着更多的选择、更富有的生活和更高的生活质量。这至少是传统意义上的智慧。

这一公式被套现（几乎是字面上的）为经济学家所说的人均国内生产总值的增加，即人均国民收入的增加。宽泛而言，

GDP衡量经济的全部"忙碌活动"（busyness）；或者用更准确的术语来说，给定国家和地区生产和消费的产品和服务的价值。当GDP上升时，经济增长出现，通常按这一特定"增长率"增长。[4]

值得指出的是，只有在经济增长高于人口增长时，GDP增长将导致收入增加（人均GDP）。如果人口增加但GDP保持不变，那么收入水平将下降。反过来说，如果GDP增长但人口稳定（或减少），那么收入会增加，甚至速度会更快。总之，为了维持人们收入的平均水平，GDP的增长至少要和人口增长一样快。

正如我们所见，我们有充足的理由质问，人均GDP这这粗糙的衡量标准是否能够担当反映真实繁荣的大任。但对当下而言，这是共同理解的公平表现。从广义上讲，提升的繁荣实际上被看作增加的收入。在传统视角下，这要通过持续的经济增长来实现。

这当然是经济增长在20世纪成为全世界最重要的政策目标的原因之一。这个处方对世界上最贫穷的国家显然仍然有逻辑吸引力。全世界还有30亿人，每天的生活费不足5美元，实现繁荣的有意义途径当然是必须解决他们的困境。[5]

但是对富国来说，同样的逻辑是否真能站得住脚？在那里，生存需求已得到极大满足，各色消费品基本不会提升物质享受，甚至会阻碍社会福利。物品早已如此丰裕，我们怎么还会渴求更多？发达经济体停止对增长的偏执追求，转向关注更公平地共享已有资源，难道不是更好吗？

这个资源有限并受环境极限约束的世界,依然有"贫穷海洋中的繁荣岛屿"[6]的特点。对于早已富裕的群体,为了延续希望和期待,关注不断增加的收入是否真的合理?或者是否可能有其他路径通往更加持续和公平的繁荣?

我们将从不同的视角一遍遍地探索这一问题。但是需要说清楚的是,就像鲍尔丁指出的那样,大部分经济学家对于无增长的繁荣深恶痛绝。GDP 的增长是如此地被认为理所当然,关于它的论述长篇累牍,探讨立足点是什么,谁最擅长让它发生,以及当它停止时要做些什么。

正是由于我们迫切需要得到解释的论述极少,因此对潜伏于繁荣传统观点里的内涵进行更多不懈的探索,并非毫无学术基础。

简而言之,论证有点像如下这样展开。GDP 计算在市场交换的产品和服务的经济价值。我们花越来越多的钱来购买越来越多的商品,那是因为我们重视它们。如果它们不能同时提高我们的生活质量,我们就不会重视它们。因此,持续的人均 GDP 增长必须提高我们的生活质量并增加我们的福利。

这个结论完全不合常理,因为繁荣显然不是收入或财富的同义词。提升的繁荣显然和经济增长大相径庭,更多并不总是更好。但对于我们顽固地依赖 GDP 这个"幼稚的大数字",它至少提供了一些解释。[7]

也许奇怪的是,直到最近人们才主要用货币来衡量繁荣(prosperity)。它起初的含义只是事情进展的顺利,和希望与预期(拉丁语词根 speres)一致(拉丁语词根 pro-)。繁荣不过是困境和痛苦的反义词而已。⁸ 随着经济的增长而忽略繁荣的提升，相对来说是现代的产物。这个产物已经受到相当严厉的批判。

在对增长的控诉中，包括它充其量提供了不公平的收益。世界一半最贫穷人口的收入，不及全球总收入的7%。相比之下，头部1%的人口赚取了大约全球总收入的20%，拥有几乎一半的全球财富。差异悬殊——从任何标准来衡量都是繁荣下的真实差别——造成了富人和穷人之间的鸿沟。即使从最基本的人道主义角度来看，如此巨大的差异也让人胆战心惊。它们还使得社会紧张加剧：最贫困社区的真实困难对整个社会都有溢出效应。⁹

反常的是，这些差异似乎正在恶化。联合国开发计划署认为，当今的收入比20世纪中叶以来的任何时期都更不公平。最富有的1%人口的收入份额，在不到50年内翻了一倍还多。在过去的20年中，发展中国家的收入不平等上升了11%。即使在发达经济体中，不平等也比20年前上升了9%。¹⁰

在富人更富的过程中，实际上早在金融危机之前，西方国家中产阶级的收入已陷入停滞。有人的确认为，不平等的增加是危机的起因之一。过去50年的增长，并未提高最需要群体的生活水平，这让世界的大部分人口大失所望。特别是在过去的几年中，财富渐渐流入幸运的极少数人的囊中。¹¹

公平（或缺乏公平）只是质疑实现繁荣的传统方案的原因之一。另一个原因是承认经济增长的不停追求至少在超过某个点时，似乎没有推动人类的幸福，甚至阻碍了人类的幸福。尽管似乎自相矛盾，但历史悠久的哲学、宗教、文学和艺术思想都对这一论点提供了支持。在过去 10 年间，它经历了出人意料的政治复兴。

甚至在金融危机之前，当时的经济带着全人类奔向更加光明和美好的未来，但在发达经济体中，已经有了令人不安的社会衰退加剧的证据。在更富和更穷的经济体内，都有新的福利或幸福政治开始挑战社会进步相关的传统观点。厄瓜多尔正式确定了"美好生活"的理念，并将其写入了国家宪法。"美好生活"的根源可追溯至土著的 *sumak kawsay* 理念。其宽泛的翻译是"美好生活"或者"活得好"。它代表了一套立足"天人交融"的知识和生活体系。[12]

2008 年厄瓜多尔宪法也是首部正式为"自然权"立法的法典。这将我们导向第三个挑战，也许它是关于持续经济增长传统等式中最重要的一个：地球资源的有限本质。任何可信的繁荣愿景，都必须在限制问题上持有站得住脚的立场。这对立足增长的愿景来说，特别正确。在不受生态和资源限制的情况下，如何可能持续增长？可能持续多久？[13]

简单的逻辑表明，工业活动必定在某一点被约束。现在全球的经济产出几乎是 1950 年的 10 倍。如果它继续以相同的平均速度扩张（这几乎是所有经济学家和政治家普遍期望的前景），到 2100 年，世界经济将是现在的 20 倍以上：在短短几代人的时间里，经济规模将惊人地增长 200 倍。[14]

仅凭直觉就清楚表明，这种扩张是不能无限持续的。在大多数情况下，就像鲍尔丁 1973 年在美国国会的讽刺评论（本章开头的引用）表明的那样，经济学家排斥这个直觉。有些人完全拒绝任何极限的理念。他们的排斥并非真正疯狂，但是正如我们所见，存在根本的缺陷。

大胆面对极限

对极限的关注源远流长。但是像繁荣本身一样，含义随着时间已然改变。古老的智慧常常认为极限不是阻碍，而是繁荣的基础。例如，中国的《易经》（Book of Changes）将极限直接等同于成功。《易经》的起源可以追溯至大约公元前1000年。相比之下，不尊重极限的生活被视为鲁莽和破坏性的。

1923年，理查德·卫礼贤（Richard Wilhelm）翻译《易经》时，把"六四：安节，亨"（安守现状并知道节制，亨通顺利）一句，译为"限制虽造成不便和烦恼，但是它是有用的。"把"九五，甘节，吉，往有尚"（心甘情愿的节制，是吉利的，继续保持会受到奖赏），译为："生活中懂得处处节俭就是为不时之需做好了准备。"把"天地节而四时成"（宇宙有节奏规律，生成昼夜，四季循环往复），译为："自然界固化了夏季和冬季，白天和夜晚，生成节奏，构成年而循环往复。"[15]

现代视角更加倾向于认为极限是不合时宜的，甚至虚无缥缈的。法国考古学家皮埃尔·泰亚尔·德·夏尔丹（Pierre Teilhard De Chardin）曾经评论说，我们人类的任务是"向前进，对我们能力的限制仿佛并不存在""我们在创造中是合作者"。自夏尔丹这样认为以来，这种本质上无限创造的观点，被科技的迅猛发展进一步强化。似乎没有什么事情不能被实施，没有什么资源约束不能被打破，没有什么人类的乌托邦愿景不能被

第 1 章 增长的极限

实现。[16]

本书第一版出版后不久,在英国某政府部门,我组织了一场研讨会。有位政府经济学家坚持认为,极限的整个概念是"经济学文盲"。美国前总统里根(Ronald Reagan)呼吁同样的时代精神,曾经宣称"增长没有什么大的极限,因为人类智力、想象和好奇的能力没有极限"。[17]

这个主张值得更加详尽地、精准地考察,因为它传达了部分真理。人类的存在有一些无限的方面。才智、创造、好奇很可能属于此类;在我们可能发现的地方,承认富足当然是有意义的。

但是这个主张中也有个谬误。美国作家温德尔·拜瑞(Wendell Berry)曾经表明,"人类和尘世的极限,如果正确理解的话,对于关系和意义的圆满,不是局限,而是奖赏。"但他坚称,这并不意味着我们可以简单地从这种丰富的意义过渡到我们可以克服所有物质限制的假设,而不必冒自大的风险。[18]

关于有限和无限之间的恰当关系,将是本书探讨的另一个核心问题。我们将在第 5、第 6 章深入探讨。

为了生存的挣扎

20 世纪出现了关于极限最有影响力的著作,即罗马俱乐部在 1972 年出版的《增长的极限》。里根的言论是对它的直接回应。这份报告立足于对物质极限由来已久的担忧,至少可以回溯至 18 世纪末,托马斯·马尔萨斯(Thomas Robert Malthus)出版了影响广泛的著作——《人口原理》(*Essay on the Principle*

of Population）。[19]

写作此书时，马尔萨斯刚担任助理牧师，住在他父亲位于奥尔伯里的庄园。那儿距离我现在坐着写作的地方，不到百万英里。1797年的一个晚上，父子俩坐在一起，讨论法国哲学家让-雅克·卢梭（Jean-Jacques Rousseau）的著作。卢梭是老马尔萨斯的朋友。讨论的核心是卢梭关于社会进步和人类社会可完善性的观点。

卢梭相信，"人生而美好，只有制度才会使他变坏。"这个立场与犹太教和基督教关于原罪的教义截然不同。后者认为只有通过教会才能得到救赎。卢梭说，恶和痛苦的根源不在于人性自身，而是因为以私有财产理念为基础的文明的腐败影响。[20]

卢梭对后来的卡尔·马克思（Karl Marx）产生了深远的影响。后者反对资本主义的观点也建立在对私有权的批判上。马克思认为，解决之道在于共有或公共所有权。卢梭认为，解决之道在于弃绝文明，回归自然状态，"因为野蛮人吃过饭后，就与大自然和平相处，成为所有同胞的朋友。"这个观点也奠定了19世纪浪漫主义运动的基础，许多现代环保主义者仍然对其推崇有加。[21]

在1797年那个特别的夜晚，老马尔萨斯发言支持卢梭对人类社会的乐观论点；小马尔萨斯则反对这一论点。小马尔萨斯在讨论后灵感迸发，提笔写下了自己论点，这就是第一版《人口原理》的由来。

他的观点（经高度浓缩）是，人口的增长总是快于提供人类食物的可获取资源的增长。因此，人口的扩张早晚会超过

"生活资料"，有些人（不可避免地最穷的人）将饱受"生存斗争"的折磨，最终无处可逃。[22]

关于马尔萨斯，值得记住的是他引入的人口原理，非常精准地驳斥了野蛮国家是没有苦难的浪漫主义观点。恰恰相反，马尔萨斯认为苦难本质上是内在的，直接源自人口对生活资料的压力。

然而，在打破浪漫主义自然观念时，留给牧师马尔萨斯一个神学问题：为什么慈爱的神允许不能逃避的痛苦存在？为什么万能的上帝创造世界时，将苦难作为不可或缺的因素？

在《人口原理》第一版中，马尔萨斯花了整整两章来讨论上述问题。结果是复杂的"神义论"试图"证明上帝之路对人的正当性"。马尔萨斯认为，创造的神圣目的是"头脑的形成"。世界服从自然法则，其运作方式是这样的："唤醒迟钝混乱的物质进入精神，升华世间的尘土进入灵魂，从土块中引出超凡的火花"。生存斗争是神圣计划的组成部分，目的是将人类从天生的懒惰中唤醒，从而实现更高的目标。[23]

这是相当悲观的神学理论。在后来版本的《人口原理》中，很多内容都被删除了。在马尔萨斯著作的环境遗产中，这些内容几乎被遗忘了。但在现代，我们与极限相关的讨论的复杂思想史上，它是一个关键因素。后续我们还将看到，这些更具哲学性的方面和如今关于可持续发展的讨论，一直出人意料地紧密相关。

由于各种原因，马尔萨斯本人常被严厉谴责。其中一些原因，比如他关于贫困的刻薄观点和对《济贫法》的激烈反对，完全站不住脚。毕竟，是马尔萨斯赋予了经济学"悲观科学"的名声。因此不妨直率地说，马尔萨斯是错误的。至少就他所主张的细节而言是这样的。[24]

看不到（甚至维护）使人们深陷贫穷的结构性不平等，这是马尔萨斯的失败之一。他的数学运算也错了。当前的全球人口是马尔萨斯时代人口的7倍多。这在一定程度上是因为生活资料的增长远远快于人口的增长，这完全与马尔萨斯的前提相违背。全球经济规模是1800年的80多倍。[25]

马尔萨斯完全忽略了他身边已经发生的大规模技术变革的长期影响。他也不能预见到，发展将（最终）减慢人口增长的速度。在随后的两个世纪里，生活资料与人们的生育倾向完全同步。这很大程度上是因为廉价的化石燃料很容易获得。

资源利用严重增加与全球经济的大幅扩张如影相随。这可能仍会让一个对资源限制持乐观态度的观察者停下来思考：这种增长怎么可能继续？

押注未来

这正是一个半多世纪后意大利工业家里欧·佩切依（Aurelio Peccei）和苏格兰科学家亚历山大·金（Alexander King）提出的问题。1968年4月，在罗马一座安静的别墅里，两人小规模邀请了一些外交官、工业家、学者和公民社会的领导人，讨论他们称作的"人类困境"——为潜在的长期危机提供有效的短期治理这一问题。

罗马俱乐部特别关注在资源有限的世界里，消费指数型增长所引发的多重危机。1970 年 6 月，他们邀请了麻省理工学院（MIT）的杰伊·佛里斯特（Jay Forrester）教授赴瑞士伯尔尼参会，讨论他在系统动力学领域的开创性研究，能否为他们所称的"相互关联问题群"的"结构性反应"提供模型框架。[26]

在从家去伯尔尼的路上，佛里斯特画了个提纲草图。后来它成了全球经济资源依赖的首个系统动力模型。德内拉·梅多斯（Donella Meadows）、丹尼斯·梅多斯、乔根·兰德斯（Jorgen Randers）和比尔·贝伦斯（Bill Behrens）是麻省理工学院 4 位聪明的年轻科学家。在他们手中，草图化为罗马俱乐部最著名报告的分析基础。1972 年出版的《增长的极限》被翻译成 30 种不同的语言，在全球售出了 1 200 多万册，引发了激烈的讨论，直到今天还在继续。[27]

《增长的极限》的核心是对人口、科技、工业资本、农业和环境质量之间的关系进行的非常稳健的分析。虽然这些内部依赖关系很复杂，但动态关系相对容易传达。麻省理工学院研究小组认为，工业发展的模式通常是沿着可预测的路线运行的。

随着越来越多的人变得越来越富裕，他们消耗的世界资源也越来越多。因为地球上资源有限，所以物质增长不能无限持续。最终，人类活动的规模超过了环境承载力，结果造成人类活动骤然收缩——要么可控，要么不可控。支撑人类的资源（如食物、矿物质、工业产出）首先开始减少，随之而来的是人口崩溃。

值得注意的是，崩溃不会发生在模型中，因为支持人类的物质资源完全消失了。这是因为资源质量随着开采的增加而降低:从原材料中开采高质量的可用资源,需要越来越多的物质和金融投资。这个过程最终变得不可持续,并且开采量开始下降。

美国生态学家查尔斯·霍尔(Charles Hall)通过"能源投资回报"(Energy Return on Energy Invested,EROI)将这一动态应用于能源领域。EROI 将从煤或石油等燃料中获得的能量与最初提取它们所消耗的能量进行了比较。如果这个值下降得太多,那么开采在经济上和能源上都变得不可行。

关键点是随着资源质量的下降,仅仅为了保持生产所需的资源流,不得不将越来越多的资源从生产中转移出来。这个动态不仅对产出造成压力,而且还加剧了污染,破坏了资源基础本身,并威胁到粮食、营养和健康等社会基本方面。

在很大程度上,这一论点的复杂性被忽略了。人们指责研究小组危言耸听,缺乏科学知识,不懂进步的本质。乐观主义者提出,他们周围巨大的科技进步正在发生,新资源的发现也即将出现。但这些都不能与《增长的极限》的假设相抗衡。麻省理工学院的研究小组并没有说资源已经耗尽。他们也没有暗示人口即将崩溃,尽管许多人仍然认为小组已经这样做了。

人口生态学家保罗·埃尔利希(Paul Ehrlich)和经济学家朱利安·西蒙(Julian Simon)之间的一个著名打赌很好地说明了这个误解。作为经济学家,西蒙知道,如果物质材料变得稀缺,那么它们的价格将会上涨。因此他向埃尔利希(《增长的极限》假设的长期支持者)发出挑战,让他找出 5 种在 1980—1990 年价格会上涨的材料。埃尔利希选择了 5 种金属:铜、铬、镍、锡和钨。在此期间,这些金属的价格都下跌了。埃尔利希赌输了。[28]

如果出现的时间再晚一些,在20世纪大部分的10年期,结果可能截然不同。如果埃尔利希选择的是其他重要商品,也许他会更富有。如果时间延续到21世纪的头10年,毫无疑问他就赢了。在2000—2014年,平均商品价格涨了3倍多(如图1.1所示),这使得乐观的观察家开始谈论资源价格的"超级周期",呼吁紧急的"资源革命"。[29]

图1.1　1992—2015年全球商品价格指数

资料来源:数据来自美国联邦储蓄银行(见注释29)

这种新经济格局的一个鲜明特征似乎是价格波动明显加剧。在2003年之前的20年里,油价在每桶10~30美元波动。2003年之后,油价大幅上涨,在2008年7月达到每桶147美元。金融危机之后，波动仍在持续。油价在 2015 年一路暴跌，2016 年初跌至每桶 30 美元的低点。这是 2003 年以来的第一次。但价格在此之后再度攀升。[30]

造成这种波动的原因很复杂。2008 年的峰值与一系列情况同时发生，包括供给瓶颈、对气候变化的担忧，以及土地利用的冲突。2015 年的崩溃部分是由新"非传统供给"造成的：主要来自"水力压裂开采法"，特别是在美国。传统生产商对突然供过于求的反应，让降价雪上加霜：为把价格降下来，迫使非传统供应商退出市场，他们达成了一项协议，以更快的速度开采传统原油。地缘政治紧张加剧了这种复杂性。[31]

事实上，这一切都与石油作为一种资源的潜在稀缺性无关。乐观主义者抓住这个事实，企图淡化任何有关资源稀缺的暗示。但这个主张是有问题的。大宗商品价格波动太大，不能提供可靠信息。即使稀缺威胁也足够让它们暴涨。石油卡特尔的寡头行为已足够强大，能迫使价格崩溃。通过峰值和波谷，潜在的物质资源基础不可阻挡地走向枯竭。然而市场太过自恋，无法衡量这一点。

在这些情况下，很难把握资源稀缺将在什么时候开始改变我们的世界。如果关于《增长的极限》的论点的误解是正确的，那么崩溃早就应该很明显了，但这本书从未这样说过。研究小组只是提出，这样的变化将"在 21 世纪"变得明显。[32]

距否定（或确切证实）这个预测，我们还有一段距离。当然有些人认为"一切都达到顶峰"早已显现。远在危机之前，备受尊重的观察人士，包括国际能源组织（IEA），已经表明石油产量的峰值最早于 2020 年出现。这些预测明显低估了非传统石油供给的潜在增长，但是低估的程度仍不清楚。[33]

乐观主义者指出，在沥青砂和油页岩中，石油的储量仍然巨大。他们声称，石油开采也许成本高且还可能破坏环境，不过到绝对短缺还早着呢。但是最近的详细分析显示，非传统石油最多把产量峰值延缓数十年。有些预测甚至断定 2025 年达到峰值，表示水力压裂开采法只会延缓后峰值下降而已。[34]

简而言之，对于《增长的极限》预测的情景，我们既不能完全否定，也不能明确确认。但是最近的几项研究确实令人担忧。研究之一是，根据人口、生产、资源消费和污染的实际数据，分析其在多大程度上反映了梅多斯和团队的预测。研究结果很清楚：世界目前正朝着《增长的极限》中"标准运行"所指示的方向前进。自 1972 年以来，我们看到的任何技术变革都没有导致进展偏离一切照旧的情景。[35]

最近的另一项研究使用了麻省理工学院原始模型的更新和扩展版本，进行了一系列更具体的资源稀缺分析。通过分析 40 多种基本材料的生产和供应，作者得出结论：其中大多数要么已经达到产量峰值，要么将在 2050 年前达到峰值。虽然这并不意味着我们会立刻看到供应的绝对短缺，但它的确表明，越来越多的财富将不得不用于越来越低级的资源。根据第二项研究，财富会在 2017 至 2022 年达到峰值，从那时起，"我们将不再把自然资源推动的全球 GDP 增长视为理所当然"。[36]

不管这些预测正确与否，《增长的极限》有两个核心方面是不容置疑的。第一个是必须停止物质资源的肆意开采和利用。

第二个更加微妙，即在绝对短缺开始产生影响的时候，毫无疑问做出各种改变为时已晚，如改变系统对资源的依赖和推动制度基础转型。摆脱资源密集型的转型的时间范围必须比达到任何潜在的限制提前几十年。

麻省理工学院研究小组特别关注第二个方面。稀缺的动态特性对于我们管理稀缺的能力至关重要。《增长的极限》强调了技术、资源、消费和影响之间动态关系中正负反馈环之间的关键区别。

正反馈要么带来快速增长，要么导致快速崩溃。负反馈倾向于抑制或平衡这些变化并确定改变的方向。在动态系统中，稳定性在很大程度上取决于正负反馈环的相对强度。

在系统变化的速度和管理变化的容易程度之间有一个特别重要的关系。在正反馈环主导的快速扩张系统中，无论是预测还是抵御由于资源或生态系统压力不断增加而产生的冲击都变得更加困难。当冲击出现时，要想采取措施就已经太晚了。

这和开车或滑雪下山没什么不同。在突发事件面前，我们安全操控的能力依赖动态控制系统。在感知路上（或前方斜坡）的问题和我们相应的反应之间，不可避免地存在着时间差。这种延迟程度取决于多种因素，有些是行为因素，有些是环境因素，还有些是技术因素。

这些因素当然包括我们的技术和注意力，以及肌肉的反应速度，还包括当时的驾驶条件：可见度、交通情况、道路状况等，还包括技术本身的延迟——刹车和转向的反应等。

随着时间的推移，有些情况可以得到改进。例如，我们总是能够磨练驾驶技能，确保有好的视野，再如，刹车系统的改进为道路安全创造了奇迹。有了世界上最好的技术和赛车手的反应时间，我们也许可以在无数突发事件中高速安全地驾驶，但通常情况下，当情况变化缓慢时，控制就会容易得多。

具有强正反馈的系统的固有问题是变化迅速。在缺乏适当平衡环的情况下，变化会越来越快，导致控制越来越难。

这个分析得出了两个关键教训：一是我们推动经济发展的速度越快，在出现短缺时应对的挑战就越大；二是我们成功的最好机会在于提前规划，要远早于资源短缺到来之前。我们应当马上提出的问题，不是短缺是否早已来此，而是在可预见的未来，短缺是否有可能到来。如果有的话，我们现在就应该开始行动了。而某种短缺，似乎已经降临到我们身上了。

耗尽地球

2015 年，斯德哥尔摩应变中心（Stockholm Resilience Centre）发布了第二个"地球边界"报告。其首个报告在 2009 年发布。一群经验丰富的自然科学家，在约翰·罗克斯特伦（Johan Rockström）的领导下，评估了与我们密切相关的 9 个"关键生物物理边界"，这在历史上尚属首次。研究组宣称，超出这些边界将意味着不可接受的环境变化，对社会有"严重的潜在性灾难后果"。[37]

教训是有益的。研究组发现，当前的经济活动水平，在 9 个关键的边界内，有 4 个早已超过地球的"安全运行空间"。营养过剩、物种灭绝、海洋酸化和气候变化，早已严重威胁了生态系统的完整性。它们在这种情况下,也在威胁破坏人类社会的基础。

在这些威胁中,也许气候变化最为人们熟知。20世纪80年代末,通过气候学家詹姆士·汉森(James Hansen)和其他科学家的努力,气候变化吸引了世界的关注。在过去的20年中,其不可阻挡地升级为政治议题。富有影响力的斯特恩报告大大提高了它的曝光度。尼古拉斯·斯特恩(Nicholas Stern)是前世界银行经济学家,应英国财政部邀请,领导了气候变化的经济学评估。

据说,是一位受政府财政部委托的经济学家提醒世界气候科学家们注意,尤其是政府间气候变化专门委员会(Intergovernmental Panel on Climate Change,IPCC)多年来一直在说的事情。这在一定程度上证明了经济学家在政策领域的影响力,但斯特恩报告的影响还在于其信息的诱惑性。

该报告的结论是,早期对GDP的小幅冲击(可能低至GDP的1%),将使我们能够避免随后更大的冲击(可能高达GDP的20%)。斯特恩报告总结道,气候变化问题是可以解决的,并且我们几乎不会注意到差别——经济增长或多或少会像往常一样。[38]

在斯特恩报告发表后的几年里,有一种观点认为,在不太改变传统经济模式的情况下,就有可能解决气候变化(想必也包括我们面临的所有其他环境挑战)。这种观点的势头近乎反常。2011年,联合国环境署(United Nations Environment Programme)宣布,绿色增长(他们关于低碳排放经济增长的术语)甚至能够比"褐色"经济更快。2014年,新的气候经济报告《更好的增长，更好的气候》(*Better Growth, Better Climate*)向政策制定者传递了类似的信息。[39]

在第5、第6章中，我们将详细考察这个声明。气候政策历史表明，在相信事情会如此简单的时候要谨慎。

1992年签署的《京都议定书》规定，在2012年之前，发达经济体的温室气体年排放量要比1990年减少5%。这被认为是应对气候变化威胁的第一步。但是，事情远未像《京都议定书》期待的那样发展。到了2015年，其二氧化碳排放量比1990年高出60%以上，人类活动引起的二氧化碳，以"过去6 600万年未曾发生"的速度，排放到了大气中。[40]

2009年达成的《哥本哈根协议》确立了一个雄心勃勃的目标，那就是将全球变暖控制在比前工业化时期的平均气温水平高2℃以内。6年后，全球平均气温仍然不可阻挡地逼近这一目标。在2015年，气温比1850年有记录以来任何一年的温度都高。平均气温首次比前工业化时期的平均水平高了1℃。[41]

虽然威胁迫在眉睫，但是《哥本哈根协议》未能就减排目标达成任何协议，而是更倾向于鼓励各个国家提出各自的"国家自主减排贡献方案（INDCs）"。6年后，在巴黎举行的《联合国气候变化框架公约》第21次缔约方大会（CoP21）前夕，人们发现，这些承诺的总和与在哥本哈根确立的2℃的目标相距甚远。[42]

尽管如此，《巴黎协定》在实质性承诺方面却少得惊人，既没有设定碳排放目标，更没有实现它们的明确时间阶段，且几乎没有提及为低碳转型提供资金这一棘手问题。对于一项非同寻常的承诺而言，面对气候变化，世界似乎陷入了瘫痪。

《巴黎协定》有一个惊人的成果显著加强了哥本哈根目标。那就是，2015 年 12 月，200 个签约方承诺，将全球平均气温升幅控制在"远低于工业化前水平 2 °C"的范围内，并"努力将温度升幅限制在 1.5 °C 以内"。[43]

这一目标代表着 25 年多的紧张国际政策制定的高潮，以及在巴黎举行的一系列大型谈判会议的高潮。在协议签署之前，这些谈判连续几天连夜进行。但是，要真正实现将全球变暖控制在 1.5 °C 以下的目标相一致的减排目标，这项艰巨的工作几乎还未开始。

IPCC 计算出，要想有更好的机会达到这个更严格的目标，自 1870 年以来累计排放到大气中的二氧化碳排放量需要保持在 2.35 万亿吨以下。到目前为止，已经排放了超过 2 万亿吨。因此，从现在起到 21 世纪末的最大"碳预算"只有 0.35 万亿吨。[44]

按照当前的排放速率，该预算将在 10 年内用完。超过这个临界点之后，为了实现目标，我们将不得不主要依赖未确定的逆排放技术，即从地球大气中永久除碳的技术。[45]

这些信息让人极度不安。全球平均气温正在升高。危险的气候变化几十年后就会来临。我们正过快地耗尽气候的"缓冲"。促进能源系统转型，也许要花费数十年的时间，然而这项任务我们几乎尚未开始。

可以明确的是，在化石燃料储备中封存的"未燃"碳，至少是我们能够安全燃烧的碳量的 3 倍。如果要避免危险的气候变化，远在我们耗尽石油、煤炭和天然气之前，我们就必须停止从地下开采和燃烧它们。气候变化活动家比尔·麦克基本（Bill McKibben）说："甚至在我们耗尽石油之前，我们已经在过度消耗地球。"[46]

超越极限

主流经济模型依赖经济规模的指数型持续扩张。20世纪中期以来，全球经济平均每年增长约3.65%。到21世纪末，如果延续同样的增长速度，全球经济将是1950年的200多倍。[47]

世界情况一切照旧，早已令人不可想象。那么，如果每个人都像在富裕的西方一样，拥有期望的收入水平，这样的世界会怎样呢？这样一个更加平等和更加富有的世界，全球经济产出需要在2100年底，比今天大30倍，比20世纪中叶大326倍。[48]

这样的经济看起来到底如何呢？它依靠什么运行呢？它真的为共享和持久繁荣提供了一个可信的愿景吗？

全球经济活动的异常增多是史无前例的。这与我们赖以生存的有限资源基础和脆弱生态是完全不一致的。据估计，全球60%的生态系统已经在退化。[49]

在很大程度上，我们回避了这些数字代表的残酷现实。默认的假设是，抛开金融危机不谈，增长将无限持续。不只对于最贫穷的国家来说是如此，它们无疑需要更高质量的生活；对于最富裕的国家来说更是这样，它们丰盛的物质财富几乎没有增进幸福，并正开始威胁我们福利的根基。

这个集体失明的原因（细节我们将在后面看到）显而易见。现代经济的稳定在结构上依赖于经济增长。当增长衰退时，如金融危机时的急剧恶化。政治家惊慌失措，企业挣扎求存，人们失去工作，有时无家可归。螺旋式的衰退逼近。质疑增长被视作是疯子、空想家和革命者的行为。

然而，我们必须质疑。无增长经济的思想也许被经济学家恨之入骨，但是经济持续增长的观念被生态学家深恶痛绝。有限系统的子系统绝不能无限增长，至少在物理意义上是这样的。经济学家必须要回答的问题是，持续增长的经济系统如何适应有限的生态系统。

唯一可行的答案是，美元的增长必须与物质产出量和环境影响的增长"脱钩"。但我们将在接下来的内容中更清楚地看到，到目前为止，这还没有达到所需的效果。在不久的将来也没有成功的前景。要达到这里设定的极限（并在经济持续增长的同时永远保持在这些极限内），脱钩的规模之大令人难以想象。

简而言之，我们没有替代方案，只能质疑增长。增长的神话辜负了我们。它挫败了30亿人，让他们仍然依靠几乎不比隔壁咖啡馆的一杯脱脂拿铁高多少费用的生活。它破坏了我们赖以生存的脆弱生态系统。特别是，它没有能够（用它自己的话来说）保证经济稳定，保障人们的生计。

令人不安的事实是，我们发现自己面临着廉价的石油，大宗商品价格高度波动，空气、水资源和土壤退化，土地利用、资源利用、水资源利用、林业和捕鱼权之间的冲突以及稳定全球气候的重大挑战。面临这些挑战，我们所依赖的经济已经从根本上崩溃，亟须复兴。

在这些情况下,重回一切照旧的老路绝非良策。建立在生态破坏和持续社会不公之上,只是为了少数人的繁荣,绝不是文明社会的基础。经济稳定至关重要。保护就业,创造新的工作,绝对必不可少。当然,我们也迫切需要共享繁荣的全新理念。在有限的世界对正义做出庄严承诺。

传达这些目标,对现代政策来说,仿佛是陌生甚至不合时宜的任务。政府的角色被物质目标限定得如此狭窄,并被无限消费自由所误导的愿景掏空。治理理念本身迫切需要更新。

但是关于投资未来,还留存一个独一无二的机会:清除困扰社会几十年的短视思维,取而代之的是经过深思熟虑的政策,以能够应对实现持久繁荣的巨大挑战。

因为,从各方面来看,繁荣胜过物质享受,超越物质关注。它栖身于我们的生活质量和家庭的健康与幸福中。它体现在我们关系的牢固程度和我们对社区的信任程度上。它体现在我们对工作的满意度以及我们对共同意义和目标的认同感上。它取决于我们充分参与社会生活的潜能。

繁荣在于我们作为人类,在有限的地球生态限度内兴旺昌盛的能力。我们社会面临的挑战是创造条件,使这成为可能。这是我们这个时代最紧迫的任务。

第 2 章

失去的繁荣

繁荣,而非萧条,是财政紧缩的合适时间。

——约翰·梅纳德·凯恩斯(John Maynard Keynes),

1937 年[1]

实现繁荣的传统方法依赖于追求经济增长。从这个熟悉的观点来看，更高的收入将增加福利，实现共同繁荣。

但这种将进步视为消费持续增长的天堂的愿景已处于严格的审视之下。这种审视不仅来自那些怀疑其在有限的地球上的可行性，或从人类角度质疑其合理性的人，也来自在近一个世纪里最严重的金融危机之后，那些想知道经济增长究竟从何而来的人。

传统经济的断层已被拓宽。以前似乎是小裂缝，在西方人眼中几乎看不到。现在则变成了鸿沟，威胁着要吞噬所有国家。2008年9月15日，雷曼兄弟破产不仅仅预示了周期性流动危机的开始。惨淡的衰退之光照亮了资本主义闪光表面的道道裂痕。很明显，现在这些裂痕已经直达此模式的核心。

经济稳定依靠不断刺激消费需求。这不仅破坏了有限地球脆弱的资源基础，还影响了金融和政治系统的稳定。消费资本主义依赖债务维持增长，但迅速增长的债务产生了脆弱的资产负债表。复杂的金融工具被用来掩盖讨厌的风险，但是当债务最终不良时，系统就崩溃了。

政府承诺了数万亿美元来使风险资产证券化，承保受威胁的储蓄，对破产银行进行资产重组，危机之后重新刺激经济。

没有人假装这只是一个短期解决方案。许多人甚至接受它是潜在的严重倒退。这是以纳税人为代价,奖励危机制造者的短期办法。但给它开脱的理由是,替代方案的后果简直不堪设想。

金融市场崩溃将导致大规模的、完全不可预测的全球崩溃:全体国家破产,全部商业失败,以及挽救银行系统的庞大人道主义成本。但是政府紧急援助引发了更深的危机。一个接一个的国家,特别是在欧元区,发现它们在处理增加的赤字、庞大的主权债务和降低的信用评级。[2] 出台紧缩政策来控制赤字和保护评级,并没有解决潜在的问题。更糟糕的是,它们自身产生了新的社会问题。撤回社会投资导致了不平等增加、失业加剧、健康恶化和公众不安渐增。以牺牲受害者为代价救助危机制造者的不公正之处,已是有目共睹造成更广泛的社会不安的条件依然显而易见。[3]

面对这些经济系统仍然挣扎着站稳脚跟的问题,当然是巨大的挑战,特别是在众所周知的没有替代方案的情况下。很明显,一些严肃的反思是必要的,不退后一步去质疑发生了什么是鲁莽的。如果不认真地重新调整经济模式,就会使失败与失望交织在一起:责任的失败加上对愿景的失望。

而且,至少在原则上,持续的经济不确定性为我们提供了一个独特的变革机会——处理金融和生态可持续性的潜在可能。这是一个用面向未来的全新愿景来应对过去局限的机会。至少如本章所述,自本书首次出版以来,很显然,重建一个应对21世纪经济的挑战这一任务已变得更加重要。

第 2 章　失去的繁荣

追捕罪魁祸首

2008 年 11 月，雷曼兄弟破产两个月后，伊丽莎白女王二世访问了伦敦经济学院，并询问了为什么完全没人看到危机来临。也许有点被女王陛下对此事的兴趣难住了，聚集的经济学家们在离开后，做了学术界最擅长的事情：组织了一场研讨会。

一群重量级的经济学大佬经过长期的艰苦思考，精心撰写了一封长达 3 页的信，并在上面签名，希望能澄清真相。他们庄重地总结道："总之，女王陛下，不能预测危机的时间、范围和严重性并阻止它，尽管有多种原因，其中最主要的是因为国内外众多聪明人不能理解系统整体的风险，这是集体想象的失败。"[4]

这封信审慎且几近谦卑，但也存在误导。英国前金融服务局主席阿代尔·特纳（Adair Turner）注意到，真相比这些内容更加糟糕。这里并不是要否认集体想象的失败，这是明摆着的，只是它并没有真正回答女王陛下的问题。[5]

这些系统风险是怎么产生的？为什么经济学家不能理解它们？为什么我们竟然把金融灾难交给"集体想象"去阻止？什么是金融危机的无形原因？

些许后见之明是有价值的。雷曼兄弟破产的直接原因，通常被认为是美国住房市场的次级贷款。有人强调用来包装"不良债务"和躲避审查的"信用违约互换"难以管理。还有人把手指点向贪婪的投机者和无耻的投资人，责备他们想以脆弱的机构为代价大发横财。

纪录片《监守自盗》（Inside Job）对导致危机的一系列环境

给出了特别乐观的看法。它记载了超乎寻常的一连串治理失败，即容许一小撮相当有钱的能人，通过聪明地押注自己系统性高估的投资，通过大声游说反对原本可能阻止这一切的监管，在金融崩溃中大赚特赚。⁶

这显然不是已经发生的所有情况。在 2007 年和 2008 年初，基本商品价格急剧上升（如图 1.1 所示），通过挤压企业利润和减少自主支出，无疑为经济减速做出了贡献。在 2008 年中的某个时间点，发达经济体面临着"滞涨"预期——增长减速的同时通胀加剧，这是 30 年来的首次。2007 年 7 月至 2008 年 7 月，油价翻倍，食品价格上涨了 66%，这导致在一些更贫困的国家引发了社会动乱。⁷

所有这些状况中的一个关键因素是私有部门的"过度杠杆化"。家庭和企业只是背负着一些不可持续的债务。但这种过度负债最引人注目的方面是它持续了多长时间。在发达经济体，国内私人贷款的扩张始于 20 世纪 50 年代，从那时起一直稳定延续到 20 世纪 90 年代中期，当时的增长速度甚至略有加快。⁸

不是所有的经济体都受到了这个趋势同样的影响。实际上，债务系统的一个特点是，全球经济的一个部分高负债，另一个部分必须努力储蓄。在 21 世纪的头 10 年，储蓄大多在新兴经济体。2008 年，中国的储蓄率约为可支配收入的 25%，而印度则更高，达到了 37%。

即使是发达经济体，国与国之间也有一些明显的差别。在 20 世纪八九十年代，所谓的"自由市场经济体"——大多数是盎格鲁 - 撒克逊轴心国，大步迈向自由主义化、竞争和放宽限制。"协作市场式经济体"——"老牌"欧洲国家,日本和斯堪的纳维亚国家,更慢放宽限制,更倾向于重度依赖企业之间的战略互动而不是竞争,来协调经济行为。[9]

但是,发达国家的国内私人信贷增长的基本趋势是惊人的。以美国为例,1955年,家庭和非金融企业信贷占GDP的60%多一点,但在金融危机前飙升至GDP的170%(如图2.1所示)。此增长部分归因于公共部门债务下降。特别是当政府储蓄更多时,私有部门储蓄减少。例如,美国在20世纪50年代和80年代早期是这样的趋势,并在90年代再次发生。但有趣的是,也有一些时期私有部门和公共部门的债务同时增长。[10]

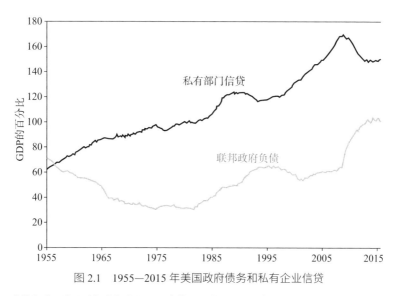

图 2.1　1955—2015年美国政府债务和私有企业信贷

资料来源:美国联邦储备局和国际清算银行(见注释10)

特别值得注意的是,联邦政府债务在危机期间急剧增加。

这是当政府努力支持金融企业和应对经济衰退时，在世界各地出现的相似现象。一般而言，由于危机的影响，发达国家的公共部门债务占GDP的比例在短短几年内增加了50%以上。在2007—2010年期间，一些国家，特别是冰岛、爱尔兰、葡萄牙、西班牙和英国，其债务占GDP的比率增加了一倍多。到2015年，希腊的主权债务几乎是GDP的200%。[11]

债务迷宫[12]

所有这些都没能完全解释这场危机。债务并不总是讨厌的。富有经济体特别依赖（即使是现在）"债务驱动"的消费主义，这个论断是有一定逻辑的。本书将在第6章探讨这种逻辑。但正如人类学家大卫·格雷伯（David Graeber）在其专著《债：第一个5000年》（Debt: The First Five Thousand Years）中明确指出的那样，债务作为社会机制由来已久。债务提供了最原始的交换方式。货币本身是从以债务为基础的交换中演化而来的。[13]

钱的借出和借入当然是现代经济的内在特点。随着时间的推移，在"抚平"我们的收入和花费模式中，正常运行的金融系统发挥着必不可少的作用。例如，因为知道我们的赚钱能力在中年比晚年强，所以我们为退休储蓄。我们也许还会因为追求重要的"大件"（如汽车或度假旅行）而存钱。[14]

到目前为止，最大最重要的购买通常是房子。事实上，如果我们完全依靠自己的储蓄来购房，对普通工薪阶层来说几乎是不可能实现的。通过按揭贷款，抵押房子作为资产，我们能够在住房方面获得一定程度的保障，否则将毫无可能。当然，总是需要假设住房价格相对稳定、利率保持足够低,以及金融系统一直完好无损。在有利的条件下,在满足人们的基本需求方面,提供家庭信贷的系统发挥着重要的社会作用。[15]

当然,这种安全感是金融危机的首要牺牲品之一。因为只要住房的价值持续升高,人们的抵押负债远非他们的物质资产价值所能抵消。住房价格的升高,鼓动银行提供更多的贷款,说服更多的人去办理贷款。更多的钱追逐有限的住房存量,反过来推高了住房的价格。貌似良性的循环创造了住房价格"泡沫",但最终并不能持续。当价格崩溃时,良性循环变成了恶性循环。家庭负债不再能被资产平衡。加之收入下降,普通债务开始变得无法偿还,破坏了家庭财务甚至整个金融系统的稳定。

正常运行的金融系统对企业也是至关重要的。对它们来说,投资是指"大件"购买行为,通常无法完全从销售收入中获得资金。企业筹钱支付投资,要么通过出售公司所有权(股东权益),要么通过从银行借钱(债务)。当一切正常运作时,这个系统容许企业生产能力的革新和创新。

事实上,从某种意义上说,在资本主义经济中,贷款是"货币循环"的主要行为。如果不从别处借钱,几乎没有私人个体拥有足够的资源,能够资助建设大型工厂或安装制造工场。任何一家公司在盈利之前,实际上甚至是在它能开展任何销售之前,必须为生产设备提供资金并支付工人工资。债务是资本主义经济的生产基础。

在整个经济层面上,这导向了一个有趣的观点:是贷款创造了储蓄,而不是储蓄创造了贷款。银行业的传统理论认为,银行不过是存款方和借款方的中介,但是这完全错了。现在广为认可的是,现代经济创造的几乎所有金钱,通过银行而存在,银行首先发放贷款,然后为那些借款人把贷款记入存款账户。[16]

从技术上来说,政府与家庭或企业的处境稍有不同,因为货币是以主权货币计价的,家庭和企业必须用这种货币交税。因此,从原则上讲,政府可以通过支付公共部门工资或直接用主权货币从公司购买产品和服务来花钱。这种设置最明显的危险是,政府可能"过度花费"和制造经济通胀压力使货币贬值。[17]

部分由于这种危险,也由于后来被证明是意识形态的原因,大多数现代政府只允许自己在商业债券市场筹集资金,像家庭和企业必做的那样,产生有息债务。在有些地方,这个限制被立法严格保护。[18]

通胀的风险显然重要。但这里也有强大的意识形态起影响作用,这限制政府(和央行)的操作空间。实际上,如美国语言学家乔治·莱考夫(George Lakoff)指出的那样,政府像家庭的整个比喻是有力的"认知框架",它对国家的权力(和无权力)有深远的影响。我们将在后文讨论这些问题。[19]

然而,对当前来说,我们能够或多或少地把国债像家庭或公司债务一样考虑,如同钱是政府欠私有部门债权人的。每当政府运行出现赤字,或者换句话说,当税收不够支付公共部门开支时,国债会增加。减少债务只能在公共部门有盈余的时候发生。在经济衰退时,国债的增加司空见惯(如图 2.1 所示),因为收入和税收在下降,社会保障支出在增加。但在经济萎缩的情况下,持续增长的国债是政治和社会灾难的起因,就像希腊等国在付出代价后发现的那样。因为当政府支付它们的能力下降时，偿债的成本会增加。[20]

这似乎有点显而易见。但是评估债务的可持续性或不可持续性，并不总是这样直截了当。金融资产与负债有个奇怪的特点，整个经济的总数加起来总是为零。当你思考金融借贷如何运作时，这变得清楚明白。一个人（或公司）的借入款正好是另一个人（或公司）借出款。一个部门的资产正好是另一个部门的负债。

在封闭经济中（即没有国际贸易），这意味着未偿国债总额将永远等于私有部门的净金融资产。不同时降低私有部门净借出，将不可能减少公共部门借入。在国际层面，经济当然是封闭的，情况必须永远如此。

在开放经济中，相互贸易不断，减少公共部门的借入有时可以与增加私有部门的净借出同时进行，但也只能在贸易顺差时才行。[21] 这就是为什么像德国这样的贸易顺差巨大的国家，能够在危机之后减少公共赤字，即便私有企业正在寻求改善其资产负债表。

另一方面，对处于贸易逆差的希腊而言，减少政府赤字仅仅意味着私有部门净借入的增加。借出和借入这种你推我拉的性质，在公共部门和私有部门之间产生了不安的关系。我们将在第 10 章看到，精明的政府有时是如何利用这一点的。但在过去 10 年中，它强加的种种限制已经导致了一些非常令人不快的局面。

上述结果证实，不同部门信贷和债务的分配，比二者中任何一个的绝对水平都更重要。图 2.1 表明，存在某些时期（最显著的是过去 10 年），国家债务和向家庭和非金融企业发放的信贷同时增加。如果其他经济部门的金融资产在这段时期增加了，这才能说得通。只有两个可能的受益者部门：要么是金融部门变得更富了，要么是美国欠世界其他国家的债务增加了。

图 2.1 显示的一些债务属于美国金融部门所有，然而事实上它的很大一部分为国外出借人所有。所谓的外债是金融可持续性的核心。在危机前的数十年中，最显著的特点是世界最富有经济体的外债激增。所有发达国家外债和 GDP 的比率，从 1970 年的 25% 左右猛增到 2010 年的 250% 以上。[22]

这些外债的可行性取决于一系列复杂的因素，包括生产资产在多大程度上平衡了外债，以及本国货币在国际市场上的相对强弱。当经济收缩、货币贬值时，经济会承受特别的压力。在极端情况下，国家也许会发现，自己既不能吸引乐于支持它花费的投资者，也不能变卖资产来为之补偿。在这点上，相对于 GDP 的外债水平变得至关重要。例如，收回比国家收入还多的债务，显然将是灾难性的。

内在的敌人

对于门外汉来说，理解这个债务迷宫是个艰巨的任务。但是，就像伦敦经济学家向女王的解释那样，这个任务对专家来说也绝非易事。这次的金融危机让他们大部分人措手不及。

他们的问题之一是，经济学理论在实践中不能施展手脚。在理论上，扩大信贷的可获得性应当提高实际产出，让经济成为更安全的金融场所，而不是更加不稳定。对此存在某种逻辑解释。刺激信贷提高了企业投资资本的可获得性，同时降低了消费者的债务成本。

但是任何事情都可能出错。不平衡的最早迹象之一是不平等的加剧。偿还不断增加的债务，使收入不断从债务人流向债权人。当一小撮人相对来说拥有金融资产的一大部分时，这是特别有问题的。法国经济学家托马斯·皮凯蒂（Thomas Piketty）在他的畅销书《21世纪资本论》(*Capital in the 21st Century*) 中令人信服地表明，当金融机构产生更多信贷时，美国人口中最富有的 1% 同期变得更加有钱。[23]

这不是唯一的"竞技场"。让信贷更普遍获取，却并不总是导向对真实物质资产和家庭财富的投资，有时只会导致投机。用赌场经济来描述发达经济体过去 10 年发生的一切，实际上是有诱惑力的。无情的投机分子用廉价资金在大宗商品或房地产价格上豪赌，企图在泡沫破裂之前赚快钱。8 年之后，世界经济仍然在其影响下步履蹒跚。

这两个动态之间的关系也正被揭示出来。低利率导致信贷容易，产生更高的资产价格。这些资产的资本收益对富裕人士有利，增加了收入和财富的不平等。和更贫困家庭相比，由于更富裕家庭通常储蓄偏好更高，导致资金增长更多，这进一步了降低了利率，甚至产生了更便宜的信贷。[24]

自相矛盾的是，随着不平等增加，更贫困的家庭甚至更无力偿还贷款。当违约增多时，借款人倾向于增加风险更高的贷款的利率。但是到这个阶段已为时已晚；支付更高利率让贫困家庭在债务中陷得更深。所有的资产类别转为不良，急剧改变了银行资产负债表的可行性。

明智的借款人也许会保护自己以对抗冲击，在资产负债表中保持足够的自有资本份额来平衡风险贷款。风险越高，越需要更多的资本缓冲来确保资产贬值情况下的偿付能力。家庭和银行的审慎对阻止金融危机大有裨益。实际上，在危机后纠正市场的努力中，专门涉及创建此类缓冲的条款，但在那个时候，趋势完全处于相反的方向。[25]

因此，女王的问题确实应当换一种说法。在数十年中，为什么家庭、企业和政府不同程度地抛弃了金融审慎，导致了这次危机？

这个问题的部分答案在于，当事情看起来顺利时，一种天然的热情起支配作用。英国经济学家约翰·梅纳德·凯恩斯称之为"动物精神"。美国经济学家海曼·明斯基（Hyman Minsky）将金融不稳定的出现描述为三个阶段，其特征是三种不同类型的借款人。

最谨慎的借款人，在金融周期初期阶段也最普遍。只有在预算范围内能够明确和轻易地偿还利息和本金时，才会接受贷款。在下个阶段，借款人能够足够轻松地还清利息，但是依赖新贷款偿还本金。在最后的阶段，借款人如果不办理新的贷款，甚至不能偿还现有债务的利息。债务和违约螺旋式上升，不稳定性如影随形。[26]

像他之前的凯恩斯一样，明斯基提出了国家在稳定不稳定的经济中扮演绝对重要的角色。这个角色倾向于通过审慎监管，来缓解周期中最坏的超额。明斯基还宣扬"反周期"开支形式，政府在危机事件中成为"最终雇主"：部分为了抵消伴随金融崩溃而来的不可避免的生计损失，同时也提供亟须让经济重新运行的刺激。

危机前的数十年，这些都没有出现过，而监督被取消了，规章被废除了。我们也许可以再次解释女王的质疑：到底为什么会发生这种事？

我们仍然没有充分解释：为什么金融市场成功地使整个经济不稳定；为什么给无力偿还的人提供贷款；为什么监管者没能限制拖垮庞大机构的个体金融行为；什么信贷扩张在经济中成了支配的力量。另外，为什么政府持续视而不见或积极鼓励这个"无责任的年代"。

关于这个问题的部分回答是，对于海曼·明斯基和少数有可能阐明发生了什么的经济学家的工作，政策制定者（实际上还有许多经济学家）总体上一无所知。那些盯着企业利润和国家进步的人，都没能充分注意到潜在资产负债表出现的非常明显的不稳定性。[27]

但即使这个答案也不能完全解决问题。事实是，政府既没有推行也不鼓励审慎，却故意以增加脆弱性的方式行动。20世纪90年代和21世纪初期的特点是，进一步放松金融市场管制并在复杂金融工具设计方面大规模创新，所有这些都是由一种意识形态假设驱动的（或至少是正当的），即金融自由市场将是对经济最好的可能。

时光回到1933年，富兰克林·罗斯福（Franklin D. Roosevelt）

政府通过了《格拉斯·斯蒂格尔法》(the Glass Steaga Act),这是美国立法的典范,其迫使商业银行与投资银行分离。它基本阻止了银行用储户的钱冒险。在1999年,距危机爆发不到10年时,《金融服务现代化法》(the GrammLeach-Bliley Act)推翻了这一分离制度。政府意识到这将使存款面临风险,开始引入存款担保,但这只是导致了"道德风险"——风险与回报的分离,甚至鼓励了更多的投机行为。

抵押债务证券化——次级抵押贷款风险不可见的另一个关键因素,加剧了这些风险。在前美联储主席艾伦·格林斯潘(Alan Greenspan)的带头下,证券化得到了最高层的支持。他在回忆录《动荡的年代》(*The Age of Turbulence*)中,明确为这个做法辩护,认为"从……高杠杆贷款的发起者转移走风险可能对经济稳定至关重要,特别是在全球环境下。"[28]

格林斯潘在美国国会的听证会上,承认被市场没按预期运行"震惊"了。这仅仅强调了这些干预措施是有预谋的:故意企图刺激需求。在这一过程中,增加流动性的决定都是为了扩张经济。当时的《经济学人》(*Economist*)领导人专栏文章评价说,"在2008年的危机中,人们很容易忘记,自由化也带来了良好的后果:放松管制使家庭和企业更容易获得信贷,促进了经济增长"。[29]

实际上,在过去30多年来,米尔顿·佛里德曼(Milton Friedman)和富有影响力的芝加哥经济学派的货币主义,推崇放宽信贷对刺激增长的作用。货币主义者反对20世纪70年代凯恩斯支出项目导致的庞大赤字,相信货币政策而非财政政策是经济稳定的关键。自相矛盾的是,弗里德曼自己并不相信放松管制的金融体系。而在受到金融机构严重影响的决策者手中,信贷宽松被视作提振经济的最好方式。

显然,最终战略只是用私人债务取代公共债务(图 2.1),这总是会有风险的。据报道,花旗银行总裁刚好在泡沫破灭前评论说,"当音乐停止时,就流动性而言,事情是复杂的。但只要音乐不停,你必须站起来跳舞。我们仍然在跳。"[30]

2008 年底,花旗银行不再跳了。银行也不再跳了。音乐显然已经停止,事情确实复杂了。国际紧急财政援助的巨大规模说明了问题的复杂程度。事实证明,即使是纳税人的万亿资金也不足以保证稳定性和避免持续的经济不确定性。[31]

这种激进的金融管制放松和私人信贷的激增造成了危机,这在某种程度上是毋庸置疑的。前美国财政部长拉里·萨默斯(Larry Summers)质问道:"在过去的 15 年里,问题出现了:我们能不能辨认出任何一段持续的时间,期间经济的增长令人满意,并伴有金融可持续的情况?"乔治·索罗斯(George Soros)是匈牙利出生的金融家,他把国际金融市场"超级泡沫"的产生,和为提高流动性作为刺激需求的方式而制定的一系列经济政策关联起来。[32]

在此,我们最后终于走近了问题的核心。市场不是因为个人孤立的玩忽职守而崩溃,甚至或者因为不那么警觉的监管者睁一只眼闭一只眼而如此。如果存在不负责任的话,那也是更有系统的、由高层批准的,而且有个明确的目标:经济增长的持续和保护。

在把世界带入经济灾难边缘的经济和政治体系中,忠于增长是独一无二的首要因素。增长的势在必行塑造了现代经济的结构。它激活了赋予金融部门的自由。在危机之前和之中的数十年间,它推动了管制的放松,无管理(和不稳定)的金融衍生品的激增,以及公共和私有债务的大规模扩张。

女王陛下,正是这些正在实施的刺激经济增长的政策无情地导致了经济的衰落。这本来应该是伦敦的经济学家给伊丽莎白女王二世的答案。市场被增长本身搞垮了。

凯恩斯主义阳光下的一年

这个理解本应导向对以增长为基础的经济范式的深刻复查,但实际上几乎什么也没发生。主流反应更有醉汉的特点,伸手拿酒瓶来治疗昨晚的宿醉。重返增长,什么都行,越快越好,不计成本。

向更负责任的金融部门做出了一些让步。卖空等行为被叫停;要求提高资本充足率;短暂地,人们勉强接受了限制金融部门高管收取酬金(红利)的必要性。[33]

应当承认,面对公众对红利文化的强烈抗议,最后一个让步更多来自政治需要,而不是对原则的认可。在危机爆发短短数月内,巨额高管红利再次发放。早在2008年12月,高盛发放了26亿美元的年终红利,而不去偿还美国政府60亿美元的紧急财政救助,辩解的基础是这些红利帮助"吸引和调动"最好的人才。[34]

许多类似的反应被视为短期干预,意图是加快恢复一切照旧的模式。卖空没有被禁止，只是暂停了6个月。资本充足率的要求相对适中，只是慢慢逐步实施。金融机构的部分国有化是合理的，其依据是股份将在合理的情况下尽快卖回给私营部门，但在许多情况下，这一点仍未实现。[35]

尽管有些干预不同寻常，其主要被看作短期措施，是恢复自由市场经济必要的恶。宣布的目的也很明确。世界领导人希望通过向银行注入股本和恢复出借人的信心来恢复流动性、重振需求和"启动"经济。

他们的终极目标是保护对经济增长的追求。无论如何，有一点始终是不容谈判的：不惜一切代价地持续增长。恢复经济增长正是几个月前闻所未闻的干预措施的理由。没有一位政治家严肃质疑过这个目标。

它的原因不难弄懂。当消费放缓时，失业凸显。企业发现自己破产了。人们发现自己失去工作了。那些不能很快做出适当反应的政府，发现自己被赶下台了。简而言之，道义上亟须保护就业，防止进一步崩溃。在这种环境下，提出与繁荣本质相关的深层结构性问题，即使不是麻木不仁，也被认为是不合时宜的。

实际上，那些倾向于质问共识智慧的人，很快被谴责为愤世嫉俗的革命者或抵制技术革新的当代卢德分子。在危机最为严峻之时，一份英国报纸咆哮道，"我们不同意反资本主义者的观点，不管是社会主义者还是生态原教旨主义分子，他们把金融危机看作强制推行乌托邦的机会。""多亏了自由资本主义，我们这个国家的大多数人活得又长又满足。我们不想生活在

'工人苏维埃'的帐篷里。"[36]

在这个披挂混乱的妖怪逼近的情况下，重建消费者信心以提振商业消费，看起来不费脑筋。自相残杀的斗争都用来去讨论如何实现这一目标。

危机爆发后不久，桌面上基本有两个选择：扩大货币供给或者大规模财政刺激。第一个选择的困难是，到2008年底时，几乎早已没有了操作的空间。零利率早已存在，家庭早已过度加杠杆。对越来越多信贷的需求已经减弱，在整个20世纪90年代和21世纪初的长期以来保护消费繁荣的货币扩张暂时无法实现。

政客们还没有准备好向经济直接注入资金。这些后期才会出现。由于没有了传统选择，政策制定者"迅速放弃了市场比政府更了解的咒语，吹掉了凯恩斯主义教科书上的灰尘，向全球经济注入了资金，从而增加了需求"。[37]

这些钱有些不过是对处境困难金融机构的紧急资助。一些评论家写道："政府为了紧急援助银行系统，提供了以前难以想象的巨额资金。银行系统不受控制的贪婪和鲁莽已经让全球经济陷入瘫痪。"但是除了这一紧迫需求外，全球迅速就一项计划达成共识，即实施一项全面的，类似于20世纪30年代实施的凯恩斯主义刺激计划。

最相近的榜样是80多年前实施的罗斯福新政，当时世界正挣扎着摆脱大萧条。新政带来了大规模的公共部门工程投资。它也许并没有一些人宣称的短期效果，并且经济实际上也没有在罗斯福的前两个任期内全面恢复。但是它的长期影响巨大。2008年诺贝尔经济学奖得主保罗·克鲁格曼（Paul Krugman）

指出,"通过公共事业振兴署(WPA)……新政让数百万美国人领取公共薪水,因而名声大振。直到今天,我们仍在它修的路上开车,送我们的孩子去它建的学校。"[38]

如同明斯基后来的建议,政府在此是"最终雇主"。公共部门的工作提供双重红利。除了在人们生计方面的明显好处,这些工作产生了被称作"社会工资"的部分——政府支出以持久的基础设施、增加健康与教育福利,以及更好的社会服务等方式,向家庭提供回报。[39]

但是,公共部门的工作不是缓解持续衰退造成的灾难性生计损失的唯一途径。除了作为"最终雇主",政府还能向特定行业注入财政支持,或者只是打算刺激需求(如通过减税和提高福利),希望这将为经济提供就业。所有这些都符合凯恩斯主义刺激的宽泛思想。

从2008年危机起提出的计划,很偏爱这些战略组合。公共部门的就业并没有增加多少,但是特定行业在不少地方获得了政府的直接支持。最明显的当然是大量的资金被用来拯救金融部门本身。

其他部门也寻求直接复苏的一揽子计划(有时有)。最值得注意的是,汽车行业在英国和美国都获得了直接支持。2008年底,美国政府承诺提供230多亿美元,帮助境况不佳的汽车巨头(通用和克莱斯勒)摆脱困境。2009年初,英国政府承诺为汽车行业提供总计23亿英镑的贷款。[40]

匪夷所思的是,紧随汽车行业的援助之后,美国色情行业的代表在2009年初也向国会寻求支持。《皮条客》(*Hustler*)杂志创始人拉里·弗林特（Larry Flynt）争辩道："美国人可以没有汽车之类，但是没有'性'可不行。"当然，这个呼吁更多是宣传的噱头，而不是严肃的要求。尽管如此，它突出了金融危机产生的深度混乱，不管是不是脆弱的行业，都为了生计去向政府寻求直接支持。[41]

到目前为止，关于凯恩斯主义的主题，最有趣的变化是呼吁绿色新政。其鼓吹者主张，如果公共部门打算花钱重振经济，就需要新技术来应对21世纪环境和资源挑战，那把钱投资在技术上岂不是一样好？

前德意志银行经济学家帕万·苏克德夫（Pavan Sukdhev）领导了联合国环境规划署的绿色经济倡议研究。他建议道，"投资将很快流向经济。问题是它们或者投入到了昨天超级活跃的短期老经济，或者投入到了新的绿色经济。后者将在不仅为富人，也为穷人创造多种经济机会的同时，应对多重挑战。"[42]

德意志银行在危机刚刚结束后发布的一份报告中确定了刺激消费的"绿色甜点"，包括在电网、节能建筑、可再生能源和公共交通的投资。该银行宣称，"绿色甜点是经济刺激有吸引力的核心，原因之一是它的许多行业是劳动密集型的。"[43]

马萨诸塞大学政治经济研究所的研究支持上述观点。它确定了6个投资优先领域：改造建筑、大众运输/货运铁路、智能电网、风能、太阳能和下一代生物燃料。根据研究人员的测算，两年内对这些干预措施投资1 000亿美元，将创造200万新的就业岗位。相比之下，对家庭支出相同数额的投资将产生更少的工作，对传统行业（如石油工业）来说也是这样。[44]

这个提议在政治上有过短暂的吸引力。把经济刺激和"绿色投资"结合起来的想法开始生根。汇丰银行全球研究报告当时称，'刺激的颜色'将变成绿色。根据汇丰的分析，当时针对经济复苏计划的总投资承诺几乎是 2.8 万亿美元，其中 4 360 亿美元以绿色刺激为特点，占总量的 15.6%。[45]

但刺激措施是要付出代价的。默认的假设是这应当来自赤字开支。至少在短期内，国家债务必须上升：正如我们在图 2.1 所见。希望是刺激会生效。信贷将流通，消费者将花费，企业将投资和创新，生产力将恢复，机器的轮子将重新开始转动。政府最终将通过增加税收来减少债务。这就是凯恩斯主义的逻辑。[46]

在凯恩斯主义阳光照耀一年后，这并没有完全发生。或者对焦虑的政治家和无情的评论者来说，至少没有那么快发生。媒体和反对党一样，摇动不赞成的手指，开始指出激增的公共部门债务。没有触目可及的复苏迹象，随着有些政府面临全国大选，围绕刺激的政治措辞开始改变。

英国就是一个很好的例子。反对党和保守党在 2010 年大选中几乎完全围绕财政赤字和不断增加的公共债务展开。保守党把政府界定为挥霍无度的家庭，把削减赤字定调为十万火急。"量入为出"的比喻一再重复，成了政治 U 形转弯的基础。关于刺激的语言让位给了紧缩的语言：为了减少财政赤字，公共支出应大规模缩减。

这个观点似乎获得了经济证据的支持。2010 年，两位哈佛大学经济学家发表了一篇极具影响力的论文，似乎强调了快速提高国内外债务水平的危险。论文广为引用的论断是，当外债超过 GDP 的 90% 时，经济增长率"大致减半"。作者认为，关于国债的发现也相似：债务占 GDP 的比率达到或超过 90% 时，可得增长率大约是债务占比 GDP30% 以下时的一半。[47]

令人惊讶的是，这篇论文本身就错误百出，有些还是简单的编码错误。数据重整后发现，这些论断过于夸张。实际上，框架本身也是错的。政府不是家庭。它在借款方面并不像家庭或企业那样有相同的限制。克鲁格曼写道，"的确，你不可能永远保持巨大的预算赤字……因为在某个时刻，利息支付开始吞掉预算中太大的份额。但在借贷成本非常低时，你所借的资金会白白浪费的情况下，担心赤字是愚蠢和有破坏性的。"[48]

这些无人听见。政府早就开始放弃刺激、拥抱紧缩。克鲁格曼写道，"西方世界的权贵们都被紧缩病控制了。这种奇怪的瘟疾糅合了极度恐惧和盲目乐观。在早已萧条的经济体施加如此紧缩的政策，将加剧萧条和延缓复苏，此类担忧也烟消云散了。我们获得保证，财政自律将鼓舞商业增长信心，一切都会好起来的。"

这些影响如同预测的那样令人不快。处于复苏边缘的经济体被推入衰退。在利率为零、赤字支出被剥夺的情况下，央行被迫转向更加非常规的货币政策。它们承诺更多的资金——这次的形式是"量化宽松"，尝试增加名义需求和重新刺激投资。这些承诺的规模是非同寻常的。2012 年，为了努力复苏，仅美国便承诺了惊人的 30 万亿美元，几乎是其年度 GDP 的两倍。[49]

但是，正如健康经济学家大卫·斯图克勒（David Stuckler）和桑杰·巴苏（Sanjay Basu）指出的那样，"紧缩的最大悲剧不是它对经济的伤害,而是它导致了不必要的人类痛苦。"《身体经济》(*The Body Economic*)记录了削减公共支出对社会上最贫穷和最弱势人群的恶劣影响。年轻人失业在全世界节节攀升。工作安全消失殆尽。救济大幅缩减。健康状况恶化。杀人事件和心理疾病增多,比如自杀率在希腊翻倍。[50]

就本书的目的而言,所有这些都有深刻的经验教训。我们在后续章节将继续探索。但首先,我们需要从过去几年的经济史中获得一个同样重要的洞见。

进入通缩逆风……

《无增长的繁荣》诞生于80年来最严重的金融危机期间。它的早期生命伴随着衰退加剧的阴霾。大部分人以为这将很快结束,但是随着"不惜一切代价增长"的呼声越来越大,经济学家开始逐渐意识到"新常态"的可能性。

在所有的忙乱之后,假如增长不再这么多,将会怎么样呢?假如经济增长能力放缓,将会怎么样呢?假如商业不愿投资、消费者不愿消费不仅仅是周期性衰退,而是经济基础发生了更根深蒂固的变化,将会怎么样呢?"长期停滞"这一术语再次出现——它在1939年被首次使用,意图精准反映这些可能性。[51]

在大部分情况下,对长期停滞的担忧直指发达经济体。美国经济学家罗伯特·戈登(Robert Gordon)建议,美国经济放缓可能是创新步伐放缓的结果——过去两个世纪的许多重大技术进步现在都已结束,以及6个"通缩逆风"的结果,其中包括:人口老龄化、不平等加剧以及消费者和政府债务的"积压"。[52]

无增长的繁荣

毋庸置疑，不考虑精准原因的话，发达经济体的劳动生产率增长已经连续下降了几十年，早在金融危机前就是这样。图2.2 表明了下降的程度。在 20 世纪五六十年代，典型的增长率是 4% 或更多。生产率增长从 20 世纪 70 年代开始急剧下降，到 20 世纪八九十年代，因数字经济增长而提高并短期企稳，但没有持续下去。自世纪之交开始，生产率增长呈持续下降的趋势，在 2015 年不到 0.5%。[53]

这里完全清楚的是，人均 GDP（繁荣的传统衡量标准）增长的唯一情况是，提高劳动人口的比重或者增加他们每个人在经济中的劳动时间。两个战略显然都有极限。第一个被社会因素限制；第二个被人类耐力限制。超过某个点之后，让更多的人工作更长的时间可能会进一步降低生产率。

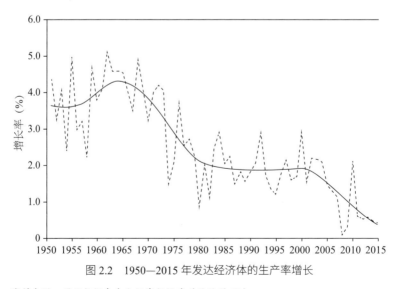

图 2.2　1950—2015 年发达经济体的生产率增长

资料来源：原始数据来自全经济数据库（见注释 53）

第 2 章 失去的繁荣

不是每个人都同意问题在于长期供给的增长。有些人把问题归因于需求的持续下降——日本从 20 世纪 90 年代初开始面对的是此类事情。但是多数人同意,这个过程已经持续了一段时间,不过被私人债务和产生的资产泡沫掩盖了(在金融危机之前)。家庭和政府像企业一样,在危机结束之后,都在寻求削减债务,需求和供给的长期疲软正变得明显。

尽管开始时是发达国家的问题,但是国际增长趋缓的风险逐渐广泛扩散。2015 年 10 月,国际货币基金组织第二次下调全球增长预期,称新兴经济体和发展中经济体的增长率连续 5 年下降。[54]

中国经济放缓是这个更广泛问题的核心。自 2014 年决定经济基础从出口导向型增长转向国内服务型扩张以来,中国经济有点像坐过山车。2015 年,中国政府下调增长预期并使货币贬值。中国股市在年中的三周内暴跌 30%。2015 年 8 月 24 日(被称为黑色星期一),超过 8% 的股价在一天内蒸发。[55]

这些连锁反应在世界其他地区仍在持续,但不详的是来自过去的回音。指出可能再来一场金融危机,这样的评论家不难找到。在黑色星期一,人们认为危机迫在眉睫,以至于有位英国首相的前顾问,无耻地警告人们囤积罐头食品和瓶装水,并确保有一叠现金来维持生存。[56]

在 2016 年初,此类警告变得几乎无处不在。威廉·怀特(William White),前世界清算银行首席经济学家,在达沃斯世界经济论坛发出警告,在央行行长们"已用光全部弹药"的情况下,国际金融系统的情况比"2007 年更差"。瑞士巨头 UBS

银行董事长阿克塞尔·韦伯（Axel Weber）火上浇油。他警告说，世界已陷入了低增长的时代。[57]

这些言论说明了人们对经济放缓前景的内在恐惧。但长期停滞的威胁带来的后果既奇怪又熟悉。其中之一是，它把传统经济学家的利益和在生态或社会基础上质疑增长的经济学家的担忧，拉得更近了。现在似乎极有可能，我们所依赖的增长——不仅为了提高生活质量还为了维持经济稳定，可能不再存在了。

放弃增长，或被增长放弃，仍然是令人恐惧的前景。但它重视可能保护我们生活质量和体面生活希望的任何战略。《无增长的繁荣》在首版7年后，不再是在边缘部位低语的激进叙述，而是在后危机世界中必不可少的社会进步愿景。

第 3 章

重新定义繁荣

人,只有死了,才能说他幸福。

——梭伦(Solon),

公元前 560 年[1]

认为繁荣是不断扩大的物质天堂的普遍愿景，已经土崩瓦解。也许在经济规模更小、世界人口更少的时候，它的运作更好。或者，也许是在几大强国从野蛮的帝国主义创建早期乌托邦的时候，它的运作更好。然而，即使它当时完全适用，现在无疑也不行了。

气候变化、生物多样性的灾难性丧失和幽灵般迫在眉睫的资源短缺，加剧了金融市场失灵和不平等上升的问题。短期的修修补补不足以支撑业已破产的体系。还需要更多的东西。一个必不可少的起点是，不依赖物质而消费不断增长的默认假设，创设关于繁荣的连贯一致的理念。

本章的目标是为繁荣确定一种截然不同的愿景。人类在其中可能兴旺发达，获得更大的社会凝聚力，找到更高水平的福利，并能仍然减少他们对环境的物质影响：活得好，但消费更少；有更多的乐趣，但用更少的东西。

如果这看起来难以捉摸，甚至从现代角度来看是梦幻泡影，那么有用的是要记住，在消费者天堂之外，存在某些关于美好生活愿景的激烈竞争。它们有的来自心理学和社会学，还有的来自经济史；有的从世俗和哲学的观点汲取能量，还有的从宗教或"智慧"传统中获得灵感。[2]

这些不同的方法千差万别，不足为奇。但它们也有些惊人的相似之处。几乎所有的角度，甚至包括宗教在内，都接受繁荣存在物质层面的观点。当缺乏必需的物质资源来维持自身时，比如没有充足的食物和水，或者缺乏足够的衣物和居住的材料，说一切都好是不合常理的。

实现这些目标的安全性也是重要的。出于某种原因，如果你不知道下顿美餐从何而来，那么只有今天满意是不够的。当你知道收成无望，或者银行账户分文未有，或者按揭贷款逾期未付，要放松的话困难重重。

但显而易见，至少从亚里士多德的时代起，人类的兴盛发达就需要物质安全之外的东西。繁荣有至关重要的社会和心理维度。在某种程度上，做得好的相关能力包括爱的给予与接受、享受同伴尊重、贡献有用的工作、拥有社区归属与信任感。

在40年前发表的关于贫困的突破性研究中，社会学家彼得·汤森（Peter Townsend）发现，贫困从来都不只和身无分文有关。他发现，当人们被排除在日常生活模式、习俗和活动之外时，他们便饱受贫困的折磨。[3]

在1968年被暗杀不久前，已故美国总统罗伯特·肯尼迪（Robert Kennedy）说，"即使我们行动起来，消除了物质贫困，还有另外一项更加艰巨的任务，那就是迎战折磨我们所有人的满足感贫困——关于目的和尊严。"果不其然，繁荣至少部分和我们积极参加社会生活的能力有关。[4]

有些角度——特别是来自传统智慧的角度——为繁荣添加了重要的道德或伦理成分。伊斯兰教作家齐亚·萨达尔（Zia

第 3 章 重新定义繁荣

Sardar)写道:"繁荣只能被视为包含对他人义务和责任的一个条件。"这些传统意味着,我的繁荣取决于周围其他人的繁荣,就像他们的繁荣依赖我的繁荣一样。[5]

近期,人们对幸福科学的兴趣激增,这和本书的核心深度共鸣。这当然并不意味着幸福和繁荣是同一回事。但在某种程度上,当一切都好时,我们往往会高兴;当大事不妙时,我们则会不高兴。两者之间显然存在某些关联。[6]

以认知和神经心理学为例,在揭示人类福利的复杂本质方面,这门新兴科学功不可没。例如,它确认生命的物质条件至关重要。但这些并没有穷尽幸福的基础。优先于收入和物质财富,常常被提及的是健康、家庭、友情和工作满足感。自由和自主感似乎也很重要。另外还有意义感和目的感。[7]

对有些人来说,这个意义感也许内含对更高力量的信仰。特别有趣的是,现代心理学发现宗教信仰和主观福利正相关。在更贫穷的社会里,生活物质条件更不安全,但这个相关特别显著。甚至在更富有的社会里,尽管宗教参与人数出人意料地减少,这个相关似乎也依然存在。[8]

即使在安全的环境下,人类心灵显然也渴望意义和目的。如果没有这个洞见,也许完全不能理解本章开头引用的梭伦的奇怪声明,特别是在今天的这个物质社会里。

成功在今天和物质丰富同义:价值以财富衡量,繁荣以消费能力兑现。我们拥有多少,远比我们是哪种人更重要。并且今天我们是谁,远比我们回顾过去时如何看待我们的生活重要得多。

然而在这个思想中，有些东西可以立即识别，那就是我们最终不能把一切带走。我们生活的故事，从整体上看，不会全部记录我们短暂享受、最终丢弃的东西。更不会包括我们在离岸账户成功积累的财富，也不会仅仅是短暂的欢乐。[9]

相反，美好生活是我们必须在个人和社会层面的投资（借用经济学术语）。消费社会也许把即时满足提升到社会美德的地位，但是多年的智慧总是认为，更深层的本能驱动着人类心灵，偶尔也会激发出我们最优秀的一面。

衡量进步

尽管把幸福的根源哲学化是迷人的，但手头的任务是在社会层面设立繁荣的可行愿景。齐亚·萨达尔写道："好人的好生活，只能在好的社会全面实现。"本章目标是，为将在21世纪中叶全球人口接近100亿的世界，对繁荣清楚可信地做出描述。[10]

从上述讨论中，至少马上出现了3个不同的选项，仔细区分它们是有用的。也许要这样做的最容易方式，是借用阿马蒂亚·森（Amartya Sen）的论述。1984年，他首次发表了里程碑式的论文《生活水准》（*The Living Standard*），在其中非常明确地列出了区别。[11]

森的第一个概念用术语"丰裕"描述；第二个概念术语"效用"描述；第三个概念用"繁荣的能力"的思想描述。在这里我最感兴趣的是第三个概念，让我们从头开始讲起。

广义来说，森的第一个概念——"丰裕"，与繁荣是关于物质满足的传统理解呼应。丰裕的意思是大丰富或奢华，指物质

第 3 章 重新定义繁荣

商品的易得性和稳定生产量。商品流量的增加代表了繁荣的增加。生产量越多,繁荣越大。从这个观点来看,我们拥有的越多,就越富有。

富足作为成功之基础的逻辑可以追溯到亚当·斯密(Adam Smith)。在前工业社会,毫无疑问需要优先考虑的是确保体面的生活所需的物质商品供给。在世界上最穷的国家,这仍然是优先事项。食物、水、住所、卫生、能源,这些基础必需品本质上是物质的。对仍然生活在最低保障线之下的人们来说,增加物质生产量毫无疑问是符合其需要的。

很容易看出来,数量等于质量,更多等于更好,总的来说这样的一次方程是错误的。经济学理论甚至也承认了这一局限性。经济学家把它叫作产品的"边际效用递减",收入本身也是如此。接下来每个数量的额外产品(或收入)提供的额外满足感越来越少。[12]

为了解释这种现象存在的原因,心理学家有时借助"适应"这一概念。我们变得习惯(适应)某些东西给予的快乐,这导致我们在享受之前,期待这种快乐。矛盾的是,这个期待减少了我们从享受中所得到的实际快乐,引发了一种让我们不断追求更多的动力。[13]

关于边际效用递减原理,还有其他更多的功能性解释。当你几个月没有吃的,庄稼却又一次颗粒无收,这时任何一点食物都是恩典。当双开门冰箱塞满了过多的食物选择时,即使额外的一点点,也被看作是负担,尤其是当你忍不住要吃的时候。

比方说，一旦我对汉堡或甜甜圈的食欲完全满足后，再多吃一点根本不能带来更多快乐；相反，它们甚至让我感到恶心。如果我倾向于忽视对抗过量的这些身体反应机制，将会发现自己正在通往肥胖、心脏病、糖尿病，甚至癌症的路上：把这个后果描绘成是期望的或令人满意的，毫无意义。

更多有时可能是更少的理念，拉开了理解消费社会的不满的序幕。

从所有这些中，有个更重要的教训浮现出来。为了追求越来越少的额外满足，世界上最富有的人正在消耗越来越多的资源。这个怀疑包含了关于再分配的有力的人道主义观点。

难道我们的目的不是最优化以及与它们相关的整体满意，而是最大化物质生产量本身吗？如果是这样的话，难道我们不应该把努力提高收入（和物质生产）的重点，放在它们对人们的生命质量有最大影响的地方吗？有趣的是，这个观点也是森的第二个概念的核心：作为效用的繁荣。

数量和质量不是同一回事，丰裕不等同于满意，森的第二个描述认识到了这点。他的第二个提议不关注我们可获得的大量商品，而是把繁荣与商品提供的用途和满意联系起来。[14]

正如许多人注意到的，表达清楚这种差别相当简单，困难的是准确定义商品如何与满意相关。这件事很容易弄明白，即它们的关系是高度非线性的。即使像食物这么基本的东西，也不遵循"更多总是更好"的简单线性模式。[15]

这里有特别重要的复杂性。越来越多地，我们对物质商品的使用在本质上是社会或心理的，而不是纯粹物质的。在战后

第 3 章 重新定义繁荣

（本书指第二次世界大战）不久的年月里，即使在最富有的国家，提供日常必需品也是有挑战的。如今，消费产品和服务越来越多地赋予我们身份、体验、归属感，甚至可能是意义和希望感。[16]

在这种情况下，衡量效用甚至更困难了。什么是苹果手机带来的"心理满足"呢？新自行车呢？出国度假呢？给情人的生日礼物呢？这些问题尤其不可能回答。经济学通过假设它们的价值等同于人在自由运作的市场准备支付的价格，绕开了这个困难，即把效用视为市场交换的货币价值。

我们在第 1 章已经看到，GDP 把经济中所有的这些市场交换加总。具体来说，它衡量的是家庭、政府和企业投资的总支出。[17] 经济学家认为，理论上市场交换的总和并不衡量物品量，而是与物品生产量相关的效用。简而言之，这就是相信 GDP 是衡量幸福的有用指标的原因。

但是这种算法有深度的缺陷。1968 年，罗伯特·肯尼迪在演讲中说，"GDP 计算空气污染和香烟广告，以及为交通事故而奔忙的救护车。它计算我们门上的特种锁，以及为破坏它的人建造的监狱。它计算在无序蔓延中毁灭的红杉和我们丧失的自然景观。"

即使 GDP 忙于加总许多与可疑的或完全是破坏性的做法相关的所谓效用，它耗尽心思的账目仍有很多遗漏。肯尼迪说，"它既不包括我们的机智和勇气，也不包括我们的智慧和学识，更不包括我们的同情心和对国家的奉献精神。简言之，除了使人生有价值的东西，它包括一切。"[18]

还要注意的是，这种将效用和GDP轻松结合的做法，完全侵蚀了上述人道主义的观点。它将富人一美元的GDP完全等同于穷人一美元的GDP。统计学家也许会聪明地调整这些美元的"购买力平价"，但针对一美元对穷人所代表的边际效用比对富人来说更高，他们还不能（到目前为止）调整。

虽然正式的经济学文献充满了对GDP的批判性考察，但是时光又过了40年，才有一位资深政治家敢于再次明确表达它的缺点。2008年2月，法国总统尼古拉·萨科齐（Nicolas Sarkozy）成立了一个委员会，由诺贝尔奖得主约瑟夫·斯蒂格利茨（Joseph Stiglitz）领导，探索如何衡量经济表现和社会进步。[19]

"我们所测量的会影响我们所做的。"委员会在2009年底报告说，"如果我们的测量有缺陷，决策可能会被扭曲……我们经常通过观察哪些政策促进了经济增长，来推断哪些政策是好的；但是如果我们的绩效指标存在缺陷，那么我们得出的结论也可能有缺陷。"

用GDP作为社会进步的指标，衡量我们到底有多远，是被反复热烈讨论的话题。1989年，美国经济学家赫尔曼·戴利和他的同事约翰·科布（John Cobb）首次编制了一个测量标准。运用这一标准的近期研究表明（如图3.1所示），至少大约从20世纪80年代初开始，传统GDP衡量标准可能严重高估了社会进步。[20]

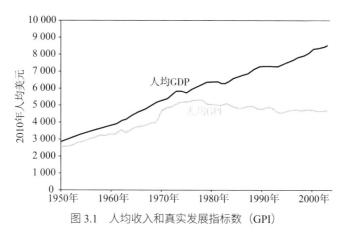

图 3.1　人均收入和真实发展指标数（GPI）

资料来源：数据来自 Kubiszewski 等（2013）和世界银行（见注释 23）

除了几个短暂的中断之外，从 1950 年起一直到金融危机，人均收入或多或少地都在持续增长。但在 20 世纪 70 年代末，真实发展指标（GPI）趋于平稳，甚至开始在随后的 20 年里缓慢下降。在此期间，人均 GDP 的平均增长率约为 2.3%。GPI 的平均增长率仅为 0.5%。从 20 世纪 70 年代中期开始，它以每年 0.3% 的速度下降。[21]

这种与 GDP 的根本背离是一个令人担忧的迹象，表明交换价值不能很好地代表产品和服务提供给我们的整体效用。当我们开始减去"负效用"时，比如，生产这些产品和服务引起的损害，那么经济增长甚至可能开始看起来有点像"不经济的增长"，如同戴利描述的那样。[22]

幸福之战

收入不能很好地代表效用。这一观点从人们生活满意度的证据中得到了进一步的支持。在《幸福》(Happiness)这一著作中，英国经济学家理查德·莱亚德（Richard Layard）有力地论证了这个观点。他在书中呼吁功利主义的伦理学。功利主义最初是由哲学家杰里米·边沁（Jeremy Bentham）在18世纪发展起来的。它提出"最大多数人的最大幸福是判断是非的标准"。[23]

功利主义后来提供了古典经济学的基础。但莱亚德认为，在以收入兑现效用和追逐 GDP 作为幸福的代表时，经济政策（以及经济本身）迷失了方向。他建议，政府政策应该采用报告的生活满意度或幸福度，而不是 GDP，作为衡量社会进步的合适指标。[24]

为了支持这个观点，莱亚德运用了几十年来关于收入和幸福之间难以表述的关系的证据。他认为，如果 GDP 提供的效用衡量指标确实有用，那么至少我们应该期望在增长的经济体中，看到报告的幸福感发生了实质性变化。更高的收入增加幸福感了吗？或者根本没有？

也许毫不奇怪，经济学围绕这个问题有激烈的争论。毕竟，整个经济模式的权威性岌岌可危。如果事实证明，经济增长并不能真正提高幸福水平，那么 GDP 作为衡量社会进步的权威指标，理所当然受到了严峻的挑战。那么，证据究竟确切展示了什么呢？

我这里所说的"幸福之战"，是由美国经济学家理查德·伊斯特林（Richard Easterlin）发起的。1974 年，他发表了一篇题名引人争议的论文《经济增长能改善人类命运吗？》。文章探讨了三种类型的证据：首先，它观察了同一个国家的不同收入群体生活满意度的变化;其次,它调查了各国的生活满意度;最后,它探索了一个国家随着时间推移的平均生活满意度。[25]

伊斯特林的发现引人入胜。首先,很明显,在一个国家内,幸福与收入有关。与低收入群体相比,高收入群体有系统报告的更高幸福水平。除了一两个细微的差异,这个发现在近年来得到了持续的支持,没有人反对它。从统计数据来看,更富有似乎确实让你更幸福,或者至少比你的邻居更幸福。[26]

然而矛盾的是,从全国范围来看,随着时间的推移,平均生活满意度似乎异常稳定。以美国为例,伊斯特林发现,关于生活满意度的数据自1946年以来就记录在案,但在几乎30年内,报告的平均生活满意度得分实际上没有变化。

同样,这一发现似乎多少有些经受住了时间的考验。政治的跌宕起伏——古巴革命,苏联的解体,当然会让报告中的生活满意度产生短期变化,但是这些短期影响似乎很少持续下去。

自1950年以来,美国人均实际收入增加了两倍。但自称非常幸福之人的比例几乎没有增加。大约从20世纪70年代以来,甚至略有下降。在日本,生活满意度几十年来几乎没有变化。在英国,报告自己"非常幸福"的比例,从1957年的52%下降到2005年的36%,尽管这一时期的实际收入增加了一倍多。[27]

对于人们逐渐熟知的"伊斯特林悖论",最广为接受的解释被称作"相对收入效应"。尽管整体来看,拥有更多的收入不会让整个国家更幸福,但比你周围的人更富有,肯定会带来回报。

然而,在社会层面有个明显的危险,即这种地位竞争对整体繁荣的贡献不大。经济历史学家阿夫纳·奥弗尔（Avner Offer）承认，"被衡量为积极优势的身份股票，在战后岁月持续增长。然而，大部分回报都被地位竞争吸收了。"[28]

经济增长开始被看作是种"零和游戏"。人作为一个整体变得更加富有。有些人比其他人更富有，社会地位可能随之发生变化。但这个过程对整体福利几乎少有或根本没有贡献。我们甚至可以称之为"负和游戏"。因为"游戏"的环境和社会成本，最终会对我们所有人产生深远的负面影响。

对于以增长为基础的经济范式来说，这当然是个极具挑战性的结论。毫不奇怪，它遭遇了猛烈的质疑。大多数争论围绕着伊斯特林数据的第三个领域：各国报告的生活满意度。他的发现在此更加模棱两可。一些高收入国家报告的生活满意度高于一些低收入国家，但这些差异并非绝对地清晰明确。

伊斯特林实施这项研究的时候，关于贫穷国家生活满意度的证据比如今要匮乏得多。事实上公平地说，他的文章是激发各方努力在更多国家获取更好数据的因素之一。有时，这种努力透出了一种紧迫感，来证明经济增长是改善生活的合理手段。但结果确实很有趣。[29]

总体而言，从数据中得到的广泛共识是，富有经济体报告的幸福感和生活满意度显著高于贫穷经济体。但是，与收入增加相关的生活满意度的绝对增益，在富裕国家要远远小于贫穷国家。我们似乎又回到了边际效用递减这一概念（如图3.2所示）。[30]

第 3 章 重新定义繁荣

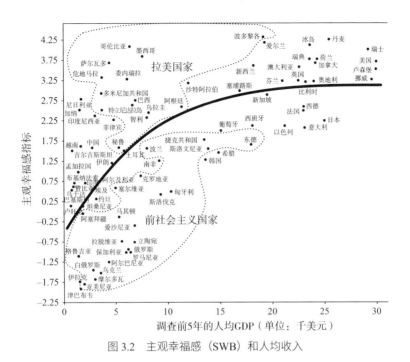

图 3.2 主观幸福感（SWB）和人均收入

资料来源：英格哈特等（2008）（见注释 33）

为了得到图 3.2 中绘制的主观幸福感（SWB）量值，政治学家罗纳德·英格哈特（Ronald Inglehart）和同事使用了两个相似的衡量手段：一是询问人们的幸福感，二是询问他们对生活的满意度。两者都来自 1981—2007 年连续 5 次的世界价值观调查。[31]

通过使用这么长时间的调查结果，英格哈特和合作者能够重新检验伊斯特林悖论。随着时间的推移，主观幸福感是否在单个国家内发生了变化？英格哈特发现，在所调查的大约四分之三的国家中，它的确发生了变化，但对于最富有的经济体来说，这种变化只在幸福感测量部分观察到，而没有反映在生活满意度测量中。

这个相当奇怪的发现促使他假设了两个不同的机制。通过它们，经济增长会带来更高的主观幸福感。在最贫穷的国家，更高的收入通过改善物质生活水平，直接导致了幸福感的提高，这在生活满意度指标中得到了更好的体现。在富裕国家，经济增长的影响是间接的，提高幸福感取决于文化的变化和人们自由感的扩大，这在幸福指标中得到了更好的体现。

英格哈特运用复杂的因果"路径分析"，成功地证明了经济发展与提高幸福感之间根本没有统计学意义上的显著直接相关，这种相关充其量只是间接的。事实证明，经济发展是增加人们自由感的几个因素之一，而这又反过来与幸福感高度关联。

但也有其他对人的自由感更重要的影响。从统计学上讲，比经济发展更加重要的是一个国家的民主化水平。比这两者更重要的，是特定社会的社会容忍度。正是自由感的增加最直接地促进了幸福感的提高。[32]

毫不奇怪，这些发现也存在争议。伊斯特林声称，英格哈特的方法存在缺陷，而其他人则声称伊斯特林的逻辑存在缺陷。因此，幸福之战仍在继续。[33]

但是，我们可以从中吸取至关重要的教训。第一个教训很简单：这里的风险有多大。如果经济增长实际上并没有"改善人类命运"，那么它对地球的潜在破坏性影响就不仅是不幸的，而且是悲惨的。对于围绕经济增长让我们更好这一理念来建立全部知识框架的职业来说，接受这样的结论，令人非常不安（如果不是不可能的话）。

第 3 章　重新定义繁荣

从复杂的数据中慢慢浮现的是,完全抛弃这座大厦也不完全合理。通过使人们摆脱贫困,仍然可获取巨大的收益。例如,在图 3.2 中,在人均年收入约低于 1.5 万美元的国家,主观幸福感急剧上升。GDP 的小幅增长导致幸福感的大幅提升。这主要发生在较富裕的经济体,那里的微分收益小。

这个发现强调了本书传达的一个关键信息:发达国家为较贫穷的国家"腾出增长空间",是有充足理由的。在这些较贫穷的国家,更高的收入才能真正扭转乾坤,而在较富裕的国家,额外增长的回报似乎更加有限。

另一个重要的教训是,我们的幸福感本质上取决于我们生活在什么样的社会和在这个社会中发生的一切。在更包容的社会里,生活满意度更高。当意义和身份受到威胁时,它会急剧下降。这些都是重要的发现,我们将在后文继续讨论。

与此同时,关于测量过程本身,还有些更棘手的问题。基于幸福和基于支出的效用测量标准,它们各自的表现似乎截然不同。由于两者都声称衡量效用,我们可以推断,在某些地方存在问题。这些测量标准中的一个或另一个,也许是两个,似乎没有很好地发挥作用。[34]

幸福感的倡导者声称,恰恰是 GDP 导致幸福感的下降。但自我报告的测量也受到了批评。最令人担忧的批评之一是,众所周知,人们对自己幸福感的评估并不连贯一致。

诺贝尔奖得主丹尼尔·卡尼曼(Daniel Kahneman)已经证明,如果你把人们对短暂快乐的评价"累加"起来,不会得到与你问他们"整个来说的"幸福感时相同的答案。许多人会说,孩子是他们最重要的幸福来源之一。但是当你查看人们的时间使用记录时，就会发现那些有孩子的人花了更多的时间，在从事他们实际上并不觉得快乐的活动。[35]

有些心理学家指出，出现这种不一致，是因为快乐实际上只是幸福或生活满意度的几个组成部分之一。人们也会因为深度投入某事而感到幸福。只有感到生活有意义时，他们才会感到满足。[36]

在寻找关于繁荣的可靠概念方面，我们似乎没有稳步向前。可以论证的是，不把繁荣与所报告的生活满意度或幸福感等同起来的原因，和不将繁荣与交换价值等同起来的原因一样多。首先，不顾一切地追求即时快乐是消除未来不顺的很好的解药。阿夫纳·奥弗尔敏锐地强调了这点，写道，"真正的繁荣是短期冲动和长期安全之间的良好平衡"。[37]

不管是GDP（主要测算当前的消费），还是自我报告的衡量指标（主要测算当前的幸福感），都没有准确反映这种平衡。仅仅因为人类的选择目光短浅，即使为了更美好的未来，也难以做出当下的牺牲，并不足以为繁荣差不多立足于即时满足的观点而辩解。

更根本的原因是，将繁荣与幸福等同起来，违背了我们对活得好意味着什么的体验。即使一切确实进展顺利，人们仍然可能会因为各种原因而不快乐，如遗传原因。同样，他们可能营养不良，居住条件差，没有改善的希望，但却声称（有些人可能愚蠢地说）完全满足于自己的命运。

兴盛的限制能力

森使用这些区别（对亚里士多德点头致意），提出了第三个基于人们必须兴盛的能力的生活水平概念。他坚决主张，我们应该问的关键问题是，人们在任何给定环境中，能够发挥的作用如何。

"他们的营养好吗？他们有没有摆脱可治疗的疾病？他们长寿吗？"他问道"他们能参与社区活动吗？他们能在公共场合现身而不感到羞愧和耻辱吗？他们能找到有价值的工作吗？他们能保暖吗？他们能利用学校教育吗？如果他们乐意，可以拜访朋友和亲戚吗？"[38]

森的问题与汤森的贫困维度互相呼应。实际上，森在摘录中提到的生活方面（营养健康、预期寿命、社会参与）与大量著述中从远古时代认同的繁荣组成要素密切一致。

在后来的著作中，森强调的内容与其说是功能本身——是否人们真的长寿，是否有份值得的工作，是否参与社区活动，不如说是他们必须这样做的能力或自由。他的观点是，在一个自由的社会中，人们应该有权选择是否参与社会，是否从事有报酬的工作，甚至可能是否过健康的生活。兴盛能力才是进步。[39]

尽管如此，仍然有些明显的理由要保留这些功能本身的核心重要性。抽象能力相关的信息相当不足。任何将发展理念付诸实践的尝试，最终都需要具体说明重要功能是什么。

一份提交给荷兰环境评估局的有趣报告，阐述了森的方法在公共政策内的可行性，并强调了这个观点。报告认为，即使人们最看重的是发挥功能的自由,这在很大程度上也是因为功能本身也备受重视。它提出的措施与结果有关,而不是与自由有关。[40]

但是,还有其他一些不过于关注自由的原因。在存在各种限制的世界里,某些自由要么是不可能的,要么是不道德的。肆意杀人的自由显然就是其中之一。

以供应链中的童工为代价获得社会认可的自由,或以生物多样性丧失为代价找到有意义工作的自由,或以牺牲子孙后代为代价参与社区生活的自由,很可能是自由之外的其他东西。对于人口向 100 亿迈进的世界来说,无限物质积累的自由也许根本无法得到。

这是可持续性带给把繁荣概念化的一切尝试的最重要教训。兴盛能力是定义它对繁荣意味着什么的良好起点。但这个愿景需要仔细解读:在某些不可避免的极限内,不是作为一整套脱离现实的自由,而是作为一系列为了活得好的"有限能力"。

这些极限由两个关键因素确定。第一个是使地球生命成为可能的生态资源的有限性:我们生态系统的可再生能力、可得资源、大气、土壤和海洋的完整性。

所有这些没有一个是无限的。每个都与地球生命网有着复杂的关系。也许我们还不能确切知道所有的极限在哪里,但已有知识足够让我们绝对确信,在大多数情况下,即使是目前水平的经济活动,也正在破坏生态完整性,威胁生态系统发挥功能——也许是不可逆转的。忽视这些自然边界,就是迫使我们的后代还有同胞陷入贫瘠地球的绝境。

第 3 章　重新定义繁荣

第二个是全球人口规模。这是道简单的算术题。在有限的馅饼和任何给定的技术水平条件下，只有这么多的资源和环境空间可以运作。全球人口越多，我们冲击生态缓冲的速度就越快；人口越少，对生态资源的压力就越小。这一系统生态学的基本信条，是为了地球上其他物种的现实生命，也是为了那些最贫穷国家人民的现实生命。

关键点是，公平和持久的繁荣不能脱离这些物质条件。繁荣一方面受到全球人口规模的限制，另一方面也受到地球有限生态的限制。

面对这些生态限制，兴盛本身取决于和我们共享地球之人的权利，取决于我们的后代和其他物种的自由。从这个意义上讲，繁荣既有代内层面，也有代际层面。智慧传统表明，美好生活有无法补救的道德层面。只有各地有能力以某些基本方式兴盛的人，才能构建繁荣的社会。

决定这些基本"权利"绝非易事。兴盛对我们来说意味着什么？社会应该重视和提供哪些功能？在有限的世界里，兴盛在多大程度上是可持续的？

在这方面，森倾向于不开出明确的处方，尽管他在著述中有所暗示。在这个方向上，哲学家玛莎·努斯鲍姆（Martha Nussbaum）走得最远。她列出的"人类核心能力"清单，与我们在本章已经讨论过的情况有惊人的相似之处。清单包括如下内容：

- 生命（能够活到正常寿命的终点）；
- 身体健康；

- 身体完整（安全防止暴力攻击；有获得性满足和关于生育事宜做选择的机会）；
- 实践理性（能够形成美好生活的概念）；
- 归属感（能够与他人一起生活并向他人靠拢）；
- 玩耍；
- 控制自己的环境。[41]

最终，任何此类清单都需要公开对话协商，才能作为政策的基础。但在实践中，这份清单的组成部分，和由无数不同领域的哲学家、作家和圣贤确认的繁荣构成部分之间，存在着大量惊人的重合之处。

身心健康很重要。教育和民主权利很重要。信任、安全和社区意识对幸福至关重要。关系很重要。有意义的就业和参与社会生活的能力在几乎任何地方都重要。当这些东西缺乏时，人们在身体和精神上都会痛苦；而当它们衰落时，社会本身会受到威胁。

挑战是创造使这些基本权利成为可能的条件。与自由市场社会熟悉的内容相比，这项任务可能需要更密切地关注生存的社会、心理和物质条件，如人们的心理健康和社区的韧性。

然而，至关重要的是，这并不意味着勉强接受基于限制和牺牲的繁荣愿景。繁荣不可避免地受到物质和社会条件的限制。有些运作方式甚至可能完全没有回赎的权利，特别是在它们严重依赖物质生产量的情况下。但是我们稍后会更清楚地看到，无论如何，物质主义都不能为社会福利和心理健康提供最佳服务。归根结底，与我们陷入诱惑的狭隘物质主义愿景相比，新的繁荣愿景可能更好地为我们服务。

人类能够繁荣昌盛，实现更大的社会凝聚力，找到更高水平的幸福感，同时仍然减少对环境的物质影响，这个可能性引人入胜。认为这很容易实现是愚蠢的，更详细的原因将在下一章讨论。但我们也不应轻言放弃，它很可能为我们的持久繁荣提供最好的前景。

第 4 章

增长的两难困境

扩张的替代方案,似乎并不像有些人偶尔想象的那样,是安静的集镇组成的英格兰,缓缓地冒着烟穿过绿色草地的蒸汽火车使其相连,替代方案是贫民窟、危险的道路、破旧的工厂、拥挤的学校和发育不良的生活。

——泰德·希思(Ted Heath),
1973 年 [1]

繁荣不仅仅与收入有关。不断提高的繁荣与经济增长不是一回事。这清楚明白。我们可以用连贯、有意义的方式，重新定义繁荣，如按照人们必须兴盛的能力。如我们所见。这些更宽泛的概念与我们对人类福利更广泛的理解完全一致。但这本身并不能确保无增长的繁荣是可行的。

有明晰的哲学愿景是好的，有目标感和社会进步的方向是至关重要的，但也需要帮我们达到目标的明确道路。增长的结构仍然有机会在其中发挥一定的作用。尽管收入与福利不尽相同，但从某种意义上讲，它至少在提供部分福利方面发挥了作用。经济增长本身也许不是有用的目标，但它仍然可能是实现这一目标的手段。

难道没有增长，我们兴盛的能力就会完全减少吗？这方面的证据肯定需要认真对待。本章将探讨这个问题。它特别研究了3个密切相关的命题，每个命题都可能为经济增长提供部分辩护。第一，物质丰富，虽然它不是繁荣的同义词，是繁荣的必要条件。第二，经济增长与某些基本权利密切相关，也许是健康或教育，它们本身对繁荣而言是必不可少的。第三，增长对维持经济和社会稳定具有作用。

这些命题中的任何一个，如果得到支持，都能威胁到我们在无增长情况下实现繁荣的希望，并将把我们置于极度不安的两难境地。一方面，继续增长在生态上看起来不可持续；另一方面，它似乎对持久繁荣必不可少。面对这样的"不可能性定理"，取得进展至关重要。

物质丰富作为兴盛的条件

初看起来，重新讨论物质丰富（丰裕）与繁荣之间的关系，似乎有些奇怪，毕竟在第3章才否定了物质消费和兴盛之间的任何简单线性关系：更多并不总是更好，即使像食物这样基本的东西。

诚然，如果没有适当的营养或足够的住所，我们兴盛的能力会迅速下降。这引发了更贫穷国家增加收入的强烈呼吁。而在发达经济体，尽管有些不平等持续存在，但我们大体上已经超越了这点。物质需求得到广泛满足，可支配收入越来越多地用于不同目的，如休闲、奢侈、社交、体验。

不过很明显，这并没有减少我们物质消费的欲望。那么，为什么大宗商品对我们仍然如此重要，远超物质需要得到满足的程度呢？我们真的是天生的购物者吗？就像心理学家威廉·詹姆斯（William James）所相信的，是不是我们被基因设定了"获取本能"？物质商品到底是什么？它不断让我们着迷，竟然超出了有用的范围？有时它甚至超出了健康的范围。

事实证明，针对詹姆斯的获取本能概念，现代神经科学确实提供了一些支持。我们的大脑是祖先在相对匮乏的环境中进化而来——食物匮乏，住所难觅。神经心理学家彼得·怀布罗

（Peter Whybrow）认为，我们过度消费的习性，"是从个体生存依赖激烈竞争稀缺资源的时代遗留下来的"。[2]

这如何影响了我们呢？我们神经系统设计的一个核心要素是，在任何特定时刻，每当我们获得最想要的东西时，多巴胺的脉冲就会传递到大脑的关键区域。神经科学家彼得·斯特林（Peter Sterling）解释道："这种化学物质的脉冲给我们的体验，是满足感的脉冲。脉冲很快消退，那么就会获取下一个，我们不断重复这个行为。"[3]

人脑有几个额外的构造特点，强化了这种"无情的"重复。第一个特点是习惯的作用。根据认知效率要求，我们的大脑把尽可能多的决策降到自动领域。这对我们的进化必不可少，对日常生活的效率至关重要。但众所周知，习惯化让我们很难有意识地改变行为。因此，我们有时会完全意识不到我们正在对一个功能失调（或过时）的满足感回路做出反应。[4]

第二个特点是适应性。当我们开始期待回报时，获得的满足感就会减少，导致我们要么加快努力，要么使欲望多样化。或许自相矛盾，将合法欲望的范围缩小到了物质满足，这是资本主义的特征之一。斯特林认为，由于欲望的对象如此有限，"随着回路适应，我们更热切地消费它们，并最终对它们上瘾。"[5]

对于号称"自由选择"高于一切的社会来说，这是个不合常理的看法，但现实却很容易辨认。资本主义声称为我们提供了欲望的多样化。然而这种扩大的选择有个关键特征：欲望的对象本质上首先是物质的。不消费的自由有时比消费的自由更难获得。

此外，一种自由往往淹没另一种自由。对于宁愿步行或乘公交车的人来说，开车随时各处旅行的自由侵占了他们的空间。疯狂购物的自由侵犯了公共空间的社交。物欲横流的自由破坏了我们同情和关心他人的自由。这几乎就像，在资本主义社会中，我们的大脑对祖先的生存环境的完美适应性，已经变成富足可能性的奴隶。

然而，这里显然有一个谜团。如果第3章的分析是正确的，即我们的欲望在本质上从来都不是完全物质的，繁荣永远不仅仅是物质满足。那么，当资本主义似乎只是满足我们欲望的物质方面时，它是怎样如此成功兴起的呢？

谜题的答案存在于人类心理的另一个进化特征：向物质事物灌输社会和心理意义的倾向。这个倾向也有进化的、神经心理学的解释。也许其中最引人注目的观点是，象征主义的进化是为了应对我们对死亡的恐惧。

文化人类学家欧内斯特·贝克（Ernest Becker）声称，"我们塑造性格和文化，是为了保护自己，避开潜在的无助感和不可避免死亡的恐惧。"心理学家谢尔顿·所罗门（Sheldon Solomon）和同事精彩地阐述了贝克的思想，探讨了语言和象征主义作为"恐怖管理"武器库组成部分的演变。[6]

后文会重回这个主题，因为我们在寻找解决方案时，值得对它进行更深入的探索。但是不管这个专门的分析对错与否，人类学有大量证据支持这个基本观点：物品对我们来说不只是物品。物质以非物质的方式起作用。消费品提供了象征语言，我们在其中与他人不断地交流，不仅是关于原始的东西，而且

第 4 章 增长的两难困境

是关于对我们真正重要的东西:家庭、友谊、归属感、社区、身份、社会地位、生活的意义与目的。[7]

关键的是在某种程度上,这些社交对话提供了参与社会生活的手段,换句话说,即繁荣本身要依靠它们。美国社会学家彼得·伯杰(Peter Berger)认为,"社会世界的现实紧紧抓住对话的细线"[8]。而这个对话则转而依赖于物质产品的语言。

消费者研究人员鲁斯·贝尔克(Russ Belk)领导的一项研究,愉快地说明了这种诱人关系的力量。他和同事探讨了欲望在 3 种不同文化的消费者行为中的作用。在评论时尚对他们意味着什么时,贝尔克的一位受访者说:"没人会在拥挤的房间认出你来,然后说:'哇!性格真好!'"[9]

这位特别的受访者努力的目标是,能够马上被识别的基本人类欲望,如被注意、被容纳、被喜欢,寻找友谊,可能还有更多(正如单身广告所说)。所有这些都是参与社会生活和兴盛的基本组成部分。

人们容易认为这是以西方为主(和相对现代)的现象。贝尔克和许多人的研究建议却并非如此。根据人类学家玛丽·道格拉斯(Mary Douglas)的说法,消费者的目标通常是,"帮助创造社会世界,并在其中找到相信的地方"。在任何一个存在记录的社会中,人类学家都已经确认了物质商品的象征作用。[10]

这在消费社会当然是千真万确的,但已不再为西方独有。人类学家艾玛·马德斯利(Emma Mawdsley)认为,"在千年之交时,印度中产阶级的决定性特征之一,是他们对'全球'文化的欲望,以及他们对'西方的'生活方式、财产和价值观的追求。"在中国,以及亚洲、拉丁美洲和非洲地区,可以清楚地觉察到非常相似的价值观和观点。[11]

从所有的意图和目的来看,消费社会如今是全球社会。当然,这里仍然有"繁荣的岛屿,贫穷的海洋"。但在其中,"物品的唤起力量"越来越多地创造了社会世界,并为个人和社会的进步提供了首要仲裁者。[12]

在某种程度上,这个发现混淆了故事和物品之间的清晰区别,这些在前文梭伦的智慧中出现过。事实证明,通过产品的语言,繁荣的物质和非物质层面相互交织、密不可分。尽管这在本质上是社会任务,而非物质任务,但我们参与社会生活的能力依赖这种语言。

这是我们从小就学习的一种语言。每个曾体验过——或者看过自己孩子感受——同龄群体追逐时尚而感到巨大压力的人,会明白纯粹的物品如何调节人们参与社会生活。乍一看,繁荣似乎更依赖丰裕。

但在这种关系中存在着重要的细微差别。这些差别为我们如何应对和超越物质依赖提供了重要线索。其中之一是关系或地位效应的重要性。在前文中,我们看到收入对主观幸福感的影响,在很大程度上是关于地位的。比绝对收入水平更重要的是,比我们周围的人拥有的多还是少。

在高度不平等的社会中尤其如此,收入差距标志着社会地位的显著差异。收入水平直接说明身份,其有时还代表权威、权力和阶级。但是,除此之外,正如我们现在所见,收入提供了获得代表"地位"或身份产品的机会,这对于建立我们的社会地位非常重要。

几乎毫无疑问,社会地位在个人层面很重要。阿夫纳·奥弗尔认为:"积极的社会等级会产生内在的光芒,这也与预期寿命和健康方面的显著优势相匹配。"[13]

但是,如果这个过程就像前文所说,只不过是个零和游戏,那么改变它几乎没什么损失,还可能有很多的收获。一种不同形式的社会组织——一个更加平等的社会,社会位置在这里要么不太重要,要么显示的标志不同,这显然是有可能的。

在著作《精神层面》(The Spirit Level)中,理查德·威尔金森(Richard Wilkinson)和凯特·皮克特(Kate Pickett)提供的出色证据证实了这个观点。通过考察经合组织成员国的一系列健康和社会问题,他们得出的结论是,平等的好处不只是惠及社会中不那么幸运的人。不平等对整个国家都有破坏性的影响。[14]

显然,我们仍然需要反对试图将人们锁定在地位竞争的社会逻辑(第6章)。我们还必须找到不那么物质化的方式,让人们参与社会生活(第7章)。但从原则上来说,这些策略可以容许我们区分繁荣和丰裕,减少对物质增长的依赖。换句话说,增长困境的这一特殊方面可能是可以避免的。

但相对效应和象征产品并未完全耗尽收入和人类兴盛之间的关系。物质条件依然必不可少。收入对于实现它们来说至关重要。如果为了建立和保持绝对的能力水平,需要提高自身收入水平,又该怎么办呢?这就是第二个命题的用武之地。

收入和基本权利

某些基本权利，如预期寿命、健康和教育，对 GDP 增长有内在依赖性，这使我们严重怀疑无增长的繁荣能力。毕竟，毫无疑问，巨大的健康不平等现象在国家内部和国家之间持续存在。马默特（Marmot）有关健康不平等的观点认为，"社会公正是一个生死攸关的问题，影响人们的生活方式、随之而来的患病概率和过早死亡的风险。"[15]

评论发现，即使在英国这样的发达国家，人口越贫困的地方，其婴儿死亡率越高、肥胖率越高、预期寿命越低。关于伦敦的一项研究显示，哈林盖（贫困地区）的预期寿命比切尔西（富裕地区）少 17 年。人们生活的地区越贫困，滥用毒品的程度就越高，因酒精住院的人数就越多，产后抑郁症的发病率就越高。在这些地区抚养的儿童，入学率更低，学历资格也更少。[16]

该评论审慎地否定了消除健康不平等只是一个恢复经济增长的问题的观点，并指出英国过去几十年的经济增长，事实上并没有缩小国内的健康不平等，其中一些甚至扩大了。但这在多大程度上也适用于不同国家呢？

通过查看数据，我们在此问题上可以取得一些进展。例如，根据某些关键的健康指标，绘制各国人均收入图。当然，这些相关性本身并不能证明或证伪因果关系，但它们为理解收入和健康的关系提供了起点。

预期寿命可能是首先观察的指标。如果一个国家的平均预期寿命只有 50 岁或 60 岁，但这些年的生活质量明显优于更长

第4章 增长的两难困境

的寿命所能达到的任何水平,那么是可以说该国是繁荣的。但通常在21世纪,特别是在更发达的国家,更长的寿命是可以实现的,也被认为是完全正常的。长寿是繁荣的基本指标。

图4.1显示了180多个国家的预期寿命与收入(用人均GDP测量)的对比模式。这是一种可立即识别的有趣模式。最贫穷国家和最富有国家之间的差异再次引人注目。非洲部分地区的预期寿命不到50岁,然而许多发达国家的预期寿命是80多岁。正如生活满意度一样,国家变得更富有的优势似乎表现为,超出特定收入水平后,回报随着寿命延长而递减。实际上,各国的预期寿命和收入之间的总关系,看起来与生活满意度和收入之间的关系非常相似。[17]

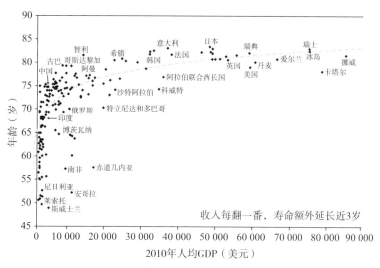

图4.1 出生时预期寿命和人均收入

资料来源:数据来自人类发展指数(见注释17)

至于生活满意度，即使在所有最富有的经济体中，其也与收入存在某种程度的正相关。每次收入翻番，预期寿命就会增加 2.9 年左右。这肯定会带给经济增长一些持续的好处，即使对最富裕的国家也是如此。但对于最贫穷的国家来说，显然更大的收益来得更快。如果说有什么不同的话，那就是穷国和富国之间的对比，甚至比生活满意度更加显著。穷国的曲线坡度更陡，富国的曲线坡度在跨越转折点后更平。[18]

然而，统计相关性掩盖了相当大的文化差异，更仔细的数据检查揭示了一些真正的惊喜。在曲线的左上方存在健康"甜点"，在收入相对低的情况下实现了高预期寿命。例如，古巴、哥斯达黎加和智利的预期寿命高于美国。实际上，虽然智利的人均年收入只有 1.2 万美元，但其预期寿命比挪威还高。后者的人均年收入比拉丁美洲国家高了 7 倍。

这些反常情况突显了一个事实，即文化和社会组织至关重要。没有简单的神奇公式能将高收入转化为健康，或者把低收入转化为不健康。当然，另一方面，长期持续的极端贫困对健康实有毁灭性影响的。

关于儿童死亡率的数据无疑强化了这个发现（如图 4.2 所示）。2000 年商定的千年发展目标之一，是在 2015 年之前，将 5 岁以下儿童死亡率降低三分之二。尽管取得了一些显著的进步，但这一目标在很大程度上未能实现，主要是因为最贫穷地区的儿童死亡率居高不下。[19]

第 4 章 增长的两难困境

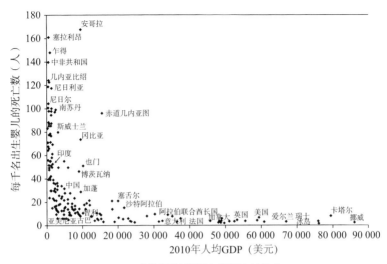

4.2　5 岁以下儿童死亡率和人均收入

资料来源：数据来自人类发展指数（见注释 20）

图 4.2 反映了世界上最贫穷国家绝对健康灾难的情况。特别引人注目的是，随着人均收入从不足 1 千美元上升到 1.5 万美元左右，儿童死亡率急剧下降，而人均收入在 1.5 万美元至 8.4 万美元时，儿童死亡率几乎趋平。[20]

这些统计数据背后的人类故事令人震惊。当富人越来越富时，最贫穷国家却在家庭悲剧叠加的贫困中饱受煎熬。由于缺乏基本医疗保健，全世界仍有近 600 万儿童在 5 岁生日前死亡。在撒哈拉以南的非洲地区，这个死亡率是 9%，是发达国家的 15 倍。如图 4.2 所示，在一些非洲国家，它几乎是这个水平（9%）的两倍。安哥拉就是一个惊人的例子，5 岁以下儿童死亡率的情况是，每千名出生婴儿中有 167 人死亡。

同样引人注目的是来自增长的收益递减速度。一些相当贫

093

穷国家的死亡率和一些非常富裕的国家一样低，甚至更低。亚美尼亚 5 岁以下儿童死亡率低于美国，尽管亚美尼亚人均收入仅为 2 500 英镑，不到美国人收入的 5%。

对收入和教育之间关系的分析也得出了类似的结论。图 4.3 显示了世界不同国家的平均受教育年限。我们看到非常贫穷的人和非常富有的人之间存在着同样的差距。我们发现了同样熟悉的与收入相关的收益递减模式。尽管如此，增长的影响并没有完全消失。收入每增加一倍，就可以增加一年多的上学时间。[21]

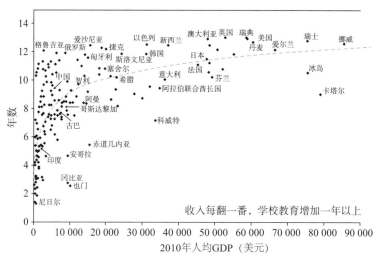

图 4.3　平均受教育年限和人均收入

资料来源：学校教育数据来自人类发展指数（见注释 21）

再一次，有可能发现一些低收入国家的教育参与率与最发达国家持平。有趣的是，东欧国家似乎占据了曲线左上方的教育"甜点"。爱沙尼亚的平均收入只有 1.5 万美元，但在该指数上的得分却高于日本、爱尔兰或挪威,而这些国家的收入水平是它的 4—5 倍。

理解收入和人类繁荣之间的复杂关系,是一个特别重要的研究领域。有必要对这些关系进行更多的探索。但迄今为止,我们所看到的一切,都没有排除更富有经济体实现无增长繁荣的可能性。与西方国家相关的健康、教育,甚至幸福,收入低得多的国家似乎同样也能获得。[22]

这些文化成就并不必然确保,当收入开始向相反方向移动时,繁荣就能得到保证。传统智慧肯定会提出恰恰相反的建议。人们几乎理所当然地认为,当经济崩溃时,坏事就会发生。即使是停滞的迹象也被政治家视为灾难。受影响的不仅是信用评级和政治信誉。

所有的证据都表明,当人们失去工作时,甚至更糟糕的是失去房子时,或者当他们被债务压垮时,他们更有可能求助于酒精、垃圾食品或毒品,或者患上精神疾病,有时甚至自杀。例如,希腊的自杀率在金融危机之后翻了一番。[23]

几乎所有苏联阵营的国家,在紧接着的苏联解体后的时代,都经历了预期寿命缩短。苏联解体后,俄罗斯人的预期寿命大幅下降,尤其是男性。在 1989—1994 年,其平均预期寿命下降了将近 5 年。也许最引人注目的是,这种下降在短暂复兴之后仍然存在,甚至在经济开始复苏后也是如此。一直到 20 多年后,预期寿命才达到苏联时期的水平,但仍然比古巴少了 10 年(如图 4.4 所示)。[24]

无增长的繁荣

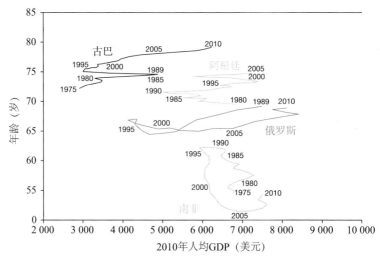

图 4.4 经济危机时期的预期寿命

资料来源：数据来自世界发展指标数据库（见注释 24）

南非也发生了类似的情况，尽管经济复苏，预期寿命却在下降。但这里的背景和影响因素却不尽相同。自 1990 年以来，非洲各地的人类发展的一个显著特点是，无论经济增长率如何，预期寿命都会大幅下降。这在很大程度上归因于艾滋病的毁灭性影响。显然，经济增长本身不足以保证繁荣的提高，即使是预期寿命这样的基本事项也是如此。

图 4.4 也显示了面对逆境时一些相当不同的反应，同样引人注目。苏联解体后，古巴的经济也差不多完全崩溃，部分原因是补贴的苏联石油突然没有了。其人均 GDP 在短短几年内，下降了 40% 以上。然而令人惊讶的是，古巴的预期寿命大致按照崩溃前的速度继续提高。

最近的一项研究发现，古巴人的健康状况在崩溃后显著改善：热量摄入减少了三分之一以上；肥胖人数减少了一半；锻炼身体的成年人比例翻了一番多。在1997—2002年，糖尿病（51%）、冠心病（35%）和中风（20%）导致的死亡人数在下降。[25]

在经济低迷的情况下提高预期寿命的能力，在拉丁美洲也很明显，那里人的健康似乎对收入增长的依赖少很多。在1980—2005年，阿根廷的经济产出可以说是最不稳定的，出现了两次持续的重大经济萎缩，但在同一时期，预期寿命增长可观并且持续。在冰岛，或许令人惊讶的是，银行危机让这个国家遭受了前所未有的打击，但紧随其后的是健康和幸福感都有所提高。[26]

最后，日本是世界上预期寿命最高的国家（如图4.1所示）。20多年来，虽然日本的收入增长差不多停滞不前，但在这"失去的20年"里（1990—2010年），日本预期寿命的增长比之前30年的任何时候都要快。

人们很容易陷入统计数字的泥沼，被奇闻轶事冲昏头脑。但不可否认，我们迫切需要学会面对一些严峻的现实。超过一定收入后，增长的回报迅速递减；收入增长在这个点以下的巨大优势；以及一些更贫穷国家的突出表现（它们能够用少的收入，享受与地球上最富裕国家同等的人类福利水平）。所有这些经验教训，对于我们理解GDP增长与繁荣之间复杂关系的能力至关重要。

到目前为止，所有这些都不能排除（即使在最富裕的经济体），不必无限期地持续增长，就可以获得良好的健康结果、良好的教育结果和高水平人类福利的可能性。相反，这里更多关注最贫穷国家对体面收入的迫切需求，以及在收入水平低得惊人的情况下实现繁荣的创新发展路径。

收入增长和经济稳定

然而，俄罗斯（以及希腊）的例子，确实让我们回到了上文提到的第 3 个命题：增长在维持经济和社会稳定方面发挥作用。俄罗斯的证据清楚地表明，崩溃的经济体确实存在人道主义损失的风险。经济稳定，或者至少某种形式的社会韧性，对于繁荣来说至关重要。

各国应对经济困难的方式存在着有趣的差异。一些国家，尤其是古巴、冰岛、日本、阿根廷，已经能够安然渡过相当严重的经济动荡，同时保持甚至提高国民健康水平。还有些国家则在经济衰退面前，导致了健康状况恶化和预期寿命急剧下降。

对这些差异的某些解释，必定蕴含在社会结构中。苏联解体后的国家向市场经济过渡的特点是，社会结构发生了非常深刻的变化，其中最重要的是国家提供的医疗和社会保健的崩溃。在这种情况下，预期寿命的下降并不令人意外。相比之下，古巴的国家主导的持续社会供给，几乎肯定是经济崩溃后健康改善的影响因素。

换句话说，面对经济动荡，人道主义损失可能更多取决于社会结构和政治反应，而不是所遭遇的经济不稳定程度。对于无增长的繁荣前景，这里有些有趣的政策教训，我们将在后文讨论（第 7 章和第 10 章）。

但是人道主义崩溃的风险，足以让我们对简单停止经济增

第 4 章 增长的两难困境

长的可能性打个问号。如果经济停止增长导致经济和社会崩溃,那么确实会看起来很艰难。如果它能在不崩溃的情况下实现,那么保持繁荣的前景就会好得多。

这里的关键问题是,经济增长是否对经济稳定必不可少。经济增长对稳定有作用吗?我们终究需要经济增长来保持经济稳定吗?

传统的回答是当然如此。为了弄清原因,我们需要进一步探索这样的经济体是如何运作的。关于这点的详细讨论将推迟到第 6 章。但这个宽泛的理念很容易传达。

资本主义经济高度重视生产投入(劳动力、资本、资源)的使用效率。对于任何给定的投入,持续的技术改进意味着更多的产出。[27] 通过降低成本、效率提高会刺激需求,并促进形成积极的扩张循环。但至关重要的是,这也意味着生产相同商品所需的劳动力会逐年减少。

只要"总需求"的快速增长,足以抵消"劳动生产率"的提高,就毫无问题。但是如果没有抵消,那么这种动态意味着所需劳动力会更少,使某些地方的人会失去工作。[28]

如果需求因任何原因放缓,不论是因为消费者信心下降,还是大宗商品价格冲击,或者是通过有控制地减少消费的意愿,那么提高劳动生产率的系统性趋势会导致失业。这反过来会导致消费能力下降、消费者信心丧失,并进一步减少对消费品的需求。

从环境的角度来看,这也许是值得期待的,因为它会降低资源使用和减少污染排放。但这也意味着零售业衰退、业务收入变差、收入下降、投资削减,以及失业人数进一步上升,经济开始陷入螺旋式衰退。

经济衰退对公共财政有着关键影响。社会成本随着失业人数的增加而上升。随着收入的下降和商品销售的减少,税收收入会下降。降低支出有可能导致公共服务的实际减少。社会投资减少会影响人们的兴盛能力,这是对繁荣的直接打击。

政府必须借更多的钱,不只是为了维持公共支出,也是为了尝试重新刺激需求,但这样做往往会增加国债。在经济衰退的情况下,充其量不过是偿还这些有问题的债务。在国民收入中,光是维持利息支出就占了较大比重。

这里期待的最好结果是需求复苏,并有可能开始偿还债务。这可能需要几十年的时间。英国花了近半个世纪,来偿还二战期间积累的公共债务。根据财政研究所的预测,2008年金融危机造成的"债务积压",可能会持续到21世纪30年代。[29] 另一方面,如果债务累积,经济却无法复苏,这个国家注定要破产。

关键是这个系统内部几乎没有韧性,一旦经济开始减弱,曾经有助于扩张的反馈机制开始往相反的方向运转,将经济进一步推向衰退。[30] 随着人口的增长(和老龄化),这些危险更加严重。需要更高水平的增长来保护相同水平的平均收入,并为(增加的)健康和社会成本提供足够的收入。

简而言之,现代经济被推向经济增长。只要经济在增长,正反馈机制往往会推动这个系统迈向进一步增长。当消费增长放缓时,这个系统就会被迫走向潜在的破坏性崩溃,对人类繁荣产生连锁影响。人们的工作和生计都将处于危险之中。

第 4 章 增长的两难困境

在《经济增长的道德后果》(*The Moral Consequences of Economic Growth*)[31]中,美国政治经济学家本杰明·弗里德曼(Benjamin Freedman)写道:"我认为,近来不宽容和不文明的现象不断增加,慷慨和开放的程度不断下降,已经成为美国社会的重要特征。这在很大程度上是缘于在 20 世纪最后 25 年的大部分时间里,美国中产阶级的生活水平停滞不前。"

在本章开头的引文中,泰德·希思也提出了类似的观点。他的继任者、英国前首相玛格丽特·撒切尔(Margaret Thatcher)也是如此。她在回应对经济增长质疑的时候,曾经说过的名言是:"别无选择。"

如果结束增长真的意味着完全丧失稳定或不稳定的开始,那么这些论点肯定会有一定的分量。但果真如此吗?至少,我们在本章中看到的一些例子似乎证明了公认的智慧有误。

当然,这里也有一些讽刺。因为归根结底,对于增长是否对稳定起作用的问题,答案是:在以增长为基础的经济体中,增长对稳定起作用。资本主义模式好像没有通往稳态位置的捷径。它的自然动态似乎将自己推向两种状态之一:扩张或崩溃。

我们将在后文(第 8 章和第 9 章)探讨修正这个结论的可能性。与此同时,我们似乎又回到了本章开头的两难困境。或者至少是回到了它更精确的化身。以最简单的形式来说,"增长的两难困境"包含两个截然相反的命题。

- 至少以目前的形式来看,增长是不可持续的。不断增长的资源消耗和不断上升的环境成本,加剧了社会福利方面的深刻差异。

- 至少在当前的情况下,"去增长"是不稳定的。消费需求的下降导致失业率上升、竞争力下降和衰退的螺旋式上升。[32]

初看之下,这种困境好像是持久繁荣的不可能定理,但这是不能回避的,必须严肃认真地对待。未能做到这点,是我们面临的针对可持续性的唯一最大威胁。

第 5 章

脱钩的神话

认为经济增长可以从破坏中抽身的信念,似乎是基于简单的会计错误。

——乔治·蒙比奥（George Monbiot），
2015 年[1]

求助于"脱钩"理念，是对增长两难困境的传统回应：更高效的生产流程、更可持续的产品和服务、更少的材料创造更多的利润。精明增长、绿色增长、可持续增长：这就是脱钩的承诺。

区分相对脱钩和绝对脱钩是至关重要的。前者指经济产出的物质强度（或排放强度）的任何下降。这标志着经济效率的提高，但并不一定意味着我们总体上使用的材料（或排放的污染物）更少。绝对脱钩是指即使在经济产出持续增长的情况下，资源使用（或排放物）的绝对值下降的情况。

毋庸多言，在大多数情况下，如果我们要满足生态限制，避免资源短缺，摆脱增长的两难困境，我们需要的是整体下降。

例如，在气候变化的情况下，实现巴黎协定 1.5 ℃ 的目标，需要从工业和化石燃料燃烧中产生的二氧化碳净排放量，从当前的水平——约 360 亿吨二氧化碳（Gt CO_2），在 21 世纪中叶之前下降到极其接近零。在经济继续以历史速度增长的同时，实现这个目标意味着大规模的相对（和绝对）脱钩。[2]

大多数经济学家只想求助于技术来实现这样的壮举。即使是见多识广的经济学家，也近乎宗教信仰般地相信脱钩。例如，保罗·克鲁格曼（正确地）指出了一个事实：物理学家有时会误解经济增长到底是什么。他在《纽约时报》上写道，"他们把它看作粗糙的、物理的东西，不过就是个生产更多东西的事情。并且不把产生一美元 GDP 的众多选择（消费什么，使用哪些技术）考虑在内。"[3]

他坚信，这些"众多选择"将在不损害经济增长的情况下，实现即使最严格的生态目标成为可能。这导致他谴责增长怀疑论者是"绝望的先知"。他声称，"认为经济增长和气候行动互不相容的观点，听起来也许头脑冷静，也很务实，但实际上它是糊涂的错误观念。"许多绿色增长或精明增长的倡导者，也提出了非常类似的主张。[4]

另一方面，乔治·蒙比奥同样强烈地认为，增长与绝对脱钩是不相容的。他写道，"消费更多（或）保存更多。抱歉，我们不能两者兼得。"[5] 蒙比奥是糊涂的绝望预言家？还是克鲁格曼是技术上天真的增长狂热者？至少从表面上看，他们不同的立场显然不可能同时正确。

奇怪的是，答案并不那么简单。两种立场都有正确的成分。问题之一在于我们如何提问。正如克鲁格曼指出，关于共同贡献经济产出的产品和服务，是否有"众多选择"？答案显然是肯定的。证据是否表明，其中一些选择的碳强度大大低于其他选择？同样，答案当然是肯定的。

从全球范围来看，在支持相对或（更重要的）绝对脱钩方面，这些技术可能性实际上带我们走了多远？通过考察历史证据，这是个我们可以直接探索的问题。本章的部分目的是确切做到这点。我们将看到，答案更多是在蒙比奥这边，而不是在克鲁格曼那里。当然,这并不意味着对无约束的乐观主义的很多支持。[6]

但这个答案并没有完全消除我们的担忧。问题不在于某些效率手段是否可行(它们显然是);也不在于我们过去是否设法利用这些效率手段,去消除来自环境变化或资源短缺的威胁(我们显然没有)。问题是,我们能否在未来实现足够的效率提升,继续无限期地追求经济增长,同时仍然保持在资源有限的地球的"安全运行空间"内。

这个问题依赖如此多无法估量的因素,以至于一开始很难弄清楚。简单的答案暴露了并不可靠的逻辑,而坚定的结论消失在反设事实的迷雾里。但我们可以求助于算术来减少这个困惑。如果效率的增长率大于经济的增长率,那么通常来说,物质总生产量将下降。如果不是,那就另当别论了。

如果经济的碳效率以每年2%的速度增长,经济产出以每年3%的速度增长,那么碳排放的总水平将上升。我们将实现相对脱钩,而不是绝对脱钩。如果碳效率以每年3%的速度上升,经济以每年2%的速度增长,那么碳排放的总水平将下降,我们将实现绝对脱钩。

这样的结果仍然不一定足以达到给定的目标,如1.5 ℃的气候目标。但对于任何这样的目标,对于任何给定的经济增长率,我们至少能够确定,如果要达到目标,技术效率必须高于平均速度。搞明白这一点,将使我们对未来的挑战有一个更现实的认识。

正如本章标题所表明的那样,虽然脱钩提供了连贯一致的摆脱增长困境的证据，但远不能从根本上令人信服。如果我们要实现碳排放目标，如果经济将持续增长，从资源和排放效率不得不达到的速度来看，顶多只能算是拼尽全力。并且，我们将在下文更详细地看到，它们远远超过了我们在历史上取得的一切。

这并不是说脱钩本身是不必要或不可能的。恰恰相反，不管有没有增长，它都是至关重要的。但它确实表明，要相当谨慎地接受这个"神话"：如果让经济增长依照往常继续下去，将导向更高的效率和更低的排放。更微妙的脱钩方法是需要的。本章的目的就是回应这个需要。

历史视角下的相对脱钩

简单地说，相对脱钩就是用更少做更多：更少的环境破坏，更多的经济活动；更少的资源投入和排放，更多的产品和服务。其核心是做事更有效率。并且，由于效率被认为是现代经济体擅长的事情之一，脱钩作为解决增长两难困境的方法，有着熟悉的逻辑和明显的吸引力。

资源投入是生产者的成本。因此，追求利润的动机应该刺激人们不断追求提高行业效率，降低投入成本。在企业个体层面上，这似乎显而易见，特别是在资本主义经济中。但从全球角度来看，关键问题是这个利润动机是否会转化为资源强度的整体下降。

有证据表明，它也许会。在过去半个世纪的大部分时间里，生产每单位世界经济产出所需的一次能源量，或多或少都在持续下降。现在的全球"能源强度"比 1980 年几乎低了 25%。换句话说，全球能源效率平均约提高了三分之一。[7]

这些收益在不同国家和地区并不一致。自 20 世纪 70 年代受石油价格冲击以来，高收入国家显著提高了能源效率。美国经济的能源强度约为 1980 年的一半，这意味着美国经济的能源效率几乎翻了一番。中国也大幅降低了能源强度。同期，中国经济的能源效率增长了 2 倍多。[8]

除了这些例子之外，这个模式就不那么清晰了。近几十年来，有些地方的能源强度竟然有所提高，即使是在某些欧洲国家，如希腊、土耳其、葡萄牙。在新兴经济体和发展中国家，成就参差不齐。在巴西，经济的能源强度提高了几乎三分之一，表明巴西经济一次能源供给的效率显著下降。在 1980—2011 年，整个中东的能源强度翻了一番多。[9]

不过这毫不奇怪，因为在能源效率确实提高的地区，它往往会带来排放强度下降。例如，全球经济的二氧化碳强度（图 5.1），从 1965 年的每美元约 760 克二氧化碳（$gCO_2/\$$），在 2015 年下降至略低于 500（$gCO_2/\$$）。这相当于在 50 年内，碳强度几乎下降了 35%，年同比下降略低于 1%。[10]

令人担忧的是，在过去十年中，全球碳强度的下降幅度不太明显，因为有更多的世界增长转移到了碳强度更高的国家。在过去 40 年里，经济的碳效率提高的速度本身就一直在下降。在 2004—2015 年，全球碳强度每年下降不到 0.2%。显然，这没有多少自满的空间。[11]

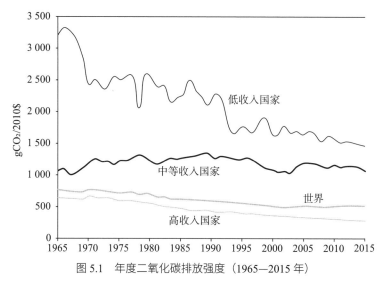

图 5.1　年度二氧化碳排放强度（1965—2015 年）

资料来源：数据来自世界银行数据库［见注释 10 和杰克逊（Jackson）2016］

更糟糕的是，相对脱钩只衡量单位经济产出的资源使用（或排放）。相对脱钩要想提供任何摆脱经济增长困境的方法，经济的资源强度至少必须以经济产出的增速下降。如果总负担不增加的话，效率必须随着经济的增长不断提高。最终，我们还需要证明资源使用与经济增长的脱钩，不是相对的，而是绝对的。找到这方面的历史证据要难得多。

历史视角下的绝对脱钩

二氧化碳排放是个恰当的例子。对比一下图 5.1 和图 5.2，前者说明了相对脱钩的进程；后者展示了全球二氧化碳排放的绝对水平。图 5.1 中的下降趋势，被转化为图 5.2 中明显上升的趋势。碳强度的下降只是被不断增长的经济产出所淹没。绝对脱钩是看不到的。

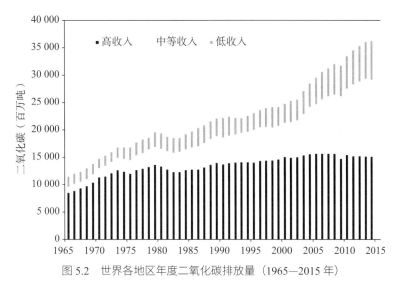

图 5.2 世界各地区年度二氧化碳排放量（1965—2015 年）

资料来源：数据来自世界银行数据库［见注释 10 和杰克逊（Jackson）2016］

自 1965 年以来，使用化石燃料（以及工业）产生的二氧化碳年排放量增加了两倍多。如今进入大气的二氧化碳比 1990 年多 60%。1990 年是《京都议定书》采用的基准年，决策者希望以此来衡量下降。即使在过去 10 年中，排放量也以平均每年超过 2% 的速度增长。[12]

有些观点认为进展有限。自金融危机以来的这些年里，二氧化碳排放的增长率显著放缓，大部分是由于经济增长率下降导致的，但其中也有些是因为产出的碳强度持续下降。在高收入国家，这甚至导致排放量的绝对水平在几十年来首次出现非常轻微的下降。[13]

遗憾的是，即使这个结果也不完全可信。问题在于碳排放量通常是以区域为基础来衡量的。例如，归于美国的碳排放是来自美国境内的家庭和企业；而归于中国的碳排放被假定来自中国的家庭和工厂。

但是现代经济的特点之一是全球互联互通。美国和欧洲消费的许多产品，都是在中国和其他新兴经济体制造的。用于生产这些制成品的许多材料，都是在更贫穷的国家开采或提炼的。

结果是富裕国家维持消费生活方式所需的能源，有相当大的一部分根本没有出现在这些国家的能源账户上。相反，它出现在更贫穷国家的账户上。根本上要由富国消费者负责的碳排放中，有相当大的一部分，最终归于更贫穷国家的公民。这就是在本章开头引用的句子中，乔治·蒙比奥提到的"会计错误"。

当我们把高收入国家的碳排放量与世界其他国家的碳排放量并列时，这个会计错误的潜在影响就变得更加明显。图5.3表明，正当富国的碳排放量在21世纪初开始稳定时，世界其他国家的碳排放量开始加速。到金融危机爆发时，这些"贫穷国家的碳排放量"已经超过"富裕国家的碳排放量"。

急剧增长的部分原因是，更贫穷国家基础设施投资的大幅增长，但还有些原因与向更富裕国家的出口有关。真相是，如果我们没有使用比传统决策更复杂些的会计模型，就不能完全揭示这到底是怎么回事。

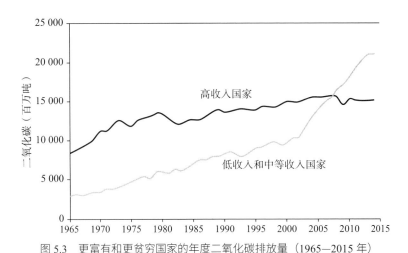

图 5.3 更富有和更贫穷国家的年度二氧化碳排放量（1965—2015 年）

资料来源：数据来自世界银行数据库［见注释 10 和杰克逊（Jackson）2016］

幸运的是，近年来这些复杂的模型变得更加容易获得。新的"足迹"账户不再仅仅测量地区排放量，而是把给定国家或地区消费的产品和服务产生的所有碳排放相加，即使碳排放本身发生在世界其他地方。[14]

这些研究证实，国家碳排放账户未能系统地提供碳责任的准确图景。进口中"内嵌"的碳，并没有计入资产负债表。根据《气候变化框架公约》（Framework Convention on Climate Change，FCCC），更富有国家向联合国报告的数字中，与富裕的生活方式相关的碳排放量，通常比以往任何时候都要多。

这个差异有时可能大到足以完全破坏在实现气候变化目标方面取得的明显进展。根据联合国 FCCC 指南的报告，在 1990—2007 年，英国的温室气体排放量减少了近 18%，而用足迹法衡量时，排放量增加了 9%。英国的碳足迹在金融危机中大幅下降，但到 2012 年，随着经济开始复苏，英国的碳足迹又开始缓慢上升。其他高收入国家也发现了类似的情况。[15]

对于碳而言的真实情况，同样也适用于物质足迹。在用"国内物质消耗"测量时，发达经济体的资源消耗明显下降，这诱使乐观的观察家评论说，富裕国家很快就会达到"峰值"，即资源吞吐量达到最高水平后，便迅速下降。[16]

根据经合组织的研究，在 1980—2008 年，成员国的物质消耗与 GDP 既有相对脱钩，也有绝对脱钩。物质强度下降了 42%，人均消费同期下降了 1.5%。一些国家，特别是英国和日本，国内物质消耗出现了相当大的绝对下降，这表明可能早已达到"峰值"。[17]

但是也有几项开创性的研究，对这个假设提出了严重的质疑。这些研究指出，国内物质消耗忽略了与制成品和半成品进口相关的原材料开采的情况，这样的话不能充分代表经济的物质依赖性。

新研究使用的方法，就像碳足迹把各地可能发生的碳排放加总一样，将可归因于某经济体消费模式的所有资源投入相加。近期的研究把这个"物质足迹"，与近 200 个国家 20 多年来的国内物质消耗测量进行了比较。[18]

结果令人震惊。这些研究证实，在许多发达经济体，国内物质消耗与 GDP 之间存在某些相对脱钩。但是，经合组织国家作为一个整体，在 1990—2008 年，"物质足迹"仍然增长了近 50%（图 5.4）。在此期间，GDP 与资源使用之间没有绝对脱钩。

图 5.4 经合组织国家物质足迹（1990—2014 年）

资料来源：数据来自世界银行数据库和联合国环境规划署 UNEPlive 平台（见注释 19）

在同一时期，由于经合组织国家的 GDP 仅增长了 53%，因此也几乎没有任何相对脱钩。再一次，全球贸易模式和不全面的会计实践掩盖了令人不安的真相。"峰值"神话几乎没有现实依据。[19]

如图 5.4 所示，到该时期末，国内物质消耗和物质足迹暂时下降。这是金融危机即将到来的早期迹象。在 2007—2008 年，物质商品价格快速上涨（如图 1.1 所示）。有趣的是去推测在多大程度上，这些价格上涨导致了物质足迹下降，甚至可能加速了随后的衰退（见第 2 章）。

但此处应该毫无疑问的是：在任何意义上，这种暂时下降都不是物质生产量与 GDP 的脱钩。恰恰相反，它表明物质消费和经济产出仍然强度耦合。物质指标随着 GDP 的下降而下降，随着 GDP 的上升而上升。这就是耦合系统的本质。到 2010 年，两项物质指标都再次上升。

归根结底，在全球层面上，重要的当然是从地下开采资源的速度。因此，物质脱钩和摆脱增长困境可能性的最后仲裁者，是全球主要资源开采的趋势。这方面几乎没什么分歧。为了获取许多关键资源，全球资源开采量持续上升（图 5.5）。[20]

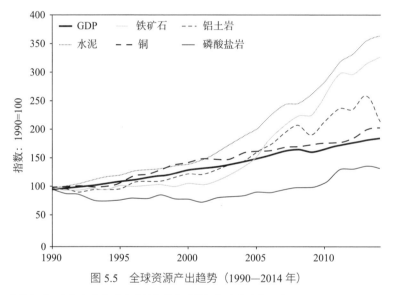

图 5.5　全球资源产出趋势（1990—2014 年）

资料来源：数据来自美国地质调查局和世界银行（见注释 20）

尤其值得注意的是结构材料消耗的增加。在过去 20 年，铁矿石、铝土岩、铜和水泥产量的增速都高于世界 GDP。铁矿石和水泥的产量增加了两倍多。

原因并不特别难找，因为新兴经济体对基础设施的渴求记录充分。随着新兴经济体修建基础设施，对结构材料的需求不断增长,这是危机发生之前的几年中,对商品价格上涨造成压力的因素之一。[21]

图5.5的惊人之处在于,不仅绝对脱钩缺席,也缺乏任何相对脱钩的证据。在一系列关键材料中,全球资源强度显著增加,资源效率正走向错误的方向,甚至也没有发生相对脱钩。

主流立场常常迷失在一般性的原则声明中:增长的经济体往往会变得更有资源效率;效率使我们能够将排放与增长脱钩;因此,达到目标的最佳途径是保持经济增长。在关于环境质量和经济增长的复杂争论中,这种观点并不少见。[22]

它包含了部分事实,比如,效率有所提高,特别是在发达经济体(如图5.1所示)。它还得到了一些有关二氧化硫等空气污染物的有限证据的支持。这些排放有时与经济增长呈倒U形关系:排放量在增长初期增长,但随后达到峰值并下降。[23]

但更仔细地观察会发现,这种关系主要适用于当地可见的环境影响,如烟雾、河流水质和酸性污染物。即使对于这些污染物来说,情况也不同等正确。对于碳排放、资源开采、城市垃圾产生和物种灭绝等环境质量的关键指标,它根本就不存在。[24]

很明显,脱钩作为增长困境的充分解决方案,历史几乎不支持其合理性,但也没有完全排除它的可能性。

大规模的技术转移;重大的政策努力;消费者需求模式的全面变化;为了在全世界范围内真正降低资源强度,大力推动国际技术转让,这些是有机会保持在生态极限内所需的最低要求。

这里并不是说脱钩是不必要的。恰恰相反,它是必不可少的。问题在于，有多少是可以实现的？多少脱钩在技术和经济上是可行的？如果有正确的政治意愿，相对脱钩确实能真正尽快减少碳排放和吞吐量，并容许持续的经济增长吗？

增长的算术 [25]

算术是这里的关键。一个简单的数学恒等式支配着相对脱钩和绝对脱钩之间的关系。它是在大约40年前，由保罗·埃尔利希和约翰·霍尔德伦（John Holdren）提出来的。

所谓的IPAT卡亚公式非常简单地告诉我们，人类活动的影响（I）是3个因素的产物：人口规模（P）；以人均收入表示的富裕水平（A）；还有一个是技术强度因子（T），用于衡量我们每花一美元所产生的影响。[26]

卡亚公式提供了方便的"经验法则"，来计算相对脱钩何时会导致绝对脱钩。总体影响（如碳排放）的增长率大致等于人口、人均收入和碳强度的增长率之和。

如果碳强度的下降速度超过人口和收入增长率之和，那么相对脱钩将导致绝对脱钩。如果下降得更慢，我们仍然会有相对脱钩，但不是绝对脱钩。在全球层面，碳排放量将继续上升。[27]

只要强度因子在下降，就可以肯定地知道我们有相对脱钩。但要实现绝对脱钩，我们还需要整体影响下降。只有当这种强度下降得足够快，超过人口和人均收入的增长速度时，这种情况才会发生。

举个简单的例子来说明这点。自1990年以来，碳强度平均每年下降0.6%。这很好，但还不够好。全球人口以1.3%的速度增长；同期人均收入（按实际增长率计算）每年增长 1.3%。因此，每年碳排放的增长率大约为 1.3+1.3-0.6=2%，随着时间的推移，排放量增加了 62%，这正是数据中所反映的。[28]

同样的恒等式让我们能够快速检验碳排放与未来增长脱钩的可行性。为了论证起见，假设我们希望到本世纪中叶，全球排放量降至当前水平的十分之一。这相当于到 2050 年，年排放量以每年略高于 6% 的平均速度减少。[29]

根据联合国的中值预测，到 2050 年，世界人口将达到 97 亿——平均每年增长 0.8%。因此，如果全球人均收入增长和全球碳强度按照 1990 年以来的速度进行（分别约为 1.3% 和 -0.6%），那么碳排放量最终将以每年 1.5% 左右的速度增长。为了让全球排放量下降至目前水平的十分之一，排放强度需要以每年略高于 8% 的平均速度下降。[30]

尽管这个全球化方法有助于感觉一下数量级，但它未能处理与全球发展不同阶段相关的一些复杂情况。例如，在中等收入国家，收入的增长比其他地区更快；在低收入国家，人口的增长比其他地方都快。在这两种地区，产出的碳强度通常更高，而且在历史上下降得更慢。这些差异会对全球图景产生重大影响。

实际上，地区化方法揭开了一项更艰巨的任务。通过使用联合国的人口预测，假设地区收入增长，地区碳强度以过去 25 年的典型速度下降，结果表明碳排放量每年将增加 2% 以上。到 2050 年，碳排放量将是 2015 年的 2 倍多。[31]

另一方面，要实现碳排放量的 10 倍级减少，需要 2050 年经济产出的平均碳含量低于 20 gCO_2/$，比当前全球平均水平低近 26 倍（如图 5.6 所示，情景 1）。这意味着全球排放强度平均每年降低 8.6%，几乎是过去 50 年实际下降速度的 10 倍，比过去 10 年的下降速度要快 50 多倍。[32]

尽管这一任务已经显得很有挑战性，但仍有人严重怀疑它能否实现 1.5 ℃ 的目标。气候变化的关键是大气中二氧化碳的累积负担。因此，一切都取决于减排的速度有多快。

假设我们马上开始，到 2050 年，差不多实现了达到 3.6 $GtCO_2$/$ 的线性减排，那么到 2025 年，与该目标（第 1 章）相关的碳预算将用完。超过这一点，我们需要的技术和战略，必须能够以比我们向大气增碳更快的速度把碳排出大气，以便有个体面的机会将全球气温升高限制在 1.5 ℃ 以下。

更仔细地考察发现，在碳预算范围内保持"负排放"所需的速度令人望而却步。在 21 世纪 20 年代末和 30 年代初，我们需要以每年约 25 $GtCO_2$ 的速度从大气中除碳。在该时间范围内实现此水平负排放的可能性，至少是具有高度投机性的。[33]

一个选择是追求更大的减排目标。假设到 2050 年，我们将碳排放量减少 95%，而不是 90%？这意味着要将碳强度降低到大约 10 gCO_2/$（如图 5.6 所示，场景 2）。毫不奇怪，实现这个目标所需的技术变革速度更快：碳强度年同比下降约 10.4%。

从长远来看，更大幅度地减排肯定会让生活更轻松，本世纪后半叶对负排放的要求会更低。但在短期内，控制负排放的需求并没有起到多大作用，在 21 世纪 20 年代末，负排放的峰值仍在 25 $GtCO_2$ 左右。事实证明，为了实现减排目标，选择更早的年份是更好的选项。

比方说,我们的目标是在2035年实现减排目标,而不是2050年。这将减少大约一半的负排放峰值需求。但这显然也会让我们疯狂地急于以更快的速度引进低碳技术。实际上为了实现90%的减排目标,经济的碳强度必须平均每年下降约13%,而要实现95%的碳减排目标,则必须平均每年下降15%以上。

如果这还不够英勇,那么对于这个情景所描述的世界分裂本质,我们就不该抱有任何幻想。人们通常认为,经济增长一切照旧,常常意味着最发达国家的收入每年稳步增长2%,而世界其他国家则在竭尽全力地追赶。至少在一段时间内,中国和印度以每年5%~10%的速度跃升,而在未来几十年里,非洲、南美洲和亚洲部分地区都将处于停滞不前的低迷状态。

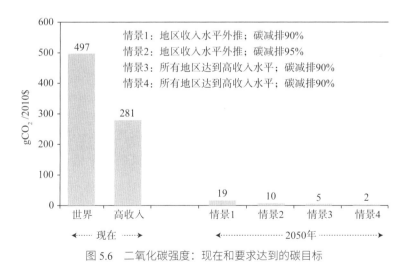

图5.6 二氧化碳强度:现在和要求达到的碳目标

资料来源:作者自己计算 [见杰克逊(Jackson)2016]

但是，如果我们真正认真对待公平问题，应该看看更贫穷国家的收入水平与更富裕国家收入相当的情况。如果富国的收入每年增长2%，那么我们需要更贫穷国家有相当惊人的增长率——中等收入国家每年约7.6%，低收入国家每年约12%，这样才能让收入趋于一致。[34]

雄心勃勃！但这是到2050年，我们生活在更加平等的世界所需要的。如果我们要有体面的机会，将全球气温升高限制在1.5°C，这些增长水平甚至将对技术进步提出更高的要求。再说一次，算术是关键。

在按此假设的世界，2050年全球经济规模将几乎是现在的11倍。在这种情景下，碳强度必须小于5 $gCO_2/\$$ 才能达到90%的减排目标（如图5.6所示，情况3）。要实现95%的减排，到2050年，每美元产出的碳含量必须在2 $gCO_2/\$$ 左右，比当今全球经济的平均碳强度低200多倍（如图5.6所示，情景4）。

要在2035年之前实现这些目标，而不是2050年，将意味着不论如何，经济碳强度需要年同比降低18%，至少比我们目前的速度快一百倍。

2050年以后，收入仍然以每年2%的速度增长，挑战只会继续加剧。2100年，经济规模不得不扩张到今天的30倍。从所有的意图和目的来看，只有让每一美元都完全脱碳，才能做到这一点。甚至在本世纪中叶之前，我们就需要消除大气中的碳。每美元经济产出的长期净碳强度必须小于零。

这是种什么样的经济？它的消费活动是什么？它的投资活动是什么？它是围绕什么运作的？什么让它继续？如何通过大

气除碳来创造经济价值?

有一点很清楚。这种经济与我们目前的经济完全不同。后者通过消耗越来越多的物质和向大气排放越来越多的碳,来推动自身的发展。

严峻的选择

玩数字可能看起来像天使在针尖上跳舞。但简单的算术揭示了严峻的选择。我们真要致力于消除贫困吗?我们确实要减少碳排放吗?我们真诚地关心资源稀缺、森林砍伐、生物多样性丧失吗?还是我们被经济增长蒙蔽了双眼,因为害怕暴露真相而不敢算账?

《巴黎协定》非同寻常,对应对气候变化做出了前所未有的承诺。但我们目前的行进方向是完全错误的。排放和资源利用正在增多而非减少。与所需行动相比,脱钩的速度慢得令人痛苦。近几十年来,它变得更慢而非更快。

我们永远不能完全忽视某些大规模技术突破即将到来的可能性。但很明显,碳减排的早期进展只能依赖摆在桌面上的选项:提高能源效率、可再生能源,或许还有碳捕获和储存。大幅提升对这些低碳技术的投资,绝对至关重要。

实际上,正是这种我们可以广泛称为"生态投资"的需求,开始改变 21 世纪的经济。事实证明,保护、维持和提高我们的经济和自身福利所依赖的生态资产,对有限世界的经济至关重要(见第 8 章和第 9 章)。

毫无疑问,技术创新对变革必不可少。几乎没有人会反对,技术机会数不胜数。我们可以把图 5.6 看作是鼓舞人心的行动号召，而不是无情的不可能定理。克鲁格曼的"众多选择"是个事实。变革的潜力是巨大的。

但这一切都不会自动发生。所有这些都不易从传统经济学的逻辑产生。从市场效率到生态目标的实现，没有简单的公式。认为资本主义追求效率的倾向将使气候稳定或防止资源短缺，这个过分简单的假设完全是痴心妄想。

真相是，到目前为止，还没有一个可靠的、社会公正的、生态可持续的情景，可以让 90 多亿人的收入持续增长。关键的问题不在于能源系统的完全脱碳，或者消费模式的非物质化在技术上是否可行，而是在我们这样的社会中它是否可行。

本章分析表明，在不大胆面对市场经济结构的情况下，假设"深度"排放和资源削减可以实现，完全是一种幻想。我们现在转向这个问题。

第 6 章

消费主义的"铁笼"

每个被追猎的动物都知道,重要的不是你跑得有多快,而是是否比其他每一位更慢。

——《经济学人》,
2008 年 11 月 [1]

现代社会弥漫着一种焦虑感。有时，它会倒转为本能的恐惧。在 2008 年的金融危机时，就是这样。金融机构因恐惧而几近瘫痪。银行拒绝贷款，甚至相互贷款也不行；消费者因此停止了消费。各国政府表现出了完全不知所措的迹象，无论是对变化的速度还是对失败的影响。

恐惧也许并非完全不好。迫在眉睫的崩溃威胁可能是唯一的力量，强大到足以让这么多国家在 2008 年末走到一起，承诺"在世界金融体系内实现必要的改革"。在金融复苏的早期阶段，G20 领导人所呼吁的是面对恐惧的决断。

然而，贯穿现代经济更根本、更普遍的焦虑感，是一种持久的焦虑。[2] 即使在 21 世纪，在捕食者和猎物之间细微差别的驱使下，是否真的如《经济学人》所言，我们的行为仍然像被追猎的动物一样？如果是这样的话，我们最好能认识到这一点，并了解其原因。因为如果缺乏这种理解，我们所面对困境的解决方案，将不可避免地难以找到。

诚然，增长的两难困境并没有多少帮助，因为看起来它像是持久繁荣的不可能定理。也许在某种本能的层面上，我们一直理解这点；也许我们被潜意识的恐惧所困扰，我们渴望的"美好生活"已经非常不公平，不可能永远持续下去。这个意识,即使被压抑了,也可能很容易让偶然的快乐沾染存在主义的忧虑。

当然,第 5 章的分析并不能减轻这些恐惧,因为它没有完全终结脱钩作为逃脱增长两难困境的想法,但这无疑会安抚盲目乐观的情绪。效率是个伟大的发现。资本主义有时能做到。但是,即使增长引擎实现了生产力的提高,它也推动了吞吐量的规模。没有任何证据表明,如果增长要与可持续性相容,效率以一种必须的方式,可以超越并不断超越规模。

仍然有可能,我们只是不够勤奋。通过大量的政策努力和巨大的技术进步,也许我们能够将资源强度降低两个数量级左右,足够使增长继续,至少在一段时间是这样。然而,通过跑得越来越快来逃避我们已造成的破坏想法,本身就是一种带有恐慌意味的策略。因此,在我们勉强接受它之前,来点反思也许是合适的。

本章将迎头直面现代资本主义经济结构,将特别探讨经济生活中两个相互关联的特征,二者处于增长动力的核心。一方面,通过持续的创新和"创造性破坏"过程,利润动机激发更新、更好或更便宜的产品和服;另一方面,在复杂的社会逻辑驱动下,这些产品的市场依赖于不断扩大的消费者需求。

这两个要素联合起来,驱动现代经济所依赖的"增长引擎",并将我们锁定在消费主义的"铁笼"[3]中。更好地把握这两种动力是至关重要的,特别是如此一来我们能够确定逃脱它的潜力。出发点是解开现代资本主义的一些运作。

第 6 章 消费主义的"铁笼"

资本主义的种类

资本主义是个难以捉摸的概念。它不是简单、同质的独立存在,势必以多种多样的形式兴旺或存活。最广泛使用的公式化表述是用"生产资料"私有制来定义资本主义。常用的定义还强调"利润动机"作为经济系统内典型动机的重要性。[4]

这在实践中意味着什么呢?广义上说,这意味着私人(资本家)将他们的钱("资本")投资于工厂、农场、矿山、供应链和销售网络(也是"资本"),从而使社会能够生产产品和提供服务。典型情况是,所有权的动机是希望从投资中获利或"获得回报"。通常人们认为这些利润的一部分会再投资于进一步的扩张。

困难之一是,"资本"这个术语本身回避了一个明确的定义。简单来说,资本只是指某种东西的存量。但在经济学中,它被用来既指货币和货币资产(金融资本),也指货币可以购买的有形资产,如建筑物、工厂和生产设施(有形资本)。正是这种性质的转变,促使马克思主义经济学家将资本(和资本主义)定义为一系列循环和积累的过程,而不是一种东西。[5]

这些不同的定义似乎有点武断,然而奇怪的是,在要决定资本主义是否可以无增长时,它们变得相当重要。例如,如果我们用资本积累的过程来定义资本主义,那么很明显,无增长就意味着没有资本主义。同样,反增长的立场也必将是反资本主义的立场。

但是,如果我们用生产设施的所有权来定义资本主义,那么一切都取决于这些资本所有人的行为。所有权和扩张之间是否存在必然联系的问题，在对资本主义优缺点的激烈争论中，往往会不复存在，与其竞争的组织形式也是这样。

我想在本书最后（第 11 章）回到这个问题，因为它对涉及繁荣和增长的讨论产生了一些有趣的间接影响。但从实证经验中可以立刻清楚地看到，资本所有权形式在不同背景下的差异很大。

在寡头资本主义中，生产资料由少数强大的公司或个人所有。在股东资本主义中，所有权在社会上的分布要广泛得多。例如，任何一个拥有养老金的人，如今都可以参股任何数量的公司的所有权。在大多数发达经济体里，我们在某种程度上都是资本家。

还有一种叫作"国家资本主义"，即公司归政府所有，但以盈利为目的。它的存在正好表明，资本主义的基本定义能有多大的延展性。即使是最资本主义的国家，也准备在某些部门拥有所有权。当然，金融危机更是进一步模糊了这个界限，因为各国政府在金融机构中持有大量股权。[6]

资本主义的组织形式也各不相同。政治经济学家彼得·霍尔（Peter Hall）和戴维·索斯凯斯（David Soskice）区分了"自由市场经济"和"协调市场经济"。前者更相信自由化、放松管制的市场的力量。后者主张在企业之间建立更强的社会制度和更多的战略关系（而不是竞争）。[7]

实际上，世界上几乎所有的经济体，在某种程度上都是"混合经济"。一些私有制与一些国家所有制或国家对经济的指导相结合。尽管很多是由"自由"或"开放"市场的优点组成的，但几乎没有市场是完全自由的。一些市场被垄断利益俘获，而另一些则更多地依赖国家监管。

正如亚当·斯密本人非常清晰的理解，防止或打破垄断权力需要一些国家干预。事实上，公司越大，对国家干预的需要就越大。斯密提出，高效、自由的市场内在地依赖这样的事实：企业规模相对较小，对竞争开放，对供应商压力和消费者需求反应灵敏。斯密认为，存在的风险在于大公司的资本家特别是"这样一群人，他们的利益与公众利益从来都不完全相同。他们通常对欺骗甚至压迫公众有兴趣，因此在许多情况下欺骗和压迫公众。"[8]

我们总是惊讶地发现，一些经济学家仍然支持将高度的市场自由主义与不健康的寡头"大公司"行为相结合的资本主义愿景，并强烈反对政府发挥任何作用。这个愿景的逻辑依据通常是，它为无限的长期扩张提供了最佳可能性。关于如何最好地培育和保护这个"美丽珍稀生物"，以便我们能从中获得尽可能多的增长，建议比比皆是。[9]

但是这个愿景面临着一些相当严厉的批评，其实践成功的证据也有些可疑。此外，还有其他更人道、更负责任，最终更丰富的资本主义愿景，为更好的经济和更可持续的繁荣提供了相当大的潜力。[10]

我们稍后将回到这个问题，即这些形式的资本主义在没有增长的情况下是否可能。但就目前而言，首先认识到资本主义存在多个种类就足够了；其次认识到所有这些种类都有一些重要的共同结构成分。

资本主义的结构

从本质上讲,资本机制非常简单。企业雇佣劳动力(人)和使用资本(建筑物和机器),生产家庭想要和需要的产品和服务。家庭(人)向企业提供劳动力和资本(储蓄)来换取收入。来自产品和服务的销售收入是企业能够为人们提供收入的基础。人们将部分收入用于购买更多的消费品,但把一些收入存起来。这些储蓄被(直接或间接)投资回企业。简而言之,这就是经济的"循环流动"(如图 6.1 所示)。[11]

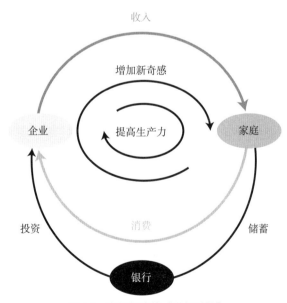

图 6.1 市场经济的"增长引擎"

资料来源:作者根据标准经济学教材绘制(见注释 11)

在这个过于简化的经济图景中,没有包括所谓的公共部门

（政府）和国外部门（海外公司、家庭和政府）。金融部门的代表性也被大大简化。

这个缺失的复杂性至关重要。部分因为它引入了一系列全新的参与者和一整套全新的可能性：不同的消费和生产方式、不同的储蓄和投资方式。这些可能性为重新配置经济提供了一些潜力（我们将在第 8 章看到）。但它们也会使图 6.1 基本的简单性变得极其复杂。

在某种意义上，正是从全球化金融部门的演变所产生的复杂性中，出现了金融危机。正如我们在第 2 章所言，这种复杂性部分是试图保持系统运行的结果。全球信贷市场促进了资本主义最基本的特征之一：储蓄和投资的双重作用。

这个特征的基本功能足够简单。家庭将部分收入用于储蓄。这些储蓄被直接或通过中介（如银行、建房互助协会或投资公司）投资在企业中创造利润。

利润是这个系统的关键。为什么家庭会把他们的储蓄给企业，而不是简单地保留它们或把钱花在消费品上？这只是因为他们希望在未来的某个时刻，获得健康的资本"回报"。这个回报由他们投资企业的利润流产生。

企业自身追求利润有几个原因。首先，它为企业提供了周转资金（现金），用于自身维护和改进。其次，需要它偿还公司的债权人——借钱给企业并期望回报的人。第三，用它向股东支付股息——购买企业股份的人。

回报好的公司会吸引更多的投资。因为人们愿意付更多的钱买它的股票，公司的价值会上升。当股价上涨时，更多的人会热衷于购买它们。债权人知道他们会连本带息拿回钱来。股东知道他们股票的价值会上升。公司知道，它有足够的资源来维持股本，并投资新的工艺和技术。

这种再投资的能力至关重要。在基本层面上，它需要保持质量。没有它，建筑和设备会不可避免地损耗，产品质量丧失，销售额下降，公司失去竞争能力，面临倒闭的风险。[12]

为了提高效率或生产率（尤其是劳动生产率），还需要持续投资。效率在资本主义中的作用早获关注（第 5 章）。效率的驱动力本质上是利润动机：需要增加销售收入与所谓的要素投入（资本、劳动力和物质资源）相关成本之间的差额。

成本最小化成为每个公司的核心任务，但这涉及一些内在的取舍。其中包括需要资本投资（除了它在维护中的作用），以削减其他两个要素（劳动力和物质资源）的成本。转向更节能的应用或劳动力更不密集的流程需要资本。这种持续的资本需求，既驱动了对低成本信贷的追求，也凸显了信贷枯竭的危险，还解释了为什么无限降低资本成本不是一个选项。[13]

当谈到选择其他两个因素中的哪一个作为目标时，很大程度上取决于劳动力和物质资源的相对价格。在充分就业并不断增长的经济体中，实际工资往往会上升。至少直到最近（如图 1.1 所示），实际物质资源成本趋于下降。因此在实践中，公司优先投资降低劳动力成本的技术，即使这样会增加物质资源成本：这显然与第 5 章讨论的资源生产率趋势背道而驰。[14]

因此对公司而言，更高的劳动生产率会降低其产品和服务的成本。放弃这个可能性所冒的风险是，公司发现自己在与国内外竞争对手的竞争中处于劣势。在这种情况下，它销售的产品更少，向股东报告的利润更低，并面临资本从公司外逃的风险。

在国家层面上，这种动态以几个方式进行。从长远来看，生产率会使工资上涨、利率降低和生活水平提高。工人的产出越多，获得的工资越高，不会给企业利润或通货膨胀造成压力。因此，央行可以将利率保持在比其他情况下更低的水平，从而促进消费者和企业，消费者支出和低通胀之间的良性循环。劳动生产率不断提高的国家在国际市场的机会增多。

这种动态在一定程度上解释了最近人们对全球（特别是发达经济体）劳动生产率增长下降的担忧。在过去 40 年中，经合组织成员国的劳动生产率增幅差不多都在持续下降，从 20 世纪 60 年代中期的每年约 4% 或 5%，下降到 2015 年的不足 0.5%（如图 2.2 所示）。

至少有一段时间，美国似乎在逆势而上。在 20 世纪的最后 20 年，劳动生产率的增长保持上升。但自千年之交以来，美国每小时的产出也在下降。甚至有证据表明，发展中和新兴经济体的劳动生产率的增长已经达到峰值。从全球来看，自金融危机以来，生产率的增幅似乎在下降。[15]

出于各种原因，理解劳动生产率、工作时间和经济增长之间的动态关系是重要的。最重要的是它为经济学家的认识提供了洞见。例如，欧盟和美国生产率之间的差距，促使某项最新研究的作者，把美国描述为"向前迈进"，并谴责某些欧盟国家由于劳动生产率低下而表现"差劲"。[16]

在后文中（第 8 章和第 9 章），我们将有机会质疑这个判断。

但目前的关键点是，资本主义经济体的总体趋势（实际上是期望的行进方向），仍然非常明显地走向提高劳动生产率。这意味着用更少的人力生产等量的产品和服务，周期对就业造成了下行压力，只有在产出增加的情况下才能缓解。

效率确确实实向前推动增长。通过减少劳动力（和资源）投入，随着时间的推移，效率降低了产品的成本。这具有刺激需求和促进增长的作用。技术进步非但没有降低产品的生产量，反而通过降低要素成本，提高了产品的产出。[17]

"反弹"现象证明了这点。例如，通过提高能源效率节省的钱，会花在其他产品和服务上。这些产品本身的能源成本抵消了通过效率节省的成本，有时甚至是完全勾销（这种情况被称为"事与愿违"）。比如说，将节能照明省下来的钱，花在廉价短程航班上（正如英国一家超市最近的推荐），是万无一失的秘方。[18]

这种有点违反直觉的动态，有助于解释为什么简单化的效率诉求，永远不足以实现可持续性所要求的脱钩水平。简言之，"相对"脱钩有时具有"降低""绝对"脱钩可能性的逆潜力。

但效率自身也不能保证事情的成功。鉴于以下几个原因，让同样的事情越来越高效是行不通的。首先，在特定的过程中，效率的提高有物理极限。在基本层面上，这些约束是由热力学定律确定的。[19]

其次，如果不能实现多样化和创新，就有输给能生产更令人兴奋、更新产品的竞争对手的风险。经济学家约瑟夫·熊彼特（Joseph Schumpeter）率先提出，事实上新奇性作为创新过程，是推动经济增长的关键。他说，资本主义是通过"创造性破坏"的过程进行的。新技术和新产品不断涌现，颠覆现有的技术和产品。最终，这意味着即使是成功的公司，也不能仅仅通过成本最小化存活下来。[20]

委内瑞拉经济学家卡洛塔·佩雷斯（Carlota Perez）描述了创造性破坏是如何促成了连续的"资本主义时代"。每次技术革命"带来的不仅是生产结构的全面改组，而且最终是治理、社会，甚至是意识形态和文化的体制变革"。[21]

在这样的环境下，适应和创新的能力，即设计、生产和营销不仅更便宜，而且更令人兴奋、更新的产品是至关重要的。在这个过程中失败的企业，将面临是否能存活的风险。美国经济学家威廉·鲍莫尔（William Baumol）写道，"企业之间的竞争演化到如此程度，创新成为对付竞争对手的首要武器。在这种情况下，没有一家企业敢在创新竞赛中落后，落伍者受到的惩罚往往是企业的死亡。"[22]

显然，整体经济并不在意个别公司是否碰壁。实际上，这必然是创造性破坏过程中的破坏部分。然而，如果创造性破坏的过程停止了，就是另外一回事了，因为如果没有它，经济扩张最终也会停止。

企业家的远见卓识，在这里至关重要。但投资者的作用也是如此。只有通过持续的投资周期，创造性破坏才有可能。当信贷枯竭时，创新也会枯竭。熊彼特认为，当创新停滞时，长期增长的潜力本身也会停滞。

关于这一点，人们不禁想知道，这种自我存续但有点抽象的创造性资本主义愿景，与普通人的需求和欲望之间有什么联系。在组织人类社会以确保满足人们的物质需求方面，生产和消费的循环流动曾经可能是有用的方式。但是这种创造性破坏的持续循环，与人类的繁荣有什么关系呢？

这种的自我存续的体系，真的在某种意义上，为繁荣做贡献了吗？难道不存在这样一个临界点，即适可而止，我们应该简单地停止生产和消费这么多东西吗？

很明显，阻止这种情况发生的因素之一，是系统本身对持续增长的结构性依赖。迫切需要销售更多的产品、持续不断的创新、刺激越来越高的消费需求水平，这些都是由对增长的追求驱动的。但现在这种迫切需要是如此强烈，似乎损害了它应为之服务之人的利益。

创造性破坏的循环变得越来越频繁。消费品的设计为的不是耐用，而是是否容易过时，因此产品寿命迅速下降。质量被无情地牺牲给了批量生产。抛弃型社会与其说是消费者贪婪的结果，不如说是生存的结构性先决条件。新奇感已经成为经济扩张的征召和媒介。

这并不意味着创新总是破坏性的，或者说创造力本质上是不好的。恰恰相反，创新精神可以而且确实丰富了我们的生活。这样做的潜力早已得到证明。支持者非常正确地指出创新的企业家精神能够带来的人类利益。例如，医学的进步有助于延长寿命；体验的多样性有助于提高现代人的生活质量。[23]

但在贯穿资本主义的结构动力中，我们也不能将新奇感视为完全中立。实际上，这里甚至还有更根深蒂固的东西在运作，密谋将我们牢牢地锁定在增长周期内。如果家庭没有新奇消费的市场，新奇产品的持续生产对公司来说几乎没有价值。认清这种需求的存在并理解其本质是至关重要的。

社会逻辑

对新奇事物的渴望与消费品在我们生活中发挥的象征作用密切相关，这个发现也许并不奇怪。我们已经看到（第4章），人工物质制品形成了我们用来相互交流的强大"商品语言"——不仅关乎地位，还有身份、社会关系，甚至——如通过赠送和接受礼物——还涉及我们对彼此的感情、对家庭的希望以及对美好生活的梦想。[24]

这并不是要否认物质产品对我们的基本物质需求，如食物、住所和保护，是必不可少的。恰恰相反，这个作用对我们生理的兴盛至关重要，如健康、预期寿命、活力。

但物品不仅仅是物品。人工消费制品在我们的生活中所起的作用，远远超出了它们的物质功能。通过商品，物质过程和社会需求紧密联系在一起。物质产品提供能力，推动我们参与社会生活。并且，就实现这个目标而言，它们为我们的繁荣做出了贡献（第3章）。

消费者研究者鲁斯·贝尔克命名的情感投注，是这里的关键心理过程之一：一种依恋的过程，引导我们将物质拥有作为"自我延伸"的组成部分来思考（甚至感受）。[25]这个过程随处可见。我们与自己的家庭、汽车、自行车、照片、书籍、CD或DVD收藏、最喜爱的衣服等的关系，都具有成为或似乎成为"我们组成部分"的这个特征。

我们对物质东西的依恋有时是如此强烈，以至于当从身边夺走它们时，我们甚至会有失落感和丧亲之痛。营销大师欧内斯特·迪希特（Ernest Dichter）在《欲望科学》（The Science of Desire）中声称，"空洞的双手紧抱着荒唐可笑的财产，因为它们是生命链条上的环节。没有它们，我们真的就迷失了。"[26]

在这样的依恋中，有些会转瞬即逝。它们瞬间迸发出新奇的火花，而当其他事物吸引我们注意力时，它们又会突然熄灭。还有一些会持续终生。拥有物有时为我们最珍贵的记忆和情感提供了庇护所。它们让我们能够识别生活中神圣的东西，并将其与世俗区分开来。

这种唯物主义，尽管会有缺陷，甚至提供了某种宗教慰藉的替代，但在世俗的世界，当情况不好时，有期望的东西特别重要。零售疗法有效是有原因的。[27]

新奇感在这一切中起着绝对核心的作用。当然，首先新奇感总能传达社会地位的信息。正如托尔斯坦·凡布伦（Thorstein Veblen）在一个多世纪前指出的那样，"炫耀性消费"是通过新奇感进行的。许多最新的消费用品和时尚，最初只有富人才能接触到，因为是小规模生产的，新产品本身很昂贵。它们甚至可能被故意以高价推出，以吸引有能力为社会差别出钱的那些人。[28]

差别之后是模仿。社会比较——向邻居看齐，迅速扩大对成功产品的需求，促进大规模生产，让许多人都能买到曾经的奢侈品。而纯粹的财富和种类繁多的物质产品也有大众化的成分。它容许越来越多的人着手发明和重塑他们的社会身份，寻求在社会中的可信地位。

可以说，正是这个物质产品的聚宝盆，以及它在不断重塑自我中的作用，使消费社会区别于它的前身。人工物质制品总是能够承载象征意义，经常被用来确立社会地位。这些丰富的人工物质制品，只有在现代性中，才能被深深地卷入到如此多的社会和心理过程中。

现代社会甚至盗用产品的象征作用，来探索深层的存在问题：我们是谁？我们的生活是关于什么的？在这里，仅新奇感本身就是诱人的。它提供了多样性和刺激性；它让我们有梦想和希望；它帮助我们探索理想生活的梦想和抱负，逃避我们生活中有时严酷的现实。[29]

正是因为物质产品虽有缺陷但貌似合理地代表了我们的梦想和愿望，消费文化从表面上看似乎运作良好。人类学家格兰特·麦克拉肯（Grant McCracken）认为，消费品为我们通往最高理想提供了有形的桥梁。当然，它们未能提供真正实现这些理想的途径，但在失败中，它们打开了对未来的桥梁的需要，刺激了我们对更多产品的欲望。消费文化之所以能够永存，正是因为它如此成功地善于失败！

此外，重要的是要记住，这种动态绝不会耗尽我们与物质产品的关系。对我们来说，消费在简单的物质层面也是至关重要的。它既关乎平凡的日常生存，也关乎身份、归属、志向和自我表达的社会与心理过程。但正是这种社会动态，而不是生理旺盛，能够解释我们对物质产品的欲望如此贪得无厌的原因，以及新奇感对我们很重要的原因。

新奇感和焦虑

将这个系统视为病态而不予理会，是吸引人的。在某种意义上，它显然是这样的。心理学家菲利普·库什曼（Philip Cushman）认为，扩展的自我最终是"空洞的"自我，持续地需要"被食物、消费品和名人'填满'"。在最极端的情况下，这种需要会导致强迫性购物、不可持续的债务和心理绝望。[30]

但同样至关重要的是要承认，这种病理不只是人类心理某些内在品质的结果。我们天生不是无助的受骗者，太懒散或软弱以致于无法抵抗广告商的操纵。相反，人类面对逆境的创造力、情商和韧性随处可见，即使是在明显病态的消费主义面前也是如此。

确实如此。从这个分析中得出的结论是，空虚的自我是强大的社会力量和现代社会特定制度的产物：个人听命于社会比较；制度沉湎于追求消费主义；经济的生死存亡依赖于消费。

也许这一切中最有力的一点是，家庭对新奇感的持续消费与企业对新奇感的持续生产之间存在过于完美的匹配。"空虚自我"无休止的欲望是对企业家无休止的创新的完美补充。通过创造性破坏产生的新奇感，驱动（并被驱动）消费者对新奇感的欲望。

这两个自我强化的过程叠加在一起，恰好是推动增长所需要的。正如生态经济学家道格拉斯·布斯（Douglas Booth）所言，"新奇感、追求地位的消费者和追求垄断的企业家融为一体，巩固了长期经济增长的基础。"[31]

也许并不奇怪,这种无休止不一定必然能带来真正的社会进步。有时它甚至会破坏幸福感并导致社会衰退。这其中有些相当明确的原因,其中之一是这个由焦虑驱动的系统。

延伸的自我部分是由空虚自我的焦虑驱动的。社会比较是由处于社会有利地位的渴望驱动的。在消费市场的竞争中被甩在后面的担忧,让创造性破坏挥之不去。兴旺或死亡是丛林的格言,在消费社会同样也是如此。

这是个焦虑的,并且在根本上是个病态的系统,但在某个层面上,它是奏效的。对新奇感的不懈追求可能会破坏幸福感,但只要保持流动性和需求持续增长,该系统在经济上仍然是可行的。这两者中只要有一个熄火,它就会崩溃。

另一方面,它看起来越来越不像某个地方,脱钩在此能够为我们提供可行的逃离路径,打破破坏性物质主义的僵局。自然和结构共同发挥作用,把我们牢牢地封锁在消费主义的铁笼里。对人类和地球造成的后果充其量也只能说是惨淡的。

然而,这里还有一些令人不安的事情。消费经济真的如此完美地符合人性吗?正如伏尔泰(Voltaire)笔下的老实人可能说过的那样,我们真的生活在"所有可能的世界中最好的那个"吗?或者更确切地说,人性有据可查的特定方面——我们的自私、对地位的追求、对新奇感的欲望,甚至精神饥渴,所有这些仅仅是维持经济体系运转所需要的吗?系统仍在为我们服务吗?或者更确切地说,我们现在是在为系统服务吗?逃离消费主义的铁笼要求我们解决这个关键问题。

第 7 章

极限内的繁荣

节俭是英语中最美丽、最快乐的词汇之一,然而到目前为止,我们在文化上被剥夺了对它的理解和享受。消费社会让我们觉得,幸福在于拥有,却没有教会我们不拥有的幸福。

——埃莉斯·博尔丁(Elise Boulding[1]),
1973 年

2008 年中期，雷曼兄弟倒闭前不久，英国家庭部门的储蓄率达到了前所未有的低点。自 20 世纪 90 年代初以来，随着个人债务水平的惊人上升，储蓄率差不多在持续下降。到 2008 年第一季度，家庭债务几乎超过了整个国家的 GDP，消费超过实际可支配收入近 7%。[2]

英国的以及其他几个发达经济体的家庭，"刷爆信用卡"，耗尽存款，只为了留在游戏中。这件事似乎强调了上一章得出的每一个残酷结论：为了给他们不在乎的人留下不持久的印象，普通人把不属于自己的钱，花在不需要的东西上的。

然而接下来，在这个危机时刻，一件奇怪的事情发生了（如图 7.1 所示）。储蓄率突然扭转了不顾一切的下降趋势，急剧转向相反的方向。它在一年时间里夺回的地盘，比 20 世纪 90 年代以来所有失去的还要大。

如图 7.1 所示，这个失而复得的节俭，存活期极其短。除了在动荡的后危机时期，现金储蓄率出现过一两次逆转外，已经恢复了急剧下降的趋势。到 2015 年，储蓄再次陷入负增长而停滞不前，这再次引发了人们对经济健康状况的担忧（见第 2 章）。

无增长的繁荣

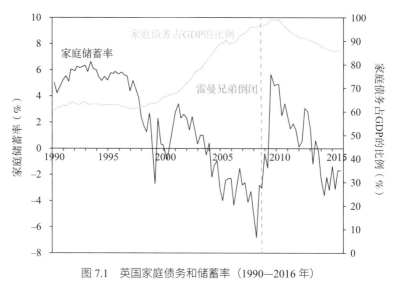

图 7.1　英国家庭债务和储蓄率（1990—2016 年）

资料来源：数据来自英国国民经济核算（见注释 2）

但在这里，我的要点不是预测下一场危机，恰恰相反，是要强调商业大街奇怪的顺周期行为。当经济衰退频频招手，经济收缩处于历史低位时，普通人的本能似乎不再是花钱、花钱、花钱，而是保持低调，存一点钱，专注于更长期的需求而非短期的乐趣，似乎更加关注自己和家庭的财务安全。

有两种事情让这类经济行为妙趣横生。第一个有趣的特点是它终究还是发生了。如果人类真的是贪婪猎奇的享乐主义者，在繁荣时期为保持经济增长提供了出色的服务，那么在危机时期如何保持自我克制呢？如果需要的话，这里至少有"确凿"的经济证据表明，人们不仅是短期寻欢作乐者。与第 6 章图景描述的情况相比，有时人类心理会寻找更加谨慎的出路。

第二个有趣的特点是这种出人意料的不愿消费与经济增长

动力不匹配。经济学家约翰·梅纳德·凯恩斯称之为"节俭悖论"。在这些情况下,审慎的正常规则被颠覆了。对于个人(或企业)来说,在危机中想努力多存点钱是完全合理的。但事实证明,这既不利于增长,最终也不利于储蓄。增多的储蓄会进一步抑制在商业街的支出,加深和延长了衰退。

1955年,美国营销顾问维克托·勒博(Victor Lebow)写道,"我们极其高产的经济,要求我们把消费作为生活方式。我们将购买和使用产品转化为仪式,在消费中寻求精神满足和自我满足。"他总结道,经济体系本身对持续扩张的依赖,意味着我们"需要不断地加速消费、烧毁、磨损、更换和丢弃东西"。[3]

这是一个诱人的迹象,表明自然和结构之间的紧身适配可能并不如此完美。这个看起来人类心理需求与经济需求似乎巧妙结合的系统,现在好像开始要背道而驰了。经济成功依赖于说服人们回到商业街去消费,但这个要求已不再那么容易引发普通人的共鸣。政治家、决策者、银行家、金融机构和广告商现在发现,他们必须更加努力地工作,鼓励人们在"让经济回到正轨"的这类上支出。

2008年10月,在金融危机最严重的时候,时任伦敦市长鲍里斯·约翰逊(Boris Johnson)为新的大型购物中心揭幕。他在电视摄像机前挥舞着信用卡,仿佛过度扩张的信贷与我们已经陷入的困境毫无关系。在谈到参加开幕式的众多人群时,他说,伦敦人做出了"明智的决定,避开周四上午,出来购物"。[4]

2001年,"9·11"恐怖袭击发生后,乔治·布什(George Bush)在镜头前现身,发出了类似的著名呼吁:"夫人和我想鼓励各地的美国人出去购物。"在特别的情境下，关于这个特殊的声明，可能会有各种各样的说法。但就政客让人们继续花钱，作为极端做法有说服力的范例，这可能是最佳的。[5]

但是问题不在于人们是否听从这些劝告，或者增长是否会"恢复"，而是如果经济如此完美地符合人类的需求，那么这种程度的劝告应该是完全必要的。一旦我们承认情况可能并非如此，在某些时刻和情况下，经济的需求和人们的需要可能相互对立，值得注意的是，我们开始发现了大量有关这种脱节的证据。

物质主义的悖论

经济的任务是实现和赋能繁荣，但繁荣并不是物质财富的同义词，它的要求超出了物质食粮。更确切地说，繁荣与我们身体、心理和社会的兴盛能力有关。除了单纯的存续或存活，繁荣与我们有意义地参与社会生活的能力紧密相连。

这项任务既是物质的，也是社会的和心理的。这就引发了一种有趣的可能性，即在第3章中首次描述的，人类可以在物质消费水平相当低的情况下繁荣昌盛；我们甚至可能用更少的东西，获得更好的产出，更大的社会凝聚力和更高的个人满足感。

当物质需求被满足后，我们就可以完全抛弃物质类的东西，但是这个吸引人的想法，却在一个简单而有力的事实面前站不住脚：物质产品提供了一种必不可少的语言，通过它我们可以相互交流真正重要的事情，如家庭、身份、友谊、社区、生活

第 7 章 极限内的繁荣

目的。结果是物品和故事互相紧密纠缠在一起。

这里显然有个悖论。如果参与真的重要,并且物质产品提供了一种语言来推动它,那么更富有的社会应该展示关于它的更多证据。但情况似乎恰恰相反,而且已经持续一段时间了。

早在 40 多年前,生态学家默里·布钦(Murray Bookchin)写道,现代社会早已达到了"某种程度的匿名化、社会原子化和精神异化,这在人类历史上几乎是前所未有的"。在这个千年之交,在富有争议的著作《独自打保龄球》(Bowling Alone[6])中,社会学家罗伯特·帕特南(Robert Putnam)记录了这类社会崩溃的程度。

在金融危机发生之前的多年里,现代西方社会早已陷入了社会衰退。来自政治左派的评论员指出,焦虑和临床抑郁的发病率不断上升,酗酒和豪饮日益增多,工作士气下降。右派人士强调了社区崩溃、社会信任缺失以及日益增长的政治冷漠。虽然根据评论员的政治派别,变革的处方各不相同,但是对这个现象本身,存在着惊人的共识。[7]

这个悖论的程度因国家而异。调查倾向于表明,斯堪的纳维亚国家保持着较高的信任和归属感。拉丁美洲经济体的主观幸福感往往优于其他国家。而在苏联解体近 25 年后,东欧国家的社会幸福感仍然较低。[8]

毫不奇怪,紧随金融危机之后,人们对政治机构,尤其是金融机构的信任,大幅下降。但是人们也承认,造成信任破裂的部分原因,多多少少是因为地域性社区的削弱。

为英国广播公司(BBC)开展的一项研究,证实了这个趋势。该研究使用了一项指数，测量了 BBC 覆盖区域的地方社区，揭示了英国社会自 20 世纪 70 年代初以来的显著变化。虽然收入在 30 年内平均翻了一番，但在每个被测地区，BBC "孤独指数"都有所增加。事实上，该报告的一位作者评论说，"即使是 1971 年最弱的社区，也比现在的每个社区都强。"[9]

与世隔绝的人越来越多，有许多不同的原因。这项研究主要把这些变化与提高的流动性联系在一起。据 BBC 报道，"财富的增加和交通的便利，使得人们为了工作、退休、上学和新生活，更加容易搬家。"他们也许还提到，劳动力的流动是增长型经济提高生产率的要求之一。

换句话说，这种证据让人产生了一种暗中的怀疑，即现代社会的消极方面在一定程度上要归咎于对增长本身的追求。作为我们兴盛能力的证据，它看起来并不好。并且更令人费解的是，为什么富裕社会继续追求物质增长。

没有羞耻感的生活

阿马蒂亚·森在其早期关于"生活水平"的研究中，差点就破解了这个谜团。森认为，在所有社会中，生理兴盛的物质需求往往相当相似。毕竟，人类的基本新陈代谢在各个物种中变化不大。然而关键的是，与社会和心理能力相关的物质需求，在不同社会中存在广泛的差异。

森的论点使人回想起亚当·斯密关于羞耻感在社会生活中重要性的见解。斯密在《国富论》(*The Wealth of Nations*) 中写道，"例如，严格来说，亚麻衬衫不是生活的必需品。但在当今时代,在欧洲的大部分地区,一位值得尊敬的日间劳动者,如果没有穿着亚麻衬衫出现在公共场合,会感到羞耻。缺少亚麻衬衫将被认为是穷得可耻的表现。人们假定,如果没有极端恶劣的行为,任何人都不可能陷入如此境地。"[10]

森把这个论点扩展到更广泛的产品领域和更深入的繁荣感。他在"生活水平"中说,为了过"没有羞耻感的生活,为了能够拜访和款待朋友,为了跟进正在发生的和其他人正在谈论的事情等,在普遍更加富裕的社会里,虽然大多数人已经拥有了诸如交通工具、昂贵的服装、收音机或电视机等事物,但还需要更昂贵的一揽子产品和服务"。简而言之,他建议道,"同样的绝对能力水平,可能对收入(和商品)产生更大的相对需求。"[11]

同样,更高的收入要为减少的繁荣负部分责任,暂时先把这个事实放一会,这里还有个更惊人的观点需要注意。如果我们想当然地认为物质商品对社会功能不可或缺,那么我们就必须接受,绝不存在我们都能够说"适可而止"的某个点。

这就是森的观点的逻辑。适当社会运转的基准始终是当前的商品水平。避免羞耻感——人类行为的一个关键动力,将无情地推动物质需求前往任何地方,除了完全平等的社会之外。

实际上,这是对第6章探讨的社会逻辑的不同重构。但是这个社会陷阱现在更加明显。在个人层面,避免羞耻感是完全有意义的,因为这对社会(和心理)的兴盛至关重要,但在消费社会,这样做的机制有内在缺陷。在社会层面,它只会导致分裂和失范。并且如果这样的话,它也会破坏个人的最佳意图。

令人怀疑的是，看起来好像产品语言没有很好地发挥它的作用。所有剩下的只是一小块不体面的碎片，试图确保我们接近这堆东西的顶端。最让人担忧的是，这个现存范式的社会陷阱无法逃脱。

尽管社会进步依赖新奇感和焦虑的自我强化循环，但问题只会变得更加糟糕。物质产出量将不可避免地增多。在生态极限内繁荣的前景也烟消云散。繁荣本身（这个词在任何意义上）正处于威胁之下。不是来自金融危机，甚至也不是来自持续的经济脆弱性，而是来自物质主义的无情涌动，来自使其永久化的经济模式。

替代的享乐主义

这种认为社会是一个无情地追逐物质利益的过程的观点，如果它能站得住的话，也只有在面对来自各种惊人来源的强烈抵制时才站得住。甚至约翰·斯图亚特·穆勒（John Stuart Mill）也对此愤怒斥责。他在1848年写道，"有人认为，人类的正常状态是，挣扎着前进、踩踏、挤压、肘推和互踩脚跟，这些构成社会生活的现有类型。这是人类最渴望的命运。对于他们提出的生活理想，我并不着迷。"[12]

穆勒提出了替代愿景。他宣称，"人性的最佳状态，是在没有人贫穷的同时，没有人渴望更富，也没有人因为有人要努力把自己向前推进，而无理由地害怕被挤到后面。"

如果不是因为它来自古典经济学的创始人之一，我们很容易将其视为天真的乌托邦主义而不予理会。穆勒并没有说，他提出的更人道主义的愿景，是最有可能的人性状态，只是认为它是最好的，代表了人类最好的而不是最坏的方面。这是承认，如果需要的话，人性自身有必要的手段以大体文明的方式行事。而且，与19世纪中叶所见的作坊小镇和济贫院的组织方式相比，以更好的方式组织社会的可能性是值得追求的。

自私竞争的无情作用和日常生活的过度商品化，特别是在过去的几十年中，一直是批判资本主义中反复出现的主题。哲学家凯特·索珀（Kate Soper）指出，人们对"替代的享乐主义"——传统市场之外的满意度来源的兴趣与日俱增。她描述了人们对现代生活的普遍失望，即感觉消费社会已经过了某种关键点，物质主义目前正在积极减少人类福利。[13]

我们急于逃离工作和消费的循环，正在忍受"现代生活的杂乱和浪费带来的疲劳"，渴望某些被侵蚀的人类互动形式。索珀表示，我们欢迎干预措施来校正这种平衡。向另外一种替代的享乐主义迁移，将带来生态更加可持续的生活。这种生活更令人满意，也更让人幸福。[14]

有些显著的统计证据倾向于支持这个观点。心理学家蒂姆·卡斯尔（Tim Kasser）强调了他所称为的物质主义的高昂代价。物质主义价值如流行、形象和财务成功，与"内在价值"（如自我接纳、隶属关系和社区的归属感）在心理上是针锋相对的。然而，后者代表着我们最深层的幸福来源。它们是繁荣的组成部分。卡斯尔的发现令人震惊。与拥有物质主义价值观的人相比，内在价值观越高的人更快乐，对环境的责任感也更高。[15]

社会心理学家赫尔加·迪特马尔（Helga Dittmar）最近领导

的一项元研究，也支持这个观点。迪特马尔写道，"每天，成千上万的广告告诉我们，只要有钱、有财产、有适当的形象，人们就会快乐、有价值和成功。然而，无数跨越时间和文化的哲学和宗教观点表明，将生命重心放在获取金钱、财产和地位上，会消耗人的精神并降低生活质量。"[16]

这项研究收集了来自世界各地 175 项与物质主义和幸福之间关系相关的独立研究的统计证据。迪特马尔和她的同事发现，"在多种类型的个人幸福与人们对物质生活追求的信仰及优先考虑之间，存在着明显的、一贯的负相关"。

这个发现非同寻常，不仅因为它突显了社会日益物质主义的危险，还因为它表明，在更不物质主义的生活中，确实有双重或三重红利：当人们赞同内在目标，将自己融入家庭和社区时，会更幸福，生活也更可持续。这一证据表明，在极限内的繁荣确实是有可能的。

寂静的革命

世界各地众多的"社会实验"，正在实践探索这种可能性。在反对消费主义涌动的过程中，已经有人拒绝了"外出购物"的劝告，宁愿把时间花在照顾他人或不太物质的追求上，如园艺、散步、欣赏音乐或读书。一些人（近期某项研究样本数的四分之一）报告说，正是为了能够实现这些目标，他们接受了较低的收入。[17]

在这场内在价值观的寂静革命之外，还有一系列更激进的举措，旨在过更简朴、更道德和更可持续的生活。在某种程度上,"自愿简朴"是一整套人生哲学。它广泛地汲取了印度文化领袖圣雄甘地(Mahatma Gandhi)的教诲。他鼓励人们"简朴地生活,让别人可以活"。1936年,一位甘地的追随者将自愿简朴定义为"避开外部杂乱"和"为了一个目的精心安排生活"。前斯坦福大学科学家杜安·埃尔金(Duane Elgin)重拾这个主题,将这种"外在简朴、内心丰富"的生活方式,作为修正人类进步的基础。[18]

心理学家米哈伊·契克森特米哈伊(Mihalyi Csikszentmihalyi)为这个假设提供了科学依据:当我们从事既有目的又不那么物质的活动时,我们的生活会更令人满意。他说,在所需的技能和完成所期待任务的相关挑战之间,这些情况更有可能提供良好的平衡。这种技能和挑战之间的平衡会形成特定的心理状态,米哈伊将其描述为"心流"——在艺术、娱乐和工作等活动中高度专注和沉浸的状态。[19]

个人努力过更简单的生活更有可能在一个相互支持的社区中实现。这种认识使得所谓的"共愿社区"涌现出来,人们聚集在一起,按照共同宣告的目的,追求更简单、更可持续的生活。有趣的是,其中一些举措开始于精神或宗教社区,试图创造一个空间,让人们可以重新享受过去由宗教机构提供的沉思生活的维度。

苏格兰北部的芬虹社区就是这方面的例子。芬虹社区的根源在于对精神转变的渴望。它作为生态村的特征是最近才发展起来的,建立在正义和尊重自然的原则之上。另一个现代例子是梅村,这个位于法国多尔多涅地区的"正念"社区,由流亡的越南僧侣一行禅师（Thich Nhat Hanh）建立，现在为2 000多人提供隐居所。[20]

这些倡议是与北美的阿米什教派等更传统的宗教社区对等的现代产物；或者说与泰国的佛教寺院网络对等。每个年轻男性在进入职业生活前，都被期望在这里度过一段时间。

并非所有的网络都有这种明晰的精神特征。在21世纪初期，出现了一系列旨在让社会简朴和帮助人们活得更可持续的世俗倡议。例如，2001年在北美发起的"简约论坛"是一个松散的世俗网络，其由致力于"实现和尊重简朴、公正和可持续的生活方式"的"简约领袖"组成。[21]

在许多发达经济体中，这些举措获得的支持令人惊讶。一项关于澳大利亚减慢节奏的研究发现，23%的受访者在研究前的5年中，曾放慢过生活节奏。令人震惊的是，83%的人感到澳大利亚人过于物质主义。美国早些时候的研究也发现，28%的人已经采取了一些简朴生活的措施，62%的人表示了这样做的意愿。在欧洲也发现了非常相似的结果。[22]

推动这些倡议的想法是这类变化有些对我们的生活质量有真正的好处。意大利记者卡洛·佩特里尼（Carlo Petrini）对于在罗马斯帕尼亚广场开设快餐店的抗议，是"慢运动"的起源。从这里首先出现了"慢食运动"，随后产生了"反对越快总是越好观念的文化革命"。[23]

到21世纪第一个10年结束时，减少物质生活方式的质的好处已成为以社区为基础的环境变化倡议的核心要素。在英国一个名叫托特内斯的单一转型镇，诞生了转型运动。一小群活动家在这里发起了以当地社区为基础的运动，吸引人们改变生活方式，改革当地基础设施。该倡议是为应对资源稀缺和气候变化的双重威胁而诞生的。[24]

这个范例迅速扩散到其他城镇和临近区域。创始人制定了一套指导方针，旨在向全世界推广这个理念。这些指导方针概述了组建地方社区团体的实践过程，并告知他们如何利用当地的办法来解决全球问题。但他们也强调社会和个人的转变过程必须与之一致，重视少物质化、低能源强度生活方式的集合优势。[25]

关于这些倡议是否成功的研究相当有限。但的确有这方面的研究，结果也很有趣。首先，有证据确认"简朴者"似乎更快乐。有时可能用更少的东西，获得更多的快乐。自愿减少消费，能够提高主观幸福感，这与传统模式完全相反。[26]

与此同时，共愿社区仍然处于边缘。它们的精神基础并不是对每个人都有吸引力，世俗版本似乎对消费主义的入侵抵抗力更弱。其中一些倡议严重依赖拥有足够的个人资产，为追求更简朴的生活方式提供所需的经济安全。

更重要的是，即使是那些社会变革先锋，结果也会被冲突所困扰——既有内部的，也有外部的。这些冲突的产生是因为人们发现自己在社交世界中存在分歧。有意义的繁荣的关键因素，即参与社会生活，其本身成为一种挑战。确确实实，人们正努力在与控制社会的物质、制度和社会结构的对抗中生活。[27]

关于主导结构反常效应的例子有很多：私人交通比公共交通激励更大；司机优先于行人；能源供应得到补贴和保护，而需求管理往往混乱且昂贵；垃圾处理的经济和行为成本低廉；回收需要时间和努力，而且"便利中心"稀少且分散，往往早已堆满了垃圾。

同样重要的是，政府、监管机制、金融机构、媒体和教育系统发出的信号微弱但值得警惕：企业工资高于公共部门，特别是在高层；护士和护理行业人员的工资一直较低；私人投资以高贴现率减记，使长期成本隐形；成功取决于物质状态（工资、房屋面积等）；孩子们成长为"购物一代"，沉迷于名牌、名人和地位。[28]

难怪人们试图更加可持续地生活，却发现自己与周围的社会格格不入。这些不对称代表了一种消费文化，发出所有的错误信号，处罚亲近环境的行为，使得人们即使积极性高，也无法在没有个人牺牲的情况下，采取可持续的行动。

当我们开始探索治理问题时（第10章），我将重回到这点。显而易见，认真对待这个事实是重要的。作为社会变革的实验室，在指明生态极限内繁荣的可能性方面，共愿家庭和社区至关重要。在强调资源主义的局限性方面，它们也很关键。

让人们抵制消费主义的劝告过于简单，注定会失败。特别是当政府发出的信息前后矛盾时，人们很容易识别这种不一致，并将其视为虚伪或更坏的事情。在当前条件下，这无异于要求人们放弃作为社会动物的关键能力和自由。在我们的社会里，抵制这些要求绝非不明事理，不抵制才是荒谬的。

在事件的正常过程中，社会条件决定了普通人寻求的生活规则。文化塑造和制约着我们的生活。当事情顺利时，社会结构与集体价值观保持适度一致,并提供一个文化框架,让我们可以在其中繁荣昌盛,容许我们过有意义、有目的的生活。当情况不好时,制度结构就会对人类价值观开战,侵蚀繁荣、损害社会。

我认为,这恰好是我们发现自我之处。它解释了对消费主义无休止的不满,发现了节俭和物质主义悖论的意义,推动了以价值为导向的反消费主义的兴起。它还从宗教、哲学、智慧传统、诗歌、文学和艺术对人类状况长期一脉相承的洞见中汲取支持:我们不是,也从来不是,传统经济学所期望和需要的完全自私的享乐主义者。这种对人性简单却极具破坏性的误解,正是现代资本主义的核心部分。

自私的演进

人类首先是自私的,最终是贪得无厌的。这个观点有错综复杂的漫长历史。在基督教的原罪教义中,可以找到它的一些根源。卢梭曾对此严厉抨击(见第 1 章)。但在人性模型中,它成为特别强大的化身,为现代经济学赋予特征并提供支撑。根据这个经济概念,不仅人们天生自私,而且正是这种自利,导致社会走向更大的善。[29]

《蜜蜂的寓言》(Fable of the Bees),1705 年首次发表的一首讽刺诗,是这个思想最早的表述之一。作者伯纳德·德·曼德维尔(Bernard de Mandeville)是荷兰医生,当时在伦敦居住。这首诗讲述了一个成功且兴旺的蜂巢的故事。在这个蜂巢里,蜜蜂突然变得诚实而高尚。在曼德维尔的诗中,这种影响是灾难性的。蜜蜂失去了一切成功的动力。蜂巢倒塌,剩下的蜜蜂离开后,去空心树过着空虚的生活。[30]

曼德维尔的意图是讽刺那些抱怨当时政治腐败的人。曼德维尔说,自利是经济活力的首要驱动力,因此符合社会的最大利益。《蜜蜂的寓言》认为,作为我们财富和福利的源泉,它不应该被指责或控制。

这首诗对苏格兰道德哲学家亚当·斯密影响特别大。作为广为承认的经济学之父,斯密在《国富论》中写道,"我们不能借着肉贩、啤酒商或面包师的善行而获得晚餐,而是源于他们看重的自身利益。"斯密说,每个人都在为自己的利益而不断努力。"他所看到的是自己的优势,而不是社会的优势",但"他在这点上,就像许多其他情况一样,被一只看不见的手所引导,去实现一个不在他意图之中的目的"。[31]

结果证明,"看不见的手"是个超级强大的比喻,一直是现代经济学的核心。尽管斯密本人热情地描写了企业利益的危险和政府限制它们必不可少的作用,但是这一简单的比喻激发了人们对不受约束的自由市场的强烈捍卫。在这个自由市场中,自我利益完全不受约束。经济学家爱德华·罗宾逊(Edward Robinson)写道,"资本主义制度的最大优点在于,成功地利用了恶人最恶意的动机,为社会带来最终利益。"[32]

为什么经济学恰好将自利与人性混为一谈,这仍然不容易理解。部分原因可能是这种省略赋予了数学模型简约性,经济学忙于开发它们来探索市场动态;也可能部分是因为差不多在相同时期,自利作为人类心理假定的中心地位,得到了进化论的支持。进化论是19世纪最强大的学术进展之一。

用最简单的话来说，达尔文的自然选择理论有两个关键组成部分：一是动植物特性自发变异的思想，二是选择这些变异的过程。从广义上讲，这个选择过程是一种竞争性斗争，适者生存，优胜劣汰。

达尔文刻画的这个过程，显然源于马尔萨斯的《人口论》(*Essay on Population*)（见第1章）。马尔萨斯对19世纪早期的思想产生了巨大的影响，时至今日仍然和环境问题产生共鸣。在达尔文去世后发表的一篇自传体文章中，曾经描述了将他的斗争概念移植到自己著述的过程。

达尔文写道，"1838年10月，也就是我开始系统考察的15个月后，因为消遣，我碰巧读了马尔萨斯的《人口论》，并在长期持续观察动植物习性中，为了解各地的生存斗争做好了充分的准备。我立刻想到，在这种情况下，有利的变异往往会被保留下来，而不利的变异则会被摧毁。这样的结果将是新物种的形成。"他接着写道，"就这样，我终于有理论来指导工作了。"[33]

达尔文的追随者和19世纪的教会之间激烈的思想斗争，既与创世的故事有关，也涉及该理论对人类特性的影响。在人类物种进化过程中，自然选择似乎赋予了自私无懈可击的重要性。如果选择发生在个体层面，从长远来看，应该有利于只表现出自私（即自我保护）行为的个体进化。自私不仅成了传奇，还获得了进化的地位。

注意到早期经济学和19世纪进化论思想之间的并行之处，妙趣横生。正如经济主体的自利被认为仿佛是被"一只看不见的手"引导,为社会带来最有利的结果一样,个体的自利也被认为是通过"适者生存"的引导,为物种带来最有利的结果。从此之后,经济学为了自利中心论,持续"借用"进化论的可信性。然而,这种可信性有着严重的,也许致命的缺陷。[34]

超越自私的基因

进化论的行为解释绝不局限于人类天生自私的观点。真正利他主义行为的存在,是生物学的一个事实。达尔文自己起初相信这个事实"不可逾越,实际上对我的整个理论都是致命的"。他自己试图解决这个问题,表明选择不仅对个体起作用,对科或群也是如此,这一提议从未得到明确的解决。[35]

差不多又过了一个世纪,"利他主义问题"才获得了更加令人满意的解答。1963 年,英国生物学家威廉·汉密尔顿(William Hamilton)发表了一篇具有里程碑意义的论文,其提出选择不是在个体层面,而是在基因层面进行的。这个提议(现已被广泛接受)提供了利他主义的进化机制,无须求助于群体选择的思想。尽管个体可能消亡,但他或她与物种其他成员共享的基因,由于牺牲而有了更好的生存机会。[36]

汉密尔顿的工作为人们期待已久的达尔文项目的延续奠定了基础,该项目旨在为人类心理学提供进化基础。在随后的几十年中,得益于进化生物学家从事的工作和之后出现的复杂人类行为神经科学,这个基础得到了加强和扩大。[37]

如果不是因为 20 世纪 70 年代中期出版的两本开创性畅销书,这些想法也许仍然局限在生物学的范围内。1975 年,生物学家爱德华·威尔逊（Edward Wilson）围绕社会生物学这门关于人类行为的新科学，出版了一本具有里程碑意义的著作《社会生物学——新的综合》(Sociobiology:The New Synthesis)。它牢固立足于正在兴起的对人类行为进化的见解上。

一年之后，理查德·道金斯（Richard Dawkins），一位年轻的牛津科学家，出版了著作《自私的基因》(The Selfish Gene)。他在书中延续了汉密尔顿关于基因是进化选择基本单位的见解，并探讨了它的影响。这两本书将人类行为的新进化理论推介给了广泛的、多样的读者。它们带来了兴趣轰动，也引发了不少争议。[38]

一些争议源于道金斯聪明、吸引人但有潜在误导的标题。许多人从这个标题中得到的结论是（道金斯本人有时也会断定），人类物种的自私永久地写在了基因里，我们对此无能为力。即使对证据进行严格的生物学解读，这也不合情理。只有在另一个完全不同的句子也是正确的情况下，这才是正确的，即利他主义也永久写在我们的基因中，我们对此也无能为力。

汉密尔顿和其他人所展示的是，基因的"自私"与人类的无私完全一致。即使基因的主要"目的"是自身遗传的延续——顺便说一下，这是对基因选择的高度拟人化的解释——假设人类的动机都是自私的，是完全错误的。进化并不排除道德、社会和利他行为。相反，人类的社会行为之所以进化，正是因为它们为这个物种提供了选择优势。

这种简单的见解带来了它对人类意义的更微妙的看法。自私显然是存在的，但不可否认，利他主义同样存在。这两种行为在我们中都有遗传的可能。在很长一段时间内，两者对我们这个物种都有进化优势。在战斗或逃跑的情况下，自私很好地为我们服务。但利他主义是我们作为社会物种进化的基础。

我们所有人都或多或少地在两者之间左右为难。其中的任何一个对另一个都没有绝对的统治权。进化心理学描述了自我价值观和其他价值观之间的人类心理的张力。同样有趣的是，从理解消费主义的角度来看，在追求新奇的价值观与保守或传统的价值观之间，它还发现了另一种张力。第一种是适应快速变化的条件。但对于提供必要的稳定来养育家庭和形成有凝聚力的社会群体，第二种绝对至关重要。

心理学家沙洛姆·施瓦茨（Shalom Schwartz）和他的同事将这些洞见形式化为人类基本价值理论。通过采用已在50多个国家测试过的量表，施瓦茨表明，我们价值观是围绕着心理组成中两种截然不同的张力（图7.2）构建的：一方面在自私（施瓦茨方案中的自我提升）和利他主义（自我超越）之间；另一方面在新奇（或对变化开放）和传统（或保守）之间。[39]

对这些张力的进化解释绝对有道理。随着社会在群体中的演变，人们被夹在个人需求和群体需求之间。当他们在有时充满敌意的环境中挣扎求生时，人们就被困在了适应和创新的需要与稳定的需要之间。换句话说，个人主义和追求新奇，两者在我们的共同生存中发挥着适应作用。但利他主义、保护主义或传统也是如此。

图7.2　人类心形进化图

资料来源：作者对施瓦茨环形理论的描述（见注释39）

因此，在一个极端，我们的表现肯定会像贪婪的新奇追求者一样。但在另一个极端，我们则完全准备好（正如本章开头例子的清楚展示）保持低调来保护资源。有时我们会被说服为了追求最新的时尚或潮流而大举借债；而在其他时候，我们尽可能快地把多余的钱塞在床垫下，只为未雨绸缪。

这张人类心形进化图揭示了问题的症结所在。我们在消费资本主义中创造的经济，特许并系统鼓励人类灵魂的某个特定部分——图7.2的右上象限。我们这样做的部分原因是，自私和追求新奇的行为为我们创造的经济提供了最好的服务。如果没有自私自利的享乐主义潜伏在我们心中，经济本身就有崩溃的危险。

这种智力自负和结构性弱点的结合，创造了一个自我实现的预言。正如博弈论研究者罗伯特·阿克塞尔罗德（Robert Axelrod）的证明，社会行为的平衡取决于社会如何建构。当技术、基础设施、制度和社会规范都奖励自我提升和新奇感时，寻求刺激的自私行为就会胜过更加保守的利他行为。[40]

但在社会结构赞同利他主义的地方，超越自我的行为会得到奖励，自私的行为会受到惩罚。当长期愿景融入我们的制度时，追求新奇感至少会有机会被更谨慎的行为缓和。

在不同的地方，每个社会都努力在利他主义和自私（以及新奇和传统）之间达成这种平衡。而这种平衡在何处实现，关键取决于社会结构。社会结构能够做出改变，也能够被改变。它们服从政策。所有证据表明，因为现有结构与人类的利益和价值观太不匹配，改变的时机已经成熟。

总之，我们正面临着不可避免的挑战。通过物质成功实现繁荣的有限形式，已经使我们的经济延续了半个世纪或更多时间。但这是完全不可持续的，现在正威胁破坏共同繁荣的条件。这种物质主义的繁荣愿景，必须废除。

经济的任务是在生态极限内提供繁荣，这个理念提供了落到实处最可信的愿景，但要实现它，只能通过支持社会行为和减少对非生产性地位竞争的结构性激励的变革。

这些变化带来的回报可能意义重大。更不物质化的社会将更幸福。更平等的社会将更不焦虑。更多地关注社区和参与社会生活将减少影响消费经济福利的孤独感和失范状态。

这一切对经济学来说到底意味着什么呢？如果我们沿着人类心理的这两条轴线，延伸它对人性的看法，经济学会是什么样子呢？如果它通过保护和培育对我们最重要事宜的制度来治理，经济将如何转型呢？接下来的几章将更详细地探讨这些问题。

第 7 章 极限内的繁荣

最重要的是，我们必须理解，不同社会、不同经济学的这个愿景，绝对不是"改变人性"的某种英勇要求，也不是要限制人类的可能性，而是要赋予我们自由成为完整的人，是要认识人类灵魂的深度和广度，是要创立一门反映这个愿景的经济学。

第 8 章

未来经济的基础

经济是充分利用生活的艺术。

——乔治·伯纳德·萧（George Bernard Shaw），
1910 年 [1]

我们生活在一个物质的世界。我们必须吃喝才能生存，必须找到住所和衣服来保护自己，必须为我们的孩子建学校，必须为生病的人建医院。我们日常的现实生活本质上是物质的。经济最基本的目标之一是提供这些物质需求。

但我们的生活从来都不是完全物质的。我们的社会世界与物质世界同等重要，有时甚至更重要。身份、爱、快乐、意义，这些都是我们之所以是人类必不可少的部分。

这些非物质产品本身不是可生产、可交易的商品，但它们每种都有物质足迹。我们通过礼物表达爱，通过财产定义自己的身份，通过购物缓解焦虑。物质产品是我们交流的语言，因为物质材料承载着所有亲密和缥缈的关系，欲望、归属、渴望、情感、重视等都是我们能够进行的对话。

这里没有什么内在的病态。物质主义不是贪婪的同义词。圣人也是有欲望的。商品的语言在每个人耳边不时耳语。我们甚至不必完全查知这些地下词汇。它们在表达上几乎是本能的，在表现上几乎是潜意识的，存在于每个有人类学证据的社会中。

但在消费社会中存在病态现象。其中之一是我们社会的一切过度物质化。消费主义导致绝大部分社会生活由物质表达：正如我们所见，这个过程既受经济的结构需求驱动，也受我们自身欲望和需求驱动，并因广告、营销和经济扩张的需求而大大加速。

消费主义的悲剧，不仅在于它正破坏着地球，而且在于这样做仿若是在追求虚假的神明和虚无的梦想。另一方面，这场悲剧提供了一个机会：以更加强健的人性观为核心，构建更好的进步愿景。这是我们创造与目的相适应的经济学的机会——能够带来持久繁荣的经济学。

正如我们将来所见，这项任务并不简单。但它是能定义，可具体描述的，为发展提供了令人惊讶的明确途径。我们可以为它阐明清晰的概念基础。通过具体的实证案例和可确定的任务，我们能够开始以此为基础再接再厉：系统地重构经济学，为社会进步的理念提供意义和希望。本章的目的就是构建这个过程。

我想特别关注未来经济的四个确定无疑的基础：企业性质、工作质量、投资结构和货币作用。我将论证，这四个要素的整合拥有实现经济根本转型的潜力，并可能带来持久繁荣。

企业即服务

从基本原理出发描述经济活动的性质，出人意料地容易。经济需要从这些经济活动中建立。企业有如下几个关键特征。

首先，企业必须以为人类繁荣提供能力为目标。其次，这必须在不破坏我们未来繁荣所依赖的生态资产的情况下发生。因此，企业需要低碳、高效地利用资源和本质上非过度采掘。简而言之，经济活动必须在地球上"小心行事"。最后，企业还应该为人们提供体面、满意的生活。就业在任何经济体中都很重要。工作不仅是谋生的手段，也是参与社会的关键途径。

凯特·拉沃斯（Kate Raworth）是前乐施会研究员，她将地球边界的概念（见第1章）与社会边界的概念相结合，并有效地把这些标准形象化：一套体面生活的最低标准包括食物、水、健康、能源、教育和工作。拉沃斯指出，尽管地球的一些边界已经被超越，但对庞大的世界人口而言，某些社会条件仍然没有达到。

"在保护人类免受严重匮乏的社会基础和避免关键自然门槛的环境上限之间，存在一个安全和公正的人类空间——形状像甜甜圈。"她写道，"正是在这个空间，人类福利和地球福祉得到了保证，它们之间的相互依存关系也受到尊重。"乐施会文件中列出的社会条件与本书确定的能力之间，有着明显的共鸣。[2]

关注实施这些能力的经济活动的本质，是本章讨论的关键问题。在不破坏环境质量和未来繁荣的同时，我们作为"生产者"，哪种企业可以提供有意义的工作呢？我们作为"消费者"，哪种企业可以提供有价值的商品呢？这似乎是一个过高的要求。但这里有个简单但潜力惊人的理念可以帮助我们，那就是服务的概念。

如果繁荣不仅关于物质材料，同样也与社会和心理功能相关——身份、归属、参与、创造，那么把经济活动仅仅看成是物质材料的生产量是错误的。恰恰相反，我们应该把企业的目标理解为提供改善生活质量的"人类服务"，如营养、居住、健康、社会关怀、教育、休闲、娱乐，以及对物质和自然资产的维护和保护。

在某种程度上，这些服务几乎总是依赖于材料。事实上，有时物质性是所提供服务的内在部分。食物、衣服、住所无疑是物质商品。但是，即使在这些情况下，从服务的角度重新定义经济活动，也是可能的。

食物本质上是物质，但营养服务绝不是食物数量的简单函数。事实上，这是食物摄入量的高度非线性函数。正如我们早已注意的那样（第3章）。更少（食物）有时是更多或更好（营养）。有些食物甚至可以被称为损害（至少在我们倾向的消耗数量上）。矛盾的是，有些"好的"可能结果变成了"坏的"。把重点放在服务而不是产品上，就是要认识到这些微妙之处。[3]

另一个好例子是"能源服务"的概念。人们想要的不是石油、煤炭或天然气本身和其附属品。当购买燃料时，人们的明确目的是从它们那里获取某些能源服务，如温暖、照明、移动动力。这似乎是一个随意的重新定义，但它有一些深远的影响。

例如，相同程度的温暖（或热舒适）可以通过许多不同的方式获得。在隔热良好的房子里，你可以享受与之相当的温暖，而消耗更少的石油或天然气。这里的关键点是，更少的石油或天然气消耗意味着更少的温室气体排放。

从服务的角度去思考，这揭示了人类活动脱碳或去物质化的新途径。当企业的价值主张围绕着去物质化服务的交付，而不是物质产品的制造时，就有巨大的潜力重新思考经济产出和物质生产量之间的关系。这种策略有时被称为"服务化"。[4]

"服务型经济"是发达国家近几十年来的发展特点。特别值得注意的是，这不只是向其转型的另一个框架。正如我们所见，在很大程度上，它是通过减少重工业，继续从国外进口消费品，以及扩大金融服务来支付它们来实现的。[5]

事实上，对所看到的有"服务化"潜力的任何行业，我们必须在原则上保持谨慎。例如，休闲娱乐是现代经济增长最快的行业之一，原则上应该是去物质化的首选。实际上，我们利用休闲时间的方式，可能造成多达25%的碳足迹。[6]

不过，实现这个想法显然还有一段路要走。关注服务，而不是物质产出，为企业的根本转型提供了潜力。归根结底，对我们来说，无论是营养、住房、交通、保健、教育，还是休闲，重要的是服务，而不是东西。几乎我们所有的需求都可以用服务来表述。[7]

也许令人惊讶的是，这类转型的种子已然存在，通常位于地方的社区倡议或社会企业中，诸如社区能源项目、当地农民集市、慢食合作社、体育俱乐部、图书馆、社区健康与健身中心、地方维修与维护服务、手工作坊、写作中心、户外活动、音乐与戏剧、瑜伽、武术、冥想、园艺、公园与开放空间的修复。[8]

用正式的术语来说，许多此类活动在传统意义上往往不太突出。它们代表了某种"灰姑娘经济"，处于消费社会被忽视的边缘，其中的一些几乎根本没有被登记为主流经济活动。[9]

因此，奇怪的是有人建议，服务业可以为"新的"增长引擎提供基础。美国生态经济学家罗伯特·艾尔斯（Robert Ayres）指出，在当前的范式下，更多的资源消耗（本身）就是"增长的驱动力"。他认为，"实际上，需要一个新的增长引擎，以无污染能源和销售非物质服务为基础，而不是污染产品。"[10]

经艾伦·麦克阿瑟基金会（Ellen MacArthur Foundation）推广，"循环经济"的概念广为流行，其中也隐含着同样的理念。循环经济的特点是再利用、再翻新、再制造和再循环战略。总体目标是在不损害物质产品可提供的服务质量的情况下，减少相关的线性生产量。[11]

就这个战略是否提供了新的增长引擎，我们将在第 9 章再次回到这个问题。这个建议本质上仍然是呼吁脱钩。增长仍在继续，而资源强度（希望还有生产量）也在下降。但至少这里有些类似蓝图的东西，在描绘这种经济可能的样子。它让我们更多地了解到，人们在这个新经济中在买什么，而企业在卖什么。

它还让我们深入地了解构成新服务经济特点的工作种类。在某些方面，它们与当下流行的消费经济工作有所不同。并且，也许更重要的是，正如我们在"工作即参与"所见，它们的种类可能更多。

工作即参与

工作至关重要。它不仅是谋生的手段，也是我们相互联系的重要因素——社会"黏合剂"的组成部分。好工作提供尊重、动机、满足感、社区参与，并且最好还提供意义感和生命的目标。

可悲的是，现实却大相径庭。太多的人被封困在低质量的工作中，工资也毫不稳定，还有人则因技术快速转型，饱受长期失业的威胁。这些过程对劳动者创造力的破坏,对社会稳定造成的威胁对经济的长期影响简直是灾难重重。

在金融危机中,青年失业率急剧上升,特别是在发达经济体中。目前在三分之二的欧洲国家,青年失业率超过20%。在希腊和西班牙,青年失业率超过50%。这不仅是对人的精力和才能的巨大浪费,而且是造成民众骚乱和社会动荡的原因。因此,任何可能提高就业机会和就业质量的战略都有巨大的溢价效应。[12]

在这个问题的核心,有个我们确认为资本主义关键动力的问题——追求劳动生产率的提高,希望不断增加每小时的工作产出。尽管它经常被视为进步的引擎,但它对提高劳动生产率的不懈追求,也让社会深陷困境(见第6章)。

随着每小时的工作时间变得更有生产力,实现任何给定水平的经济产出,所需的劳动时间越来越少。实际上,随着劳动生产率的不断提高,如果就业时间总量保持不变,总需求必须以同样的速度增长,一旦需求下降,甚至停滞不前,那么失业率就会上升。

随着劳动生产率的不断提高,只有一种方法可以逃脱这个"生产率陷阱",即通过减少每位员工的工作时间来获取回报,或者换句话说,在劳动力中分享可得的工作。

因此,缩短工作周的提案,近年来在某种程度上正在复苏,这或许并不奇怪。事实上,这个想法有着深厚的渊源。在20世纪30年代,约翰·梅纳德·凯恩斯发表了一篇题为《我们子孙的经济可能性》(*Economic Possibilities for Our Grandchildren*)

的文章，其预见到生产力的提高将使大家减少工作，花更多的时间与家人、朋友和社区相处。[13]

自凯恩斯写作以来，社会确实以增加休闲时间的形式，获得了一些通过技术实现的劳动生产率收益。自 1970 年以来，整个经合组织国家的工作时间减少了 12%，其中法国的下降幅度超过了 25%。如果没有这些工作时间的整体下降，发达经济体的失业率将远高于当前水平。[14]

因此，为确保每个人都能获得生计，通过减少工作时间来共享可用工作时间，是一项重要的战略，特别是在需求增长难以实现的情况下。

例如，生态经济学家彼得·维克托在一项旨在测试加拿大经济低增长或零增长情景的研究中就是追求的这个选项。减少工作时间是防止大规模失业的关键政策干预。实际上，在维克托的模型中，即使 GDP 产出趋于稳定，失业率也减少了一半。[15]

特朗普机床制造公司（Trumpf）位于德国南部城市迪钦根，通过工作分担成功地维持了就业，就是个有说服力的例子。在德国，公司的 4 000 名员工没有一名被解雇，成功度过了金融危机。但这个公司在美国却解雇了近 15% 的员工。区别在于，在德国，该公司利用政府激励措施减少工作时间，而不解雇员工。[16]

工作分担制是任何涉及经济增长放缓建议的自然选择。但事实证明，解决同样的问题，另外还有一种相当有趣的方法，即挑战劳动生产率不断提高的假设。[17]

抵制生产力增长的想法，如果乍听起来有悖常理，可能是因为我们已经被效率的语言所制约。时间就是金钱；生产力决定一切。关于提高劳动生产率所做的努力占据了海量的学术文献，萦绕在世界各地的首席执行官和财政部部长心头。

当然，这不只是意识形态。用更少的人创造更多的产出，我们的这个能力，至少在一定程度上，帮我们摆脱了生活的苦差事。现在有多少人更愿意手写记账？愿意手洗酒店床单？或者用铁锹搅拌混凝土？极少数人可能——有充分的理由——宁可选择卑微的扫把，也不要邪恶的（并且完全不可持续的）"吹叶机"。但是，在艰苦繁重、贬低羞辱和百无聊赖之间，劳动生产率的提高有很多可圈可点之处。

另一方面，这个逻辑并不意味着我们应该完全消除劳动。工作仍然是人类参与社会有意义的方式之一。减少我们的工作机会，或者降低这样做的体验质量，代表着对我们繁荣的直接打击。显然，在某些情况下，追求劳动生产率的增长越发不明智。某些类型的任务天生依赖人们的时间投入。

例如，一个人对另一个人的关心和关爱，是一种特殊的"商品"。它不能被储备，也不是机器可以交付的。它的质量主要取决于一个人对另一个人的关注。这并不是说，技术进步对护理专业没有任何帮助。它们显然提供了帮助。但是这些进步，最终不能替代护理人员花费的时间。给护士、医生、教师和护理工作者施加压力，结果导致各方面都适得其反。在被毫无意义的生产力目标所纠缠的健康部门，情绪疲劳之苦日益严重。[18]

类似的事情也发生在手工业。正是手工艺品固有的准确性和细节，赋予了它们持久的价值。正是木匠、陶工或裁缝所给予的关注，才使细节成为可能。虽然从生产过程中挤出时间，可以降低成本，但当时间才能赋予产品质量时，价值本身就有被侵蚀的危险。

创意产业也出现了相似的现象。半个世纪前，美国经济学家威廉·鲍莫尔和威廉·鲍恩（William Bowen）指出，正是花在排练上的时间造就了精彩的音乐表演，正是在工作室的时间造就了经久不衰的艺术品。事实上，艺术作品通常倾向于抵制劳动生产率的逻辑，因为它们的关键成分是艺术家的时间和技能。如果要求纽约爱乐乐团每年越来越快地演奏贝多芬的第九交响曲，结果会一无所得，甚至损失巨大。[19]

对于所有职业来说，人们花在关怀、手工艺和创造力上的时间，似乎是核心的价值主张。什么也不能完全代替花在工作上的时间。时间就是质量：它是对事物的不同阐释，但和将工作视为苦差、将劳动视为成本相比，它提供了可立即识别、更具人性的社会逻辑。

引人注目的是，这些部门——关怀、手艺、文化，恰恰是本章确定的企业更新愿景的基础。基于服务的活动，即在"企业即服务"中描述的类型，本质上是劳动密集型的，并且在环境方面可能更轻。

图 8.1 说明了这两个特征。纵轴描绘了不同经济部门的碳足迹，清楚地证实了向服务业过渡的节碳潜力。社会和个人服务业（上述许多活动所属）的碳足迹，比制造业或采掘业的碳足迹小 3—5 倍。[20]

图 8.1 的横轴描绘了每个部门的就业或劳动强度。"社会和个人服务"业的劳动强度几乎是制造业的 2 倍，是金融服务业

的 3 倍。简而言之，灰姑娘经济是轻碳经济，就业机会丰富。

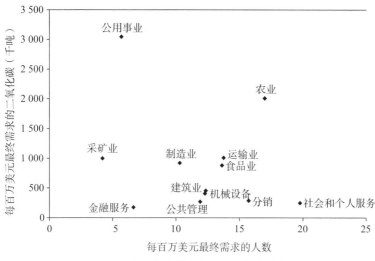

图 8.1　温室气体强度与跨部门就业强度

来源：杰克逊等人（2016）（见注释 19）

这两个特点都有很好的理由。一方面，服务并不内在依赖和需要给定水平的物质产出量。另一方面，服务倾向于抵制对劳动生产率的追求：不断增加每小时工作产出的欲望。

总之，图 8.1 揭示的方法，作为减少工作时间以克服生产力陷阱的替代，引人注目。也就是说，这意味着转向就业更丰富的行业。或者换言之，向劳动生产率较低的部门过渡——生产力增长放缓。如果整个经济的劳动生产率不再持续上升，甚至可能下降，那么就业压力就会明显降低。

也许最有说服力的一点是，关于这些物质消耗较少、就业丰富的活动，不管是作为生产商还是消费者，与我们在时间贫乏、物质主义、超市经济中度过的大部分生活相比，人们往往获得了更大的幸福感和满足感。[21]

简言之，实现充分就业，也许与无休止地追求劳动生产率以促进增长关系不大，而与建立以关怀、手工艺和文化为基础的地方经济更加相关。这样做的话，我们有潜力将体面工作的价值恢复到其在社会中心的适当地位。

作为承诺的投资

实现这种转变需要投资，但这毫不奇怪。投资是任何经济的基础。投资体现了经济学中最重要的关系之一，即现在和未来的关系。人们把部分收入留出备用的事实，从根本上反映了人性谨慎的一面。参与长期项目体现了我们对未来的承诺，也是任何形式繁荣的基础。

这个承诺战略的成功和可持续性，本质上取决于我们储蓄的目的和投资的重点。当大量投资只用于资产价格投机时（第2章），从根本上扭曲了现在和未来之间的生产关系，破坏了经济稳定，且暗中损害繁荣。

即使抛开投机行为不谈，传统经济的投资组合仍然无法通过任何强有力的可持续性测试。这其中太多投资的目标是从有限的物质资源中榨取租金。剩下的大部分要么致力于追逐劳动生产率，要么致力于不懈制造新奇感：为不断更新的消费品创造和重造不断更新的市场（第6章）。

这些战略的结果，是由消费主义的生产和再生产主导的资本投资组合。透过投机和短期牟利的镜头，现在和未来之间的

第 8 章　未来经济的基础

重要关系被扭曲。以上述方式改造企业和就业的前景，充其量仍然是英雄式的。

以支持而不是破坏本书勾画的繁荣愿景的方式，我们能否重构投资，是值得暂时退一步来看的。起点简单明了：如果今天的繁荣破坏了明天的繁荣，那么今天的繁荣意义就不大。投资是我们建设、保护和维护明天繁荣所依赖的资产的工具。

这个愿景使我们能够识别投资资金需要流向的资产类型。在某种意义上，基本物质的供给能力仍然是繁荣的基准，特别是在最贫穷的国家。最明显的是，人们总是需要营养、住所和移动。在这些领域的投资无疑仍然至关重要，但如果投资的企业专注于这些产品提供的服务，那么这些投资早就产生了截然不同的影响。

在医疗、教育和社会关怀方面的投资也绝对至关重要。斯图克勒和巴苏写道："任何社会财富的最终来源都是人民。为他们的健康投资，在最好的时代是明智的选择，在最坏的时代是迫切的需要。"[22]

除了这些基本能力之外，我们当然可以将注意力转向社区福祉和社会生活的力量。针对这些目标的投资战略将建立和维护实体资产。通过这些，个人可以成功发展，社区可以兴旺发达——美国哲学家迈克尔·桑德尔（Michael Sandel）将其称为"公民生活的基础设施"：学校与医院、公共交通系统、社区大厅、静修中心、剧院、音乐厅、博物馆与图书馆、绿地、公园与花园。[23]

毋庸赘言，这些服务中没有一项能完全去除物质和能源投入。医疗保健需要药物和救生设备。教育需要书籍和电脑。音乐家需要乐器。园丁需要工具。即使是最轻松的娱乐活动，如舞蹈、瑜伽、太极、武术，也必须有场地进行。即使是最轻的经济和最超凡的企业愿景，也有无法缩减的物质因素。

但这并不意味着我们调整后的投资策略会崩溃，变成熟悉的旧策略。关键的区别在于，投资的资产能够以最低水平的物质消费，最大限度地发挥我们的发展潜力，而不是可以最大限度地提高物质商品的生产量，却不考虑它们对长期繁荣的贡献。

显而易见，归根结底我们还必须在物质效率方面大量投资。这从图8.1中可以清楚地看到。目前有些对经济至关重要的部门，碳强度非常高。最值得关注的是，公用事业部门（包括电力和供暖燃料的生产和分销）的碳足迹，在所有部门中的碳强度最高。当然，这并不奇怪。化石燃料仍然占世界能源供应的最大份额。从破坏性化石燃料行业撤资和向低碳能源系统投资过渡，都是调整投资战略的重要组成部分。

事实上，自本书首次出版以来，近年来最引人注目的进展之一，是所谓的"撤资—投资"运动的兴起：这个协调一致的努力，通常由学生领导并由进步的资助者支持，目标是将投资市场从化石燃料转向可再生能源、能源效率、资源生产率和清洁技术。[24]

近年来，这场运动集聚的力量令人印象深刻，特别是在一些主要投资者高调撤资的推动下。2015年6月，经挪威议会批准，出售9 000亿美元主权财富基金旗下所有的煤炭关联资产。撤资至关重要，不仅可以在下一个50年避免困在化石燃料技术带来的破坏性影响中，还可以腾出急需的资金投资于替代资产。[25]

第 8 章 未来经济的基础

为了低碳世界,世界能源系统资本重组是个艰巨的挑战。2015 年 12 月,巴黎气候大会前夕,根据国际能源机构的预测,仅仅是满足与会国做出的气候承诺,就需要在 2030 年之前,在可再生能源和能源效率方面投资 13.5 万亿美元。然而,再也不可能假装这足以实现自哥本哈根会议以来提出的 2 ℃ 目标,更不用说巴黎会议通过的 1.5 ℃ 目标了。实现这些更严格目标的投资成本,可能至少高出一个数量级。[26]

改变世界能源系统所需的投资规模巨大(第 2 章),这是金融危机后,围绕"绿色刺激"达成国际共识的动机之一。早在 2008 年,总部位于英国的绿色新政小组就提出了低碳能源系统的建议。该系统将使"每栋建筑"成为一座发电站,并创建和培训"一支工人'碳军',为大规模的环境重建计划提供人力资源"。[27]

在这数年里,其他人也响应了这个呼吁。联合国环境署的全球绿色新政扩大了支出范围,将对自然基础设施的投资也包括在内:可持续农业和生态系统保护。森林、草原、可耕地、湿地、湖泊、海洋、土壤和大气本身,都是提供生命本身赖以生存的服务所必不可少的。

当然,投资自然资产的经济理由无懈可击。生态系统为世界经济提供了价值数万亿美元的服务。众多生态系统并不属于市场的正式范畴。但正如联合国环境规划署指出的一样,保护和改善它们对我们未来的经济生产力至关重要。[28]

不甚明了的是,这个庞大的新投资组合可能对经济表现产生的影响。另外有人认为,它可以带来新的"增长引擎"。2011

年，联合国环境规划署发表了题为《迈向绿色经济》的文章，甚至认为基于"绿色投资"的"绿色增长"，将比"棕色（或传统）增长"更快。[29]

我想在第9章回到这个有点争议的论点。目前显而易见，不管它对传统方式衡量的增长有何影响，这个新的投资组合至关重要。它的关键目标必须是保护自然资产，提高资源效率，使用清洁、可再生技术，建设少物质主义和高满意度生活所需的基础设施。

其中有些投资，如在自然资产和公共产品中的投资，可能必须依据金融市场成功之外的标准来判断。这可能意味着重新思考投资的运作方式，以及资产所有权结构和来自它们的盈余分配。但显而易见，此处概述的战略是必不可少的。

货币作为社会产品

融资问题是此类投资战略的最大挑战。到目前为止，本章主要关注的是有时被称为"实体经济"的内容。这个术语经常被用于描述经济中就业、生产、消费和投资的模式。但是，将实体经济与金融或"货币经济"区分开来是有用的。

货币经济描述了实体经济所依赖的更广泛的金融流。它包括货币在不同经济部门的流入和流出，借贷、货币产生（货币供应）的过程，以及不同经济参与者金融资产和负债的变化。这些货币的存量和流量对实体经济的投融资至关重要。

即使对政治家和主流经济学家来说，这也是个复杂的领域。有时，这种复杂性似乎完全是故意的，旨在掩盖经济对富人有利的深刻影响，并严重抑制政府的社会投资权力。如果是这样的话，它大体上成功了。早在20世纪30年代，美国汽车制造商亨利·福特（Henry Ford）表示："这个国家的人民不了解我们的银行和货币体系，这已经足够了。如果他们了解的话，我相信明早之前就会发生革命。"[30]

对许多非经济学家来说，以债务为基础的货币体系完全出乎意料。我们倾向于认为，货币基本上是在政府控制下，由中央银行印制（或以电子方式产生）的东西。实际情况是，以这种方式创造的货币供应不到5%。在发达经济体中流通的大多数货币，实际上几乎是由商业银行"从无到有"创造的。[31]

当银行同意向企业或家庭发放贷款时，它只需在资产负债表的资产侧输入贷款金额，并在负债侧输入相同的存款金额。然后，这笔存款就可用来购买经济中的产品和服务。银行通过发放贷款来创造货币。[32]

这种以债务为基础的货币体系有许多重要影响。其中之一是当出问题时随之而来的不稳定程度。另一个影响是，政府本身只能通过商业（计息）债务为社会投资提供资金。还有个影响是，本章概述的投资组合，为了信贷价值，最终不得不与其他有时声誉不好的各种商业投资竞争。

可持续投资必须与商品、房地产或金融资产中的金融投机等争夺资金。面对完全不可持续的消费贷款，它必须证明自己的价值，其中还款（以及对不付款的处罚）由法律机构增援。它必须与污染环境的肮脏采掘业的投资竞争，与只是涉及各种形式现代奴隶制而盈利的供应链的投资竞争。

无增长的繁荣

这些大规模的不道德投资，许多在短期内提供的回报率颇具吸引力。但从长远来看，它们是完全不可持续的。传统投资的社会成本（包括不受限制的投机交易的巨大成本）很少被纳入财务决策。更糟糕的是，这些成本最终由纳税人承担。相比之下，更可持续的投资的社会效益对于主流投资者来说几乎是无形的，他们往往会看不到熟悉的投资组合，只看到更高的风险。

可持续投资的道德基础很少吸引溢价。但无论在哪里，它显然是这里提出的此类投资的重要融资来源。影响力投资，即将投资资金导向道德、社会与可持续的公司、技术与流程，是金融架构中越来越重要的元素。

这种投资过去更多被视为一种慈善形式。但是位于美国的资本研究所最近指出，它应该被视为慈善本身和政府资金的重要补充："一种撬动安全的慈善资金和公共资金的方式，通过利用社会企业家的力量和基于市场的解决方案，解决世界上一些最棘手的问题。"[33]

在地方层面，影响力投资遇到了另一种非常有用的社会创新。社区银行在社区层面调动普通人的储蓄，为社会或环境融资提供投资资金。社区银行允许人们投资自己的社区，如投资低碳能源或社区便利设施，同时确保这些投资回报留在社区内。

SPEAR 是法国的一家储蓄中介机构，旨在促进透明、负责任的投资，其提供了一个用于社会和生态项目的小规模对等借贷的精彩案例。储户可以选择想要投资的项目，并随着项目进展，从项目本身获取信息。2012 年，储户的平均回报率为 2%。[34]

第8章 未来经济的基础

北美的一个类似例子是联合场地公司的社区银行倡议，其位于加利福尼亚州。其再生社区银行倡议为不同领域的9个可持续性项目制订了财务计划，包括当地有机食品系统、水质、可再生能源、移动、可负担的绿色住房、教育和艺术。[35]

社区投资最流行的模式之一是信用合作社。它作为合作金融机构，个体成员将储蓄集聚起来，为其他成员提供贷款。仅在美国就有6 000多家信用合作社，拥有1万亿美元的资产，为1亿人提供服务（超过40%的经济活跃人口）。虽然接受与银行相同的许多监管，但是信用合作社通常规模较小，更具地方性，专门设计为非营利机构。[36]

一些更小的银行还率先推出了一种贷款组合，看起来与"作为承诺的投资"概述的投资策略非常相似。Triodos银行就是这样的例子。它建立的整个观念是积极筛选投资组合，只投资于可持续和符合道德的项目。自1980年成立以来，该银行目前为欧洲300多个可持续能源项目提供资金。这些项目的发电量约740兆瓦。[37]

这里让货币更好地发挥作用的潜力巨大——让它支持而不是破坏当地社区的长期繁荣。但很明显，与主流资金流量相比，这种资金规模根本不足以实现转型。我们需要的要么是大规模升级这些小型举措，要么是彻底改变主流金融本身，要么是大规模的公共投资计划，其规模至少是二战以来西方经济体闻所未闻的。

这些策略的一个关键因素是货币供应的本质。Triodos银行与众多的普通银行有个显著区别：只发放储户和投资者存入银行的资金。换言之，它不参与那种以债务为基础的信贷创造，而这正是金融危机的核心所在。

改变以债务为基础的现有货币体系，并将更大程度的货币供应控制权交还政府，有相当有力的论据支持。所谓的芝加哥计划——呼吁用政府发行的货币100%支持银行存款，最早由美国经济学家欧文·费舍尔（Irving Fisher）于20世纪30年代提出，该计划最引人注目的支持来自芝加哥学派经济学家米尔顿·弗里德曼。[38]

最近有众多复兴这个想法的呼吁，也许最令人惊讶是来自国际货币基金组织的。它最近的一份工作文件确定了该计划的几个明显优势，包括更好地控制信贷周期的能力，消除银行挤兑的潜力，以及大幅减少政府债务和私人债务的效果。该计划要把货币供应的控制权基本上直接交还政府。[39]

另外还有类似的提议，呼吁终止银行创造货币的权力，实施所谓的"主权货币"体系。在这样的体系中，政府不再需要为公共支出和商业债券市场投资筹集资金。相反，它们可以在需要融资时，直接将资金投入经济，但前提是此类支出不会触发通货膨胀警告。冰岛和瑞士目前正在考虑建立此类体系的提议。[40]

阿代尔·特纳以其特有的谨慎口吻表示，"当西蒙斯（Simons）、费舍尔、弗里德曼、凯恩斯和伯南克（Bernanke）等才华横溢的经济学家都明确主张（主权货币）的潜在作用，并认为有效控制通胀是市场经济良好运行的核心时，我们立即放弃这个政策选择是不明智的。"[41]

这里的危险是货币本身作为重要社会产品的性质。货币促进商业交易，为社会投资提供了基础，有维持或破坏经济稳定的力量。将创造货币的权力交给商业利益，是造成金融不稳定、社会不平等和政治无能的原因。为了国家利益而重新获取这个权利，是争取包容性持久繁荣的有力工具。

未来的经济

20世纪的经济繁荣和萧条，造成了金融不稳定，加剧了社会不平等，导致了环境退化和资源枯竭。紧缩加剧了这些危险。超级消费主义通过过度金融化追求繁荣，已经播下了自身崩溃的种子。

这些都绝非不可避免。从简单的基本原理中，可以推导出后危机经济的维度。企业是服务，工作是参与，投资是对未来的承诺，金钱是社会产品：这4个原则为转型提供了基础。归根结底，所有这些都源于一种认识，即经济本身不是目的，而是迈向繁荣的手段。

服务的概念为企业提供了新的愿景：不是作为投机、利润最大化、资源密集型的一种劳动分工，而是作为嵌入社区的一种社会组织形式，与自然和谐合作，提供给我们繁荣的能力。

工作对这些能力至关重要。我们在这里确认的是，在关怀、手工艺和创新中，存在着好工作的"甜点"，对社会有多重益处。我们不能完全依靠这些部门生活，但它们是提高我们生活质量的关键。我们可以将在那里找到的原则有效地植入到其他经济部门。

投资体现了我们对未来的希望。我们在此时此处的投资，决定了我们的生活（和我们孩子的生活）的未来走向。通过本章的分析，可以得出一个清晰、可界定的投资组合。它的目标是建立、培育和维持明天繁荣所依赖的资产。

　　要让这些生效，就需要有一个符合目标的金融体系。提高普通人负责任地投资储蓄的能力，造福自己的社区和更广泛的环境是至关重要的。但也需要更深入、更坚决的变革。改革货币体系不仅是对金融危机最明显的回应，也是未来经济必不可少的基础。

第 9 章

面向"后增长"的宏观经济学

研究经济学的目的,不是为了获得关于经济问题的一套现成答案,而是为了学习如何避免被经济学家欺骗。

——琼·罗宾逊(Joan Robinson),
1955 年[1]

我们现代人拒绝质疑经济增长，显然有些奇怪。早在1848年，约翰·斯图亚特·穆勒，古典经济学的奠基人之一，就对"人口和资本的静态"优势进行了反思。他坚持认为，在这种状态下，"各种精神文化以及道德和社会进步的空间，将与以往一样大"。[2]

凯恩斯的文章《我们子孙的经济可能性》，也预见了"经济问题"将得以解决的时代，我们"更愿意把更多精力投入到非经济目的上"。与穆勒一样，凯恩斯认为这个变化大体上是积极的，因为我们将"再次重视目的高于手段，并且宁可要好的也不要有用的"。[3]

用本书的话来说，凯恩斯和穆勒本质上都在讲，没有增长的繁荣不仅是可能的，而且是可取的。这两人都是他们时代的主流经济学家。今天，主流经济学家引用它们的次数已经够多了，但几乎无人提及这些文章，准备具体考虑"后增长"经济影响的人似乎更少。

前世界银行经济学家赫尔曼·戴利就是这样思考的人之一。早在40年前，他开创性地提出了"稳态经济"的观点，相当准确地定义了这种经济的生态条件。他说，如果我们要保持在生态规模内，就必须有恒定的资本资产物质存量，能够通过始终位于生态系统再生能力范围内的物质生产量来维持。戴利认为，除此之外的任何情况，最终都会侵蚀未来经济活动的基础。[4]

在某种意义上，这些条件推动了第 8 章概述的愿景——对企业、工作、投资和金钱有着非常具体的意义。这个愿景仍然缺少连贯的概述，缺少如何将这些东西融为一体并有经济意义的观念。

简言之，针对"后增长"社会，我们需要令人信服的宏观经济学。在这个社会中，经济稳定和体面就业都不内在依赖持续的消费增长；在这个社会中，经济活动保持在生态范围内；在这个社会中，我们在生态极限内繁荣的能力，成为设计的指导原则和成功的关键标准。[5]

本章的目的是详细阐述这项任务。我特别想证明的是在第 8 章中明确的基础，实际上可以整合到连贯的宏观经济整体内。这项任务的全部范围超出了本书（可能是任何一本书）的范围。尽管如此，我希望表明，这项任务本身是可以界定的、有意义的和可实现的。

为了确定任务的框架，让我们先退后一步，回顾一下本书的核心观点之一。对于增长的困境，我们现在能说些什么？关于这个两难处境，第 8 章确定的基础给我们留下了什么？

"我们的去增长不是他们的衰退"

在保持经济稳定的愿望和保持生态限度的需要之间，增长的困境让我们进退两难。一方面，无限的增长在环境上看起来

第 9 章 面向"后增长"的宏观经济学

是不可持续的;另一方面,去增长似乎导致社会和经济的不稳定。

从逻辑上讲,有两条逃离困境的不同途径:其一是使增长更加可持续;其二是使去增长更稳定。那些在这两个选项中选择不同的人有特别明显(有时甚至是尖锐的)的分歧:有些人继续以越来越激烈的态度,主张不惜一切代价的增长,而有些人已经开始(有时大声地)反对它。

去增长运动属于后一类:这种对主流范式的智识挑战,在本书第一版出版时还处于起步阶段。而在此后的这段时间,这个挑战无疑变得更加明显和重要。特别是因为,增长本身受到不稳定因素的困扰。[6]

当只能通过小幅提升最初导致不稳定的核心动力(第2章),以阻止内在不稳定性的来临时,我们知道陷入了困境。维持稳定的机制最终破坏了自身的资源基础,是时候开始到别处寻找灵感了。坚持现状只会让我们面临迫在眉睫的灾难。增长本身就是一个等待发生的意外。

但是承认这个现实,并不能减少潜在困境的力量。一旦消费开始减弱,经济就开始陷入困境:投资下降、工作失去、企业破产、政府赤字上升和经济陷入通货紧缩螺旋的风险。

去增长对这个挑战的回应是有趣的,但并不完全令人满意。该运动的一个流行语坚持认为,"我们的去增长不是他们的衰退"。衰退不是增长的对立面,更不是增长的缺失。相反,用其支持者的话来说,它是一个"概念导弹",旨在炸出一场被"'可持续发展'共识"静音的讨论。这是关于"想象和实施立足增长的现代发展的替代愿景"。[7]

到现在为止，一切都好。想象和实施不同的愿景绝对是手头进行的任务。正是它激发本书成为一个整体，特别是最后的几章。

但这对于整个经济意味着什么呢？生产是在扩大还是在收缩？需求是在上升还是在下降？"去增长"这个词表明，这些事项中的一个或另一个正在下降。在这种情况下，挑战是如何规避与两难困境另一端相关的后果？如何保护就业？如何管理债务？如何确保稳定？

奇怪的是，这些问题本身并不总能得到去增长运动的赞同。它们中许多呼吁"退出经济"，并将去增长视为"放弃经济主义思维的邀请"。[8]

从哲学的角度来看，对这个立场生发一些同情是容易的。当我们在这个时代最有影响力的科学学科的核心，发现了近乎致命的缺陷时，很容易对它全盘否定。许多人确实反对经济学。我自己的一些学生前来找我，他们觉得这门学科的失败太多，太惊人了，完全不希望和它有任何关系。他们的一些理由是好的。

经济学在各方面都让我们失望。经济学家往往比他们本来应该的更傲慢。他们被自己的世俗重要性冲昏了头脑，而不是像凯恩斯曾经告诫的那样，被说服变得更像牙医一些，为我们的经济健康提供至关重要的服务，但在其他方面保持相对低调。[9]但从某种程度上说，对经济学本身的否定已成为一种可接受的学术立场，这始终令我感到惊讶。最近在一次会议上，我介绍了一些将在本章后面描述的经济模型。一位著名的去增长倡导者随后直接向我发出挑战。他对我说,"后增长经济学的想法是矛盾修辞法"。

在后增长的世界,现有经济结构中有多少可能保持不变,这显然是个问题。但是,那种认为我们可以完全没有经济的想法,肯定是错误的。现在不是放弃让世界变得有经济意义这一目标的时候;但这是个建立新经济的机会,适合应对我们早已面临的巨大挑战目标。

在某种意义上,去增长倡导者完全可以毫无问题地接受增长两难困境的一端:增长是不可持续的。但他们倾向于否认另一端的有效性,或至少降低其重要性。它的支持者认为,去增长不必然与负增长是一回事,因此它不一定会导致不稳定。然而这并不是个完全令人满意的答案,部分原因是它给我们提供的信息太少,无法继续构建后增长宏观经济学。

"天使化"增长

具有讽刺意味的是,有规模更大、同样热情、往往更强大的游说团体,他们采取的立场几乎完全相反。也就是说,他们毫无疑问地接受了去增长就是不稳定的论断,同时笃定经济增长是(或至少能够成为)可持续的。他们几乎毫无原则地反对后增长社会。

绿色增长、精明增长、包容性增长、可持续增长:这些术语代表了这种倾向增长的立场。它们都声称拥有阳光普照的高地,在那里可以减少贫困,实现我们的环境目标,超越我们的资源限制，同时永远不会牺牲经济继续扩张的能力——无限期地。[10]

实现这个"英勇"目标的手段是脱钩。经济的物质效率不断提高，从而在经济持续扩张的情况下降低整体的物质生产量（第5章）。绿色增长的倡导者声称，通过这种方式，在对地球影响减少的同时，经济始终有可能变得更大。

当然，这个过程必定有些极限。赫尔曼·戴利生动地阐述了这一点。他在30多年前写道，"通过将GDP天使化来突破物质极限的经济增长理念，相当于通过降低人类的生产强度或新陈代谢，来突破人口增长的物质极限。首先是矮小的俾格米人，然后是拇指汤姆，然后是大分子，然后是纯净的灵魂。事实上，为了维持天使化GDP的存续，我们有必要变成天使。"[11]

甚至在达到这样的"热力学"极限之前，我们可能会遇到社会极限。天使化的GDP需要我们在非物质天使上，放置越来越多的经济价值。而且，即使这是可能的，我们也极有可能出于道德原因，想要抵制天使的估值。正如迈克尔·桑德尔指出的那样，有些东西是金钱不能（或不应该）买到的。[12]

但几乎可以肯定的是，我们离抵达这些极限还有段距离。因此更加相关的问题是，（在可预见的未来）脱钩率是否能够超过并继续超过增长率。如果可以的话，那么经济就可以无限增长，同时对地球的影响也会减少；如果不能的话，那么脱钩最终无法完成绿色增长支持者所要求的工作，因为它无法解决这个困境。

在这里，我们当然能够通过仔细关注算术来取得一些进展。

第 9 章 面向"后增长"的宏观经济学

结果很快证实,技术需求巨大(如图 5.6 所示),尤其是在快速增长的经济中,但同时也存在巨大的技术变革潜力。可再生能源技术、材料效率的提高、低碳世界:即使在今天的技术情况下,所有这些在理论上都是可能的。[13]

因此,一切都将归结于,是否有可能实现这种脱钩潜力。在所有问题中,最关键的是社会问题,而不是技术问题。在我们这样的社会里,这种大规模的技术变革可能吗?

在本书(第 6 章)中给出的答案是:不。在我们这样的社会里,在这样的经济中,在我们所处的环境极限内,快速脱钩或(最终)摆脱资源约束的可能性不大。

这并不是要否定绿色增长倡导者所声称的技术潜力,恰恰相反,潜力显然是巨大的,但这并不是问题的全部。社会逻辑和企业结构共同与我们作对。仅仅认识到技术的力量,并不能证明生态现代主义者试图维持现状时所持信念的正确性:确切地说,因为"什么是可能"的答案本质上取决于现状的本质。

正是这条逻辑链,引导我们首先探索其他可替代社会愿景的潜力(第 7 章),然后为不同种类的经济奠定基础(第 8 章)。很明显,这个愿景和这些基础代表着对传统经济学的重大背离。就增长的两难困境而言,目前尚不清楚它们把我们留在了哪里。

除了区分增长和去增长的修辞分歧之外,还有两个严重的问题仍然值得关注。未来经济是增长型还是非增长型的?未来经济是稳定还是不稳定的?这些问题仍然至关重要,应对增长的困境仍然很重要。让我们首先关注增长的问题。

未来经济是以增长为基础的经济吗？

首先，显而易见，未来经济不应该在物质层面上增长。戴利的条件和罗克斯特伦（Rockström）的地球边界在这点上是明确的。持续的物质增长将损害我们维持地球"安全运行空间"的能力，破坏我们未来的繁荣。第 8 章的干预措施旨在减少经济的绝对物质生产量。

其次，我们应该强调，在这个经济中，一些东西仍将增长。谁能反对增加社会福利？谁能反对增加工作岗位？谁能反对自然资产的完整性、社区的韧性、环境的质量、我们的意义和目的感？除了所有这些之外，还有更多的事项可能还在增长。正如支持 Triodos 银行的一场运动所提倡的："增长不只关于数字，还有更多。"[14]

但不管是物质增长的缺失，还是非物质增长的存在，都无法解决增长的困境。关键问题是经济本身是否仍在经济意义上扩张。其中的一个观点是，尽管存在种种缺陷，GDP 仍然很重要。这并不是因为它能很好地代表繁荣——显然不是，而是因为它是衡量经济活动的指标。并且，与增长困境相关的正是经济活动的规模。因此，我们真正要问的是，第 8 章中确定的干预措施，会导致更多的还是更少的增长。下面让我们来看看投资。

可持续投资是助力还是损害增长？

在传统模型中，投资有两个主要目标：一是提高劳动生产率，二是刺激创新。在产生扩大需求方面，后者对前者至关重要，否则追求劳动生产率只会导致失业率上升。投资的这两个主要角色，在事情顺利时提供了良性循环，在事情不顺利时提供了恶性循环。

第 8 章中概述的投资组合，具有截然不同的特征，包括建立和维护经济服务的流动资产。特别是它针对繁荣所需的能力：营养、健康、教育、享受、生态韧性。围绕提高劳动生产率的传统投资功能，其重要性可能会降低。创新仍然至关重要，但它将更加小心地面向持久的繁荣：更好的服务，更少的环境影响。

这种新的投资组合，是增加还是减少了整个经济的增长潜力？当然，也有人认为，绿色投资使经济增长更快。我们应该如何看待这一主张？[15]

值得注意的是，投资产品是企业必须供给的总需求的组成部分，而直接扩大投资增加了经济中对产品的需求。在某种程度上，这些产品仍然需要从国民收入中支付。因此，如果没有其他额外的变化，我们要么放弃一些消费，以便能够应对额外的投资水平，要么增加公共或私营部门的债务。就其本身而言，这并不必然导致产出的可持续扩张。

投资可以增加产出的论点，源于传统投资所声称的生产潜力。通过提高生产率，我们预期产出和收入都会随着需求的增加而增加。因此，扩大投资将在不减少消费水平的情况下"为自己买单"。

然后，一切都取决于额外投资的生产力。如果投资增加了，经济供应更多产品的潜力却没有增加，那么这种增加纯粹是通货膨胀，推高了经济产品的价格，而不是增加实体经济的产出。另一方面，如果投资提高了整个经济的生产率，那么需求和供应的潜力都会增加，经济就能增长。

那么，在新的投资组合下，生产率会发生什么变化呢？奇怪的是，这个问题有两三个不同的答案。最传统的反应是，它的增长潜力低于传统投资组合。这里的理由非常简单，即对投资范围施加的任何约束，必然会减少可得回报。这似乎是合乎逻辑的，不受约束的投资组合比受约束的投资组合更有利可图。因此，可以论证说，投资者可以自由选择回报最高的投资。

这个简单的公式，原则上优雅不凡，实际上却是错误的。原因是有趣的。一种意见是，不受约束的投资对风险反应不足，因此未来的收入会受到不可预见的环境或社会因素的影响。在这种情况下，与传统逻辑相反，投资约束能够在回报方面产生积极的影响。[16]

这个观点得到了来自关于"搁浅资产"讨论的支持。对此的支持者认为，与某些化石燃料公司（特别是煤炭公司）相关的政策和经济风险非常高，以至于在可预见的未来，这些公司所持有的资产有变得一文不值（或"搁浅"）的风险。剥离此类资产具有经济和道德意义。[17]

不管出于什么原因，很明显，更积极的投资"管理"方式有确定的优势。一些可持续投资基金的表现明显优于传统基金。通过更好地考虑环境和社会风险，似乎完全有可能提高投资资本的回报率，至少在当前利润上是这样。[18]

但这仍然不能完全解决问题。可持续投资在整个市场中所

第9章 面向"后增长"的宏观经济学

占的份额仍然很小：只有大约百分之几。这种投资的表现，更多是通过基金份额的价值，而不是基金对经济生产潜力的贡献来衡量的。关键的问题是，在不影响整体生产力的情况下，这种投资能否实现规模化。

就像我们遇到的许多问题一样，这个问题也受到反现实的困扰：如果经济作为整体是不同的，那么它的生产率会比现在高还是低？我们确实不知道。但对提高（或至少保持）生产力和可能降低生产力的因素，我们可以猜猜看。

也许最明显的是，在摆脱追求劳动生产率和消费创新的过程中，我们去除了经济结构中最明显的供需扩张来源。如果劳动生产率不再是投资的主要焦点，那么整体生产率增长很可能会下降。而且，在一个专注于服务质量而不是消费品不断创新的经济体中，与产品创新相关的需求持续扩张也可能更受抑制。

另一方面，还存在一些反补偿的力量。对资源生产率的投资，可能会对整体生产力产生积极影响。在某些市场条件下，尤其是有政策支持时，可再生能源的一些投资可能会带来有竞争力的回报。但在其他情况下，在比传统金融市场预期更长的时间内，预期回报率可能会大大降低。当然，如果不是这样的话，我们预计在公开市场上，会看到比目前多得多的可再生能源投资。

这一点的关键是"能源投资回报"（EROI），即特殊能源提取技术提供的有用能源比率（第1章）。由于可再生能源的EROI通常低于传统化石燃料，这意味着我们必须分配更多的生产资源，以便获取相同的有用能源回报。

随着时间的推移，这种平衡将不可避免地发生变化，因为传统燃料的质量也在下降。最终，可再生能源将成为防止整体EROI极限下降的关键。但关键是在低EROI的世界中，我们必须预期整个经济的生产能力会下降，因为金融和能源资源被从其他生产过程中转移出来，以提取和转换有用的能源。[19]

然而从短期来看，我们可能有充分的理由，期望资源生产率和可再生能源投资对生产率增长做出一些积极的贡献。同时，在生态系统保护或适应环境变化方面的投资，可能根本不会带来传统的财务回报，即使它们对保护生态系统服务至关重要。

此类生态投资（与所有投资一样），仍然对总需求有贡献，但对总供给没有直接贡献。它们对保护环境完整性至关重要，而这反过来又对长期维持生产至关重要。但从短期来看，它们似乎在不增加经济产出的情况下"吸收了"收入。

有趣的是，如同福利经济中公共部门支出的融资问题，这个问题具有相同的基本结构。与制造业投资相比，社会产品投资在短期内的生产率可能较低，对生产率的直接贡献也较低。尽管如此，社会投资显然对长期繁荣至关重要。[20]

另一类投资值得评论。以服务为基础的经济，需要把投资从制造厂向产生服务所需的基础设施和场所进行专门的转移。基于服务的投资回报，可能低于制造业投资的回报。其原因非常明确，即服务业对劳动生产率提高的阻力。我们将在下一主题回到这一点。

总之，这个"慢资本"的新投资组合，与过去几十年在投资市场以采掘和投机为特征的投资相比，可能回报率更低，回报期更长。这些新特征在某些方面很有用。例如，它们更适合养老基金等长期储蓄工具的需要。但它们并没有很快表明与传统投资相比，绿色投资将带给我们更高的生产力和更快的增长。这类新投资，有些虽然对长期产出至关重要，但很可能会减缓经济增长。

服务是否提供了"新的增长引擎"？

尽管难以抽象地确定可持续投资的增长潜力，向服务业大规模转移的影响问题似乎更容易回答。我们可以提供清晰的概念模型和与之相关的大量经验证据。两者都表明，服务型经济的增长速度将大大低于产品型经济。

我们已经提到了其中的原因。某些类型的服务，特别是关怀、手工艺和文化，阻碍劳动生产率的增长，且实证数据支持这个发现。例如，在1995—2005年，欧盟15个国家的个人和社会服务部门的劳动生产率下降了3%。这是生产力出现负增长的唯一部门。[21]

当然，这并不意外。服务的价值与人们提供服务所花费的时间有内在的联系。减少对这些服务的劳动力投入，既困难又适得其反。

这个问题早已得到经济学的认可。有点贬损的是，它经常被称为"鲍莫尔成本病"，是以美国经济学家威廉·鲍莫尔的名字命名的。他在杰出的职业生涯中，投入大量精力研究服务业活动的不同表现。

1966年，鲍莫尔在与鲍恩的研究中（第8章引用过），突出

无增长的繁荣

了表演艺术这个有点边缘部门的奇怪之处。几十年来，鲍莫尔发展了这些早期论点，并研究了跨部门的证据。这些部门现在包括手工艺、健康、教育以及创意——正是那些我们确定为经济活动转移的重点部门。他最近的著作《成本疾病：为什么电脑更便宜而医疗保健却没有》(*The Cost Disease: Why Computers get Cheaper and Health Care Doesn't*)，对经济活动价值进行了根本的反思。其与本书的担忧产生了深度共鸣。[22]

鲍莫尔的核心论点非常容易传达。如果不同经济部门的生产率增长存在差异，生产率较低的部门（鲍莫尔称为停滞"部门"），其成本相对于生产率较高的部门（他称为进步"部门"）有实际上升的趋势。

这种相对增长的原因是，整个经济的工资倾向于跟随薪酬最高部门的工资。由于工资通常伴随劳动生产率的提高而增长，工资水平将由进步部门确定，提高工资不会增加进步部门的成本，因为劳动生产率也会提高。但在"停滞"部门，企业无法通过提高劳动生产率来防止工资上涨。因此，这些活动的成本将不可避免地上升。

证据支持这个假设。来自美国的经验数据证实，与制造业和采掘业相比，服务业的实际价格持续上涨。经济学家威廉·诺德豪斯（William Nordhaus）在一项研究报告中写道："生产率增长相对较低的行业（停滞'行业'）显示，相对价格增长率高出一个百分点。"该研究旨在检验美国58个行业部门的鲍莫尔假设。[23]

这些"停滞"部门的命运有两种可能。如果对它服务的需

第9章 面向"后增长"的宏观经济学

求具有价格弹性（即价格上涨时，对它们的需求下降），那么随着价格越来越高，它们将逐渐失去需求。最终，我们可能会预期这些服务将从经济中消失。本地剧目剧院可能就是个这样的例子。面对来自"商业"主导的在线娱乐竞争，专业的本地剧院充其量只能获得大量补贴，但在"富裕"经济体中，有时会快速衰落。[24]

类似的命运可能会困扰某些维修或翻新服务。特别是在制造新产品越来越便宜的地方，昂贵的维修或翻新的动机越来越少。鲍莫尔成本病非常清楚地解释了"用后即抛"社会的某些结构维度。

另一方面，如果服务需求没有价格弹性（即无论价格如何，服务需求都不会发生太大变化），那么鲍莫尔成本病预测，该部门在整个经济体中的实际支出比例将不断增加。例如，健康服务就是这样，教育可能也是如此。

这两种情况，每种都有真正的危险。首先，有用的服务对人类福祉做出积极贡献，减少我们对地球的影响，但会消失。其次，那些通常由政府（地方或国家层面）提供的必要服务，将不断承受"效率节约"压力，或可能被完全削减。因为随着时间的推移，它们在GDP中所占的比例，将不可避免地越来越高。关心削减赤字或预算的政策制定者的草率反应将逐步损害基本服务的质量。[25]

鲍莫尔写道，"这个故事令人不安的寓意是，最容易受到成本病影响的产品，涵盖文明社会一些最重要的特性：医疗保健、教育、艺术……所有这些服务都受到快速且持续的成本增长的影响。"[26]

归根结底,鲍莫尔和诺德豪斯非常清楚:坚持维持(更不用说扩大)其服务业的经济正在走向零增长。鲍莫尔写道,"在生产率不平衡的世界里试图实现平衡增长,必然导致增长率相对于劳动力增长的下降。特别是如果一个部门的生产率和总劳动力保持不变,经济增长率将无症状地接近于零。"[27]

诺德豪斯在整个美国经济实证中证实了这个假设。他写道:"也许最重要的宏观经济结果,是鲍莫尔增长病在 20 世纪后半叶的运行。在过去的 50 年里,这种增长病使年度总生产力增长率,下降了半个多百分点。"需要明确的是,诺德豪斯在这里所表达的是,鲍莫尔病至少是我们在发达经济体中已经看到的长期停滞的部分原因。[28]

英国的情况尤其引人注目(图 9.1)。在短短半个世纪内,生产率增长呈现惊人放缓。趋势增长率从 1900 年的每年不到 1%,上升到 1966 年的每年 4%。在超过了这点之后,它急剧下降。在 20 世纪八九十年代,数字和信息技术减缓了(但没有扭转)这一下降。[29]

在千年之交的"互联网"泡沫破灭后不久,在金融危机很久之前,衰退开始加速。到 2013 年,劳动生产率呈负增长趋势。在英国,每小时工作产出的价值目前正在下降。这对经济增长的影响是深远的。在这种情况下,只有通过增加劳动力或者让每个人工作更长时间,人均增长才有可能。

第 9 章 面向"后增长"的宏观经济学

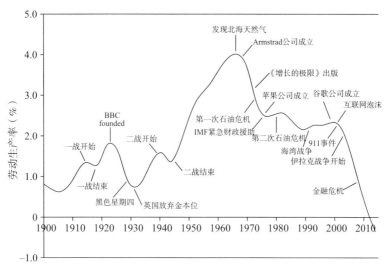

图 9.1 英国劳动生产率增长的兴衰

资料来源：杰克逊和韦伯斯特（2016）

简而言之，向服务业结构性转变的想法很有道理。但是，认为它构成了新的"增长引擎"的论点，却并非如此。仅此原因，未来经济的增长速度就可能大大放缓，并且可能早已走向稳态或准稳态。

应对不稳定

如果未来经济不仅在概念上，而且在衡量上，都是"后增长"经济，那么对于增长两难困境的另一端，我们能说些什么呢？我们是否会不可避免地走向宏观经济不稳定？或者，这个新经济的结构性基础，是否有可能缓解不稳定，从而让我们摆脱困境？

这些都是本书通过探索提出的一些最深刻和最重要的问题。

在凯恩斯的文章发表80多年后，自穆勒为静态的两次辩护以来，我们惊讶地发现，实际上没什么可以继续帮我们回答这些问题。对于后增长经济，目前还没有羽翼丰满的宏观经济学。然而，这正是我们所需要的，不仅是出于环境因素，也是来自世俗原因。

当物质消费不再扩张时，就业会发生什么变化？随着传统增长率的下降，不平等会发生什么？当资本不再积累时，我们能对金融稳定说些什么？面对总需求下降，公共部门会发生什么？

这些是我们需要提出的关于新经济的问题。传统智慧倾向于给出一些令人不快的答案。例如，当需求停滞时，失业率通常会上升，税收通常会下降，债务通常也会上升。这些影响往往会创造"增长的必要性"，而这反过来又成为增长困境的基础。

正如我在本章开头所指出的，全面阐述后增长宏观经济学，超出了本书的范围。但自金融危机以来进行的研究，与本书第一版出版时相比，确实让我们在这项任务上取得了更大的进展。例如，需求、就业和劳动生产率之间的关系。这种关系是增长困境的根本。它表明，随着需求停滞，失业率不可避免地上升，导致固有的社会不稳定。

解决这个问题最常被引用的方法，是通过减少平均工作周来"共享可得工作"。例如，彼得·维克托在加拿大经济低增长模型中，提出了这种解决方案，这在前一章也被引述过。新经济基金会等组织最近的工作，也对此进行了一些详细的探讨。[30]

第 9 章 面向"后增长"的宏观经济学

但第 8 章的处方为"生产率陷阱"提供了另一个更整合的解决方案。向服务型企业结构性转变,需要降低劳动生产率的增长。换句话说,这种转变会增加经济的就业强度,促进充分就业。

在一系列针对加拿大和英国经济体粗略校准的经济模拟中,我和彼得·维克托表明,这种结构性转变,再加上工作时间政策,即使在增长率降至(或低于)零的情况下,也确实可以保持高水平的就业。[31]

为了应对低增长经济的就业挑战,向服务业转型提供了更加"全面的"解决方案。追求生产率所产生的明显"增长必要性",不如增长困境所表明的那样具有决定性。存在一些通往充分就业的路径,完全与停滞的需求和提高的繁荣连贯一致。

当然,这种转变对资本主义经济的结构,提出了更加深入的问题。其中一个问题涉及劳动回报(即工资)和资本回报(利润)之间的平衡。这种平衡揭示了这种位于资本主义核心令人不适的紧张关系。工资和利润不断地相互竞争,争夺国民收入的份额。

如果工资在经济中所占的份额上升,那么利润所占的份额就会下降,反之亦然。由于工资在传统模型中假设跟随劳动生产率,劳动生产率下降可能会导致预期工资在国民收入中的份额下降,而资本的份额上升。

在资本平均分配的世界里,这只意味着我们的大部分收入将来自利润而不是工资。但在一个资本分布极端不平等的世界里——我们的世界显然就是这样,情况看起来截然不同。资本所有权,甚至储蓄率的任何微小差异,都将导致不平等加剧。[32]

不平等代数

法国经济学家托马斯·皮凯蒂在其畅销书《21世纪资本论》中,突出地强调了这种紧张关系。该书在金融危机6年后出版,广受好评。[33]

这位"摇滚明星经济学家"出人意料地广受欢迎,本身就是对我们持续关注的不平等的见证。但他的细致分析揭示了一个资本主义令人不安的事情。晚期资本主义社会正忙于逆转整个20世纪在平等方面取得的成就。资本在收入中的份额正在上升,结果是相对不平等正在恶化,而不是好转。[34]

皮凯蒂将这个趋势的责任,明确归咎于增长率的下降。就像在《经济增长的道德后果》这本书中,本杰明·弗里德曼暗示的那样,只有增长才能带来文明,部分原因是不断扩张的经济,容许社会上最贫穷的人在某种程度上"追赶",而不需要富人做出太多牺牲或妥协。[35]

然而,这位法国经济学家更进一步。位于他史诗般巨著的核心,有个基本的"资本主义定律"断言:资本从长远来看在收入中的份额趋于某种代数"产出",由资本回报率乘以储蓄率除以增长率而确定。在这里,被证明是有问题的是除以增长率。每个高中生都知道,任何有限数除以极小值都会迅速接近无穷大。简单的代数似乎规定,资本的收入份额被设定在后增长经济中爆发式增长。[36]

皮凯蒂的回答是号召对资本征税,以便将资本收益再分配给社会中最贫穷的人。这是个相对简单的"辅助假设",旨在纠正资本主义功能失调的核心。他提出对资本征税的建议,引发了强烈的反对;而这些争论反过来无疑又促成了这本书的成功。但在这些吵闹和炒作中,发生了其他一些事情。后增长倡导者的平等主义梦想,遭受了这位世界著名经济学家的沉重打击。

对于我们这些努力实现这些梦想的人来说,皮凯蒂的介入是一把双刃剑。它对不平等问题的明确关注,广受欢迎。但是只有增长才能使我们免于不平等灾难的思想,对我们的努力形成了相当严峻的挑战,并在一开始时似乎代表了另一种"增长势在必行"。

这个挑战非常严峻,我和彼得·维克托决定花些时间研究不平等代数。我们的发现很有趣。只有在增长率、储蓄率和资本回报率长期保持不变的情况下,关于资本收入份额的皮凯蒂"基本法则"才会成立。

当它们像往常一样四处移动时,经济总是在追求平衡,但从未完全达到。在代数和现实之间的鸿沟中,几乎任何事情都可能发生。在某些情况下,皮凯蒂是对的:增长放缓可能加剧不平等。在其他情况下,情况可能会完全相反:即使是去增长也能与提高的平等相兼容。[37]

这无疑是个好消息。更惹人注目的是,这种相反的状况实际上是在什么情况下发生的。最关键的分析因素是所谓的"劳动力和资本之间的替代弹性"。该参数表明,随着资本和劳动力相对价格的变化,劳动力可能轻松替代资本。

正如皮凯蒂所预测的那样,在资本和劳动力之间更高水平的可替代性下，随着增长率的下降，不平等确实会不受控制地升级。但在替代弹性较低的经济中，危险性要小得多。实际上，当资本和劳动力之间的替代弹性小于1时，即使增长率下降至零，也有可能减少收入不平等。

这个发现最引人注目的一点是，资本和劳动力之间的低替代弹性，与我们早已重点关注的"以服务为基础"的必不可少的行业，恰恰紧密相关。第8章提到的灰姑娘行业，不太适合用资本替代劳动力，因为在提供它们时，人们的时间和技能发挥着关键作用。

总之，为了资本所有者追求生产率收益，无休止地压榨劳动力的生活时间，不仅对繁荣有害，而且不利于社会正义。但反过来说，当我们保护、培养和适当珍视人们为彼此服务所花的时间时，后增长经济才有潜力变得更加平等，而不是更少。

难道捍卫后增长经济学之路的"不可能定理"，实际上并没有看上去那么稳健？其似乎在无情地推动我们走向增长的一切中——在崩溃的痛苦下，有多少是偶然的产物？抑或是误解的结果？这些问题，甚至与我们最珍视的信仰有关的问题，当然值得探寻。绘制后增长经济学的路线图，是不断挑战传统智慧的活动。

信贷是否创造了增长的必要性？

传统观点表明，商业银行的信贷创造机制提供了另一种增长的必要性。根据这个认识，在没有经济增长的情况下，对债务收取利息会导致不稳定。有人认为，如果没有经济增长，就不可能支付利息和偿还债务，因此债务将不可持续地积累，并最终破坏经济稳定。

已故生态经济学家理查德·杜思韦（Richard Douthwaite）在著作《货币生态学》（*The Ecology of Money*）中提出，"创造货币的债务方法的根本问题，是因为几乎所有的债务都必须支付利息。如果经济想不崩溃，就必须持续增长。"[38]

同样，美国去增长活动家查尔斯·艾森斯坦（Charles Eisenstein）坚持认为，"我们目前的货币体系，只能在不断增长的经济中发挥作用。货币是作为有息债务产生的：只有当有人承诺偿还更多的钱时，货币才会产生。"[39]

对于这种以债务为基础的货币体系，我们早已给予了一些关注，并对它在未来经济中的地位提出了挑战。但是，如果这个论点是正确的，那么其意义是深远的。后增长经济根本无法在任何已识别的资本主义形式中存活。我们必须系统地废除资本主义最基本的方面之一——对债务收取利息，才能有成功的机会。尽管这样设想当然是可能的，但这个要求，除了最乌托邦的空想，似乎肯定会推动后增长经济超越所有的梦想。

奇怪的是，这种理解本身很少获得深入的经济观察。这是有原因的。理解信贷创造的增长动态，需要一个能够模拟货币循环和实体经济之间相互作用的经济模型——正是那种在金融危机爆发前因其缺失而引人注目的模式（第2章）。[40]

近年来，此类模型重新吸引了人们的兴趣。许多研究以韦恩·戈德利（Wynne Godley）的开创性工作为基础。戈德利是已故的前英国财政部经济学家，是少数能够预测金融危机的人之一。特别值得注意的是，戈德利和同事提出了股票流一致性（SFC）经济模型的概念。[41]

SFC方法的总体原理是，持续一致地核算整个经济体中代理和部门之间的所有货币流动。该方法可以概括为三大公理：第一，某特定行为者（或部门）的每项支出，也是另一行为者（或部门）的收入；第二，每个部门的金融资产，对应于至少一个其他部门的金融负债，所有部门的所有资产和负债之和等于零；第三，金融资产存量的变化，始终与经济部门内部和之间的流动有关。

这些简单的理解产生了一整套会计原则，作为现实世界中金融流可能的解决方案，可用于检验任何经济模型或情景预测的一致性。由于这个原因，SFC模型是发展后增长宏观经济学的有力工具。这也是为什么在我们自己的建模工作中，我和维克托明确采用了这种方法。[42]

我们决定自己直接检验"增长必要性"的假设。信贷是否创造了增长必要性？基于利息的货币体系，是否一定需要增长才能保持稳定？我们使用自己架构的简化版本，着手测试在计息债务和商业信贷创造的情况下，静态或准静态经济的稳定性。[43]

令人惊讶的是，我们发现，这种状态不仅是可能的，而且在各种不同的利率情境中都是稳定的。我们让假设的经济经受消费水平的一次性冲击和随机波动，模型仍然保持稳定。我们还模拟了在不破坏经济稳定的情况下，从增长状态成功过渡到稳定状态的过程。[44]

正如我们在第8章中所看到的，这种信贷创造可能导致公共和私人债务水平不可持续，价格上涨和财政不稳定，与环境资源相关的投机行为，收入和财富的不平等加剧，以及经济主权的严重削弱。

货币改革仍然是未来经济的重要组成部分。但我们模型的结果表明，如果目标是实现经济的韧性、稳态或准稳态，就没有必要消除有息债务本身。简而言之，又一个针对后增长经济学的"不可能定理"被证明是错误的。

政府的稳定作用

在我们的总体发现中，有些令人惊讶的推论。其中之一是政府财政政策的绝对重要性。正如凯恩斯预测的那样，政府支出具有稳定经济或破坏经济稳定的力量。

我们的模拟之一探索了"严格紧缩"政策的后果。[45] 在一次性的消费冲击后，政府通过削减支出来应对，试图将财政赤字降至零。结果是一场灾难。消费和投资都崩溃了，债务无法控制地升级，强化了在金融危机后批评紧缩的所有人士的见解（第2章）。

如果政策错误，在不增长的经济中，像在以增长为基础的经济中一样，不稳定是完全可能的。我们的另一个模拟强调了这个论点。我们探讨了当投资者的"动物精神"说服公司根据他们对未来的预期进行某种程度的投资时，可能发生的情况。[46]

图9.2显示了发生的各种情景。情景1代表了我们的稳态经济对一次性消费冲击的初始反应。在最初的戏剧性逆转之后，经济开始再次稳定下来。这支持了我们的观点，即在这种一次

性事件下，静态大体稳定。

情景 2 展示了当动物精神被夸大时会发生的情况。企业不愿在衰退中投资，而当经济反弹时，它们又热情地进行投资，这就形成了一个幅度越来越大的繁荣和萧条周期，将不可避免地变得不稳定。[47]

最后，情景 3 说明了"反周期"支出战略的影响。当产出下降时，政府增加公共支出；当产出上升时，政府减少公共支出。该战略对经济具有即时的稳定作用，甚至比在没有夸张的动物精神的情况下（情景 1）更快地使经济回到准静态状态。

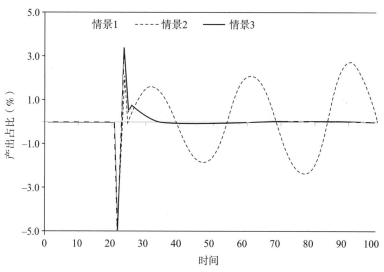

图 9.2　反周期公共支出的稳定作用

资料来源：杰克逊和维克托（2015 年：图 11）

我们应用类似的原则，在从增长型经济向稳态型经济的过渡中，允许政府支出发挥调节作用。事实证明，该原理非常稳健。政府支出似乎提供了各种不同条件下稳定不稳定经济的手段，尤其是在最终实现稳态的那些条件下。[48]

这些发现可能不会让凯恩斯或海曼·明斯基感到惊讶。两位经济学家都认为，财政政策对经济稳定至关重要。特别是明斯基，他提议政府作为"兜底雇主"应将支出直接投入经济，以在危机时期保持高水平的就业和稳定产出。[49]

此处正在出现的是：反周期支出、社会投资和公共部门就业的战略，不仅在保护社会福利方面，而且在后增长经济的基本动力方面，发挥着至关重要的作用。

最后还有值得指出的一点。政府实施这些稳定战略的能力，取决于是否有适当的货币政策。也许没有理由完全取消收取债务利息，但有充分的理由表明，政府应该对自己投资社会福利的权力施加影响。本章强调货币改革对未来经济的重要性。

超越增长的困境

在本章中，我的首要目标是证明后增长新宏观经济学绝对必不可少。我们无法完全预测未来经济的增长潜力。但毫无疑问，企业和投资的情况也可能降低经济增长的潜力（按常规测算），即使它们允许我们提高社会质量和保护环境的完整性。

我还认为，建立这样的宏观经济学是精确和可定义的任务。从明确的基本原则出发，我们可以确定这个宏观经济的基本维度：企业性质、工作质量、投资结构和货币在其中的作用。

后增长宏观经济学的整体目标是，必须展示如何将这些维度整合到一以贯之的经济框架，以提供高水平就业、允许社会投资、减少不平等，和保护金融稳定。

按照传统观点，这些目标似乎都不可能实现。在这种观点下，经济停滞引发高失业率、加剧不平等、导致债务升级和金融更加不稳定。但本章已经表明，应对这些挑战的系统方法揭示的可能途径，令人惊讶。

在更严格的审查下，明显的增长必要性消失了。明显的不可能定理主要是用错误的假设和过时的准则武装起来的，只不过是为后增长经济过渡过程站岗的看门人。当面临挑战时，它们有时甚至会掉头逃跑。

在某种意义上，这不应该让我们感到惊讶。经济学是人类社会的产物。其明显的难点是一种文化建构。我们制定游戏规则，确立游戏传统。我们建立并规范为之服务的机构。它的看门人是我们自己创作的角色。改写这些角色完全在我们的职权范围内。

将这些见解整合到连贯一致的总体理论中，仍然是正在进行的工作。从本章的探索中得到的重要教训是，一以贯之的"后增长"宏观经济学是完全可能的。

第 10 章

进步的国家

关心人的生命和幸福,而不破坏它们,是好政府的首要和唯一目标。

——托马斯·杰斐逊(Thomas Jefferson),
1809 年[1]

实现持久繁荣，需要依靠在特定极限内，为人们提供繁盛的能力。这些极限不是由我们决定的，而是由有限地球的生态和资源决定的。无限制地扩大我们的物质欲望是不可持续的。如果我们要在对立的反乌托邦之间找到一条道路，要在渴望和约束之间找到可持续的平衡，治理就是必不可少的。

废除消费资本主义看起来绝非易事，且仓促地推翻它，可能会使我们在毁灭的道路上走得更快，但仅靠自身渐进式的改变远远不够。即使是最明显的改变似乎也难以实施。政府被选举周期削弱或者被企业利益俘虏，有时似乎无力干预。

面对这种棘手的问题，很容易紧缩开支，更紧密地依赖现有的信条，或者诉诸某种宿命论。气候变化、世界不平等，也许还包括社会崩溃，这些都是我们在此必须接受的。集中所有的努力关注头等大事。在这种情况下，谁会不首先考虑自己和家人的安全？

对某些人来说，革命似乎是答案。或者，如果不是答案，那么至少是延续的社会和生态失调的必然后果。让我们拆散银行吧。让我们废除全球化吧。让我们终结公司权力，推翻腐败的政府吧。让我们废止旧制度，重新开始吧。

这样也有风险！新野蛮主义的幽灵潜伏在翅膀下。资源受限、气候变化威胁、为经济稳定而挣扎：如果我们早已摧毁了每个可以掌控的体制结构，那么在这样的世界里，公民社会还能维持多久？虽然这两种立场都是可以理解的，但这两种反应都不特别有建设性。事实上，它们也不是不可避免的。

这个无力、低效、被俘获的政府的愿景，是我们唯一可以实现的吗？或者，是否有可能设想更新的国家角色愿景，符合在资源受限和全球变暖的世界里的目标？我们可以定义一组明确的任务吗？我们能否确定治理繁荣所需的资源？本章的目标是探讨这些问题。

备受争议的治理

当然，冒险进入这个饱受争议的领域，危险重重。关于国家作用的争论，特别是我们是否需要"更多的国家"或"更少的国家"的问题，有时是激烈的，其在历史上有着复杂的根源。尤其是在20世纪，针对国家治理的挑战一直是激烈而漫长的。许多近期的挑战，往往来自经济的特定愿景——大多数都借鉴了"自由市场"假定的优点。

在本书前几章中，我们谈到了其中的一些内容。如果自由和开放的市场是公平分配稀缺资源的最佳工具，也是满足人类需求的最高效手段，那么似乎政府越少越好。国家的作用应该避开市场，使其能够在不受干预的情况下运作。

在当代经济学中，这个思想的霸权地位几乎无与伦比，在金融市场自由化和随后为紧缩政策的辩护中，该思想发挥了特别有害的作用（第2章）。

为了支持他们的观点,自由放任资本主义的支持者,几乎总会借鉴过去两个世纪最重要的治理选择的失败。苏联在20世纪90年代的解体,并没有让普通人相信,奉行积极干涉主义的国家可能是好事。苏联在历史上的弱点——权力的腐败、自治的侵蚀、经济模式的破坏,似乎强调了同样的信息。大政府不利于繁荣。

在亚当·斯密的著作和"看不见的手"的比喻中,常常可以找到这个立场的理由。但值得回忆的是(第7章),斯密本人强烈意识到公司利益的扭曲力量,并特别指出,政府对管控这些利益的作用至关重要。斯密认为,企业利益越大,政府保护社会免受腐败和俘获所需要的权力就越大。[2]

到了20世纪中叶,两个几乎截然相反的治理理念成了经济学讨论的核心。一方追随奥地利哲学家弗里德里希·哈耶克(Friedrich Hayek);另一方追随英国经济学家约翰·梅纳德·凯恩斯。在双方的长期争论中,这两个理念尤为明显。[3]

哈耶克是个人自由选择的强烈捍卫者,他警告集体主义的诱惑。他指责中央计划是一种暴政形式。对哈耶克来说,政府干预是走向《奴役之路》(*The Road to Serfdom*[4])的第一步。

凯恩斯并没有对政府的局限性视而不见。他甚至会私下抱怨西方政客的短视。但他认为政府在维持经济和社会稳定方面发挥着绝对重要的作用。实际上对于凯恩斯来说,社会稳定是宏观经济学的主要目标之一。[5]

特别重要的是凯恩斯关于反周期支出的处方。政府通过自身的税收和支出能力对经济稳定施加影响,是凯恩斯宏观经济学的核心。我们在第 2 章中已经看到，2008 年金融危机之后，凯恩斯主义思想如何自然而然地脱颖而出，促使人们呼吁制定绿色新政，以振兴经济并投资转型。

凯恩斯思想在金融危机期间的重要性，导致一些人认为，围绕政府角色的长期争议，在过去 10 年中发生了深刻的变化。政治学家彼得·霍尔在当时写道："当前的金融危机也已经变成了政治危机"。他认为，金融不稳定"正在重新配置政府在经济中的角色，以及关于公共和私有部门之间适当关系的传统智慧"。[6]

公正地说，2008 年和 2009 年的事件，重新划分了公共部门和私有部门之间的界限，深刻地改变了 21 世纪的政治版图。特别是从自由市场的角度来看，政府被广泛视为市场的扭曲，金融机构部分国有化几乎是令人震惊的转折事件。

然而，对于国家在这些情况下的作用，各方几乎没有不同意见。恰恰相反，当经济处于失败边缘时，唯一可能的反应就是政府进行干预，甚至顽固派也同意这点。在危机早期，《经济学人》承认，"金融天生是不稳定的。因此国家必须发挥重要作用，通过在危机中借贷来换取监管和监督，从而使金融更加安全。"[7]

愤世嫉俗者可能会辩称，在政府跳出来保卫金融机构和偏袒地注入金融刺激时，实际上并未能对危机的教训做出回应。国家批准的应对措施，远远没有降低金融市场风险，也没有保护社会中最弱势群体的需求，反而以牺牲社会投资为代价，支撑了金融机构的资产负债表。

第 10 章 进步的国家

这些反应具有广泛的倒退性,往往强化了对政府的另一种批评,即政府已经被少数人的利益所俘虏,并且普遍无法为多数人的利益行事。例如,马克思主义经济学家经常采用这种观点。

哈耶克也认为,为了维持设立财产权和保障个人自由的法律结构,需要某种国家权力。"但是这些权利必须得以履行,"马克思主义历史学家大卫·哈维(David Harvey)说,"正是在这一点上,国家凭借其合法使用武力和暴力的垄断权,被要求镇压和监督任何侵犯个人财产制度的行为。"

一旦国家的这种保护作用,开始对强大的公司行使特权,就像在历史上不同时期的做法那样,尤其是在应对金融危机时,那么它就会破坏"个人人权和私有财产之间的社会纽带,(这)几乎是所有政府契约理论的核心。"[8]

国家成为公司利益的牺牲品,最有力的方式也许与货币供应权力紧密相关。正如我们在前几章所见,将货币供应的控制权拱手让给私人利益,已经破坏了金融市场的稳定,扭曲了投资市场。它也在另外两个方面对国家不利:第一,在意识形态上,迫使它们保护"大而不倒"的金融机构;第二,在金融上,严重削弱社会投资的潜力,尤其是在最需要社会投资的危机时期。

这些对政府的批评可能让人麻痹。当治理理念受到各方攻击时,好像国家几乎什么都做不好。

在危机时期,右翼恬不知耻地呼吁国家拯救金融机构,但一旦经济恢复稳定,低效和控制的论调很快就会卷土重来,证明紧缩公共支出是合理的并抵制市场监管。从左翼来看，国家被视为保护社会产品的关键代理人，但人们普遍认为它受到私人利益的腐蚀，在为普通公民的利益行动方面无能为力。

公地治理

当然，关于治理有更精妙的观点。其中最妙趣横生的由已故的埃莉诺·奥斯特罗姆（Elinor Ostrom）提出。她在牧场、森林、鱼类资源等公共领域的治理研究，使她在2009年赢得了诺贝尔经济学奖，这是第一位女性获此殊荣。由于许多生态资源（包括气候）可归类为"公共池塘资源"，她的研究与本书的目标紧密相关。[9]

作为美国政治科学家，奥斯特罗姆有些年一直在研究小社区如何管理当地资源。1968年，她碰巧聆听了生态学家加勒特·哈丁（Garrett Hardin）的一场演讲。也是在同一年，哈丁出版了具有里程碑意义的著作《公地悲剧》（*Tragedy of the Commons*）。哈丁的首要兴趣是未经控制的人口增长问题。与之前的马尔萨斯一样，他确信地球不能继续以人口增长的速度提供资源。[10]

在这期间的某个阶段，哈丁偶然发现了维多利亚时代经济学家威廉·福斯特·劳埃德（William Forster Lloyd）的两篇演讲——首次刊发于1833年。在第一篇演讲中，劳埃德比较了在圈地和公地上饲养的牲畜质量。他问道，"为什么公地上的牛又瘦又小还发育不良？""为什么公地本身破旧不堪？"他的答案是私地和公地的治理有不同的激励结构。[11]

第 10 章 进步的国家

当牲畜在私人土地上放牧时，所有者增加它们数量的动机，只会保持在土地本身可持续的范围内。超过个范围，牲畜和土地的质量都会下降，土地所有者必须自己承担过度放牧的成本，包括低质量产出、利润下降和资产减少。对利润的追求自然抑制了保护基础资产的欲望。

在公地上，事情的运作就不同了。土地属于每个人，但同时又不属于任何人。土地属于每个人，意味着每个农民都有动机多带只牲畜去那里放牧。土地不属于任何人，意味着没有人支付相关成本。

显然，公地无法养活数量不断增加的奶牛，因此在某个阶段，动物遭受折磨，牧场破旧不堪，生态系统失灵了。在私人土地上，失败的风险由土地所有者承担，但就公地而言，它是由社会承担的。私人利润会导致社会化损失——正如金融危机期间银行系统的所作所为（第2章）。

在哈丁看来，"悲剧"在于公共池塘资源退化的必然性。他只提出了两种摆脱困境可能的解决方案。一种是将公共资源置于国家所有和管理之下（国有化）。另一种是将产权转让给他们个人（私有化）。在一个国有化被认为是共产主义的同义词，而共产主义被视为魔鬼化身的时代，主流的经济反应是主张公地私有化，这也许并不奇怪。

奥斯特罗姆对这种"悲剧"有不同的反应。她深受哈耶克的影响，抵制国家最佳的思想，但她也不赞同匆忙转让私有产权。相反，她利用自己的实证工作，提出了另一种替代方案。

她坚持认为，在某些情况下，悲剧并不存在。公地由社区拥有，通常人们居住在附近，彼此非常了解。社区制定了自己的准入规则，并制裁违反规则的人。在某些情况下，这使他们能够成功管理当地资源，而无须求助于国家所有或私人圈地。

奥斯特罗姆和她的丈夫文森特（Vincent）记录了数百起此类案例，并从这些案例中提炼出一套"设计原则"。这些原则催生了成功的公共资源管理，包括社区有效监督、高效的争端解决和分级制裁计划。

这些原则还包括文森特命名并呼吁的多中心治理，即从最本地到最互相关联的一系列嵌套治理层级，每个级别对系统的总体管理承担一定的责任。

许多公共池塘资源——海洋、气候，甚至可能是货币体系，是如此相互关联，以至于在国家甚至国际层面上，对更高级别治理的需求几乎不可避免，有时甚至是渴望的。关于这种国家治理公共池塘资源的"渴望"，英国提供了一个有趣的案例。在金融危机之后，英国试图出售国家所有的森林。

森林所有权正式授予环境国务大臣负责。在节省成本和减少赤字的压力下，这个部门就出售部分资产的最佳方式展开了磋商。随之而来的是公众的强烈抗议。这些森林也许归部长所有，但结果是它们不归部长可卖。社区（在本例中是全体公众）对这个想法反应强烈，该计划被迫放弃。

政府作为承诺工具

所有这些都不是要表明，繁荣的治理可以简化为公共池塘资源的社区管理。大卫·哈维曾建议，"政治实践"应该努力创造条件,"使私有财产和国家权力之间的对立,尽可能被共同权利制度所取代。"当马克思主义经济学家开始谈论消除"资本和劳动之间的阶级对立时",旧的意识形态分歧显然有望被更实际的治理愿景所取代。[12]

但即使在多中心治理方法中,明显有效的是国家仍然在如下方面发挥作用。例如,设立生态限制和支持共有权制度;利用权力征税和支出,以稳定经济周期并实现充分就业;最后,帮助我们改变被困在消费主义"铁笼"中的社会逻辑(第6章)。

在现代民主中,最后一点明显有争议。对于在影响人们的价值和期望方面发挥作用的想法,政策制定者(或许理所当然地)感到不安。但事实是,政府在不断干预消费的社会逻辑,不管他们喜欢与否。

其中最引人注目的方式是社会投资。政府在哪里(以及如何)投资,对基础设施、技术、准入以及最终对生活方式,都有巨大的影响。健康、教育和公共交通是典型的公共问题,其中的社会投资显然至关重要。[13]

正如意大利出生的经济学家玛丽安娜·马祖卡托(Mariana Mazzucato)指出,政府在塑造技术创新方面也发挥着作用。她论证说,认为创新最适合私营部门是个常见的错误观念。更仔细观察会发现,事实截然相同。私人资本不喜欢风险,新技术本身危机四伏。马祖卡托记录了一个又一个的例子,说明政府投资对商业成功至关重要。她指出,每个让苹果手机智能而非傻瓜的技术,正是得益于国家资助的基础和应用研究。[14]

国家的影响并不仅限于技术创新。教育的结构方式、对经济指标的重视程度、公共部门绩效指标、采购政策、规划指南对公共和社会空间的影响；工资政策对工作和生活平衡的影响；就业政策对经济流动性（从而对家庭结构和稳定性）的影响，产品标准的存在或不存在（例如耐久性）；对广告和媒体的监管程度，以及对社区倡议和信仰团体的支持，国家都发出了无数不同的信号。

在所有这些领域中，政策塑造并共同创造了社会世界。国家干预改变消费主义的社会逻辑是合理的，这个观点远没有人们经常描述的那样问题严重。

在某种程度上，这里的任务就像大山一样古老。至少在某种程度上，这是平衡个人自由与公众利益的任务。正是由于这个原因，人类社会出现了治理机制。人们正开始理解这方面的演化基础。能够保护社会行为的社会拥有更好的生存机会。[15]

哲学基础是由"社会契约"这一概念提供的。这是个人和社会之间的内在安排，旨在遏制狭隘的个人主义并支持社会行为。虽然我们交出了一些个人自由，但作为回报，我们获得了某种安全感，我们的生命将受到保护，免受他人无限自由的侵害。[16]

牛津大学经济史学家阿夫纳·奥弗尔在专著《富裕的挑战》（*The Challenge of Affluence*[17]）中，提供了这个思想的宝贵延伸。奥弗尔认为，如果任由我们自己决定，个人选择往往是不能清偿的短视。我们都过于偏爱今天而非明天，在任何合理的贴现率下，其方式似乎完全"不可理喻"。经济学家称之为"双曲"贴现问题。

对人类短视行为的抱怨毫不陌生。奥弗尔的独特贡献是表明，这种易犯错误有（或过去有）社会解决方案。

为了防止我们为了短期快乐而牺牲长期幸福，社会发展了一整套"承诺机制"，即社会和体制机制调节平衡选择从现在转到倾向未来。

储蓄账户、婚姻、社会行为规范，在某种意义上政府本身，所有这些都可以被视为承诺工具。这些机制使我们更容易抑制即时唤醒的欲望，保护我们自己未来的利益，以及实际上——虽然这在奥弗尔的论述中不那么明显——被影响的其他人的利益。

在他们广受欢迎的著作《轻推：改善关于健康、财富和幸福的决定》（*Nudge: Improving Decisions about Health, Wealth, and Happiness*）中，经济学家理查德·塞勒（Richard Thaler）和哈佛大学法学教授卡斯·桑斯坦（Cass Sunstein）提出的思想是，"选择架构"里的家长式干预可以帮助我们对抗短期主义，避开社会陷阱。例如，在结账处放置健康食品而不是糖果，或者让人们选择退出养老基金贡献而不是让他们选择加入，被视为是在"轻轻推动我们"做出良好的长期决策，远离糟糕的短期决策。[18]

"轻推"是个吸引人的思想。政府发挥作用帮助人们过上更好的生活，在提高这个观点的合法性方面，它做了大量工作。但在识别人们面临的巨大限制，在努力做"正确的事情"方面，它的确不尽如人意。它也确实没有充分认识到，一些障碍直接源自消费资本主义的主流逻辑。

如同奥弗尔的论证，问题在于追求富裕本身，正在侵蚀和破坏我们的承诺机制。在现代富有的国家，婚姻、父母身份和社区，所有这些都受到了攻击。债务激增、储蓄下降和金融危机本身揭示了对经济审慎的侵蚀。由于政府的空心化，我们没有做好应对这场"承诺危机"的准备。[19]

引人注目的是，关于造成这种侵蚀的主要责任，奥弗尔归咎于现代社会对新奇感的不懈追求。我们在第6章探讨了这个动力机制。它是使消费资本主义永久化的社会逻辑的组成部分。新奇感让我们买更多的东西，买更多的东西能维持经济运行，最终结果是整个社会被个人无法控制的力量"锁定"在消费增长中。

本性和结构在这里共同与我们作对。被我们的进化根源所诱惑，被说服力所轰炸，被新奇感所诱惑：我们就像是必须去糖果店里的孩子一样，虽然完全知道糖对身体有害，但被迫站在满是货物的货架前，完全无法抗拒诱惑。

乍一看，关于自由放任的个人主义是实现持久繁荣的充分治理机制，这似乎注定了其失败的前景。如果听任个人自便，人们自发做出可持续行为的希望似乎不大。但我们已经看到（第7章），这种对人性的看法是多么深刻的误解。综上所述，这些洞见为我们指明了一个解决方案。关键在于更清楚地理解政府以及"治理性"在这个动态中所起的作用。

增长的治理性

社会稳定取决于经济稳定。在以增长为基础的经济中，经济稳定取决于增长。因为政府发现自己仅仅为了维持稳定，需要促进经济增长。当然，要做到这点，它需要公民成为消费者。更重要的是，它需要他们成为特殊的个人主义和物质主义的消费者，对新奇感有持续的兴趣。即使与政府保护或提高社会和生态产品的最佳意图相冲突，这种需求仍然持续存在。

可以说，在这些产品中，社会稳定的层级最高。为了保护它，现代政府几乎不懈地不吝言辞，宣扬公民作为消费者的作用，包括呼吁个人自由选择和消费者主权，促进新奇感本身作为一种产品。

但它超越了言辞。制度、法规和市场信号组成的复杂网络，共同创造了消费主义文化。具体的基础设施决定了物质可能的世界。制度结构限制了我们社会生活的可能性。社会规范限制了创造性思维的自由。

这些构造对我们和对政府来说，都是具体的、真实的真理："自由放任的政策是市场运作的最佳方式""去监管是企业想要从政府获得的""消费者的选择是人人想要的"。我们甚至被引导着相信，我们想要公民本质上成为的正是：追求美好生活的个人主义、享乐主义消费者——以越来越物质化的方式兑现。

除了它对我们面临的生态、社会和金融危机的影响之外，唯一的问题是它显然是错误的。正如我们在第 7 章所见，认为人类的动机都是自私的想法是完全错误的；为这个观点寻找进化的理由是绝对荒谬的。进化并不排除道德、社会和利他行为。相反，人类的社会行为之所以进化，正是因为它们为物种提供了选择优势。

这并不是说人类是天使。很明显，自私和利他主义在我们每个人身上并存。但是，自我和他人相关行为之间的平衡，主要取决于社会结构。在自利得到回报的地方，贪婪和自私就会兴盛。但当社会结构支持利他主义时，同理心和善良就会蓬勃发展，自私会受到惩罚。消费资本主义的社会结构显然属于前者，而不是后者。

为了理解为什么会发生这种情况，借鉴米歇尔·福柯（Michel Foucault）治理性概念是有益的。在广义上，该概念被定义为"政府艺术"或"治理方式"。治理性特别指一系列有组织的实践和结构，通过它们来治理其对象。它可以被视为政府努力培养最适合推行其自身政策的公民的一种方式。[20]

福柯工作的重要性在于表明政府发现自己被卷入了特定的行为方式，部分归因于自己的政策。当然，这正是我们在本章中认同的。正是为了保持经济发展的需要，消费社会的机构设计，似乎越来越倾向于支持特别物质的个人主义，鼓励对消费者新奇感的不懈追求。消费社会的治理性需要它。

承诺的削弱是增长的结构性要求，也是富裕的结构性后果。增长要求我们目光短浅、个人主义、追求新奇，因为这正是使经济体系长久化所需要的。同时，它通过破坏支持更多利他主义和更保守价值的承诺机制，推动我们朝着这个方向迈进。

治理性的重要性在于认识到这个过程不是自动、自发的。政府在其中发挥着至关重要，实际上积极的作用，正是因为它对宏观经济稳定负有责任。个人追求新奇感是消费增长的关键要求，经济稳定取决于消费增长。那么政策正朝着这些方向转移，毫不奇怪。

超越冲突的状态

政府的主要作用是确保长期公共产品不受短期私人利益损害。具有讽刺意味的,甚至悲剧的是,世界各地的政府,尤其是自由市场经济体的政府,一直如此积极地支持追求无限的消费者自由,往往将消费者主权提升到社会目标之上,并积极鼓励将市场扩展到人们生活的不同领域。

这种趋势与保护社会和生态目标的愿望密切相关,让人特别奇怪。例如,英国作为极度自由的市场经济体之一,有时也明显大力倡导可持续性、社会正义和气候变化政策。英国在2005年制定的《可持续发展战略》(Sustainable Development Strategy)得到了国际社会的广泛赞誉,在2008年通过的《气候变化法案》(Climate Change Act)是世界领先的立法。

这里有种真正意义上的机构精神分裂症。一方面,政府必然追求经济增长。另一方面,政府发现自己必须进行干预,保护公共利益不受市场入侵。国家本身深陷冲突,一方面努力鼓励消费者自由,从而实现增长,另一方面努力保护社会产品,捍卫生态极限。这种紧张关系被历史学家卡尔·波兰尼(Karl Polanyi)称为社会的"双重运动"。[21]

但是,一旦我们认识到增长在宏观经济稳定中的传统作用,这场冲突的原因就显而易见了。它直接源自增长型社会的治理性。国家肩负着保护就业和确保稳定的重要责任,因此(根据当前的宏观经济观念)必须优先考虑经济增长。它被锁定在这一任务中,尽管它寻求促进可持续性和共同利益。换言之,政府本身正陷入增长的两难困境。

摆脱这个困境至关重要。研究表明，没有明确的治理，变革是不可能的。个人太容易受到社会信号和地位竞争的影响。企业在市场条件下经营。从狭隘的私利到社会行为的转变，或从无情的新奇感到对重要事物深思熟虑的保护，只能通过改变底层结构来推进。加强承诺和鼓励社会行为，这些变革需要政府行动起来。

在过去的半个世纪，特别是在自由市场经济时，政策的主旨几乎完全朝着相反的方向发展。政府系统地提倡物质个人主义，鼓励追求消费者的新奇感。这种趋势主要是有意为之，其假设是这种消费主义形式为经济增长、保护就业和维持稳定服务。因此，国家已被一个信条所控制，即增长应该胜过其他所有的政策目标。

但是，这种对增长的狭隘追求，不仅代表对共同利益的可怕扭曲，还歪曲了我们人类的根本价值，破坏了政府的合法作用。在对消费主义的无限追求中，被狭隘框定为市场自由保护者的国家，与任何有意义的社会契约愿景都没有关系。归根结底，国家是社会出类拔萃的承诺工具，是保护我们共同繁荣的首要代理。拥抱这个角色的新治理愿景至关重要。

知晓家庭、社区、友谊、健康等对繁荣有着至关重要的影响，而且个人保护这些要素的能力在现代社会中正遭到侵蚀。在这方面，似乎有种强烈的观点支持政府发挥更明确和更积极的作用。

同样，接受失业、不公正和不平等，不仅在个人层面上，而且在总体福利层面上，都有影响，似乎有观点支持政府干预，以保护就业、正义和平等。

从某种意义上说，这样的角色将为社会契约的理念注入新的活力。政府的合法角色在这样的契约中，将是加强和保护，防止短视选择的承诺机制，并且同等重要的是，减少经济发展加剧不平等和降低福利的有害结构性影响。

当然，这样的愿景需要民主授权。英国前气候变化大臣埃德·米利班德（Ed Miliband）辩称，"政治变革来自领导力和动员民众。两者你都需要。"专制主义本身正在损害人类福祉。无论如何，在现代的多元社会中，它不可能成功。进步的国家必须与公民积极接触，以确立授权和实施变革。[22]

但是，这并不能免除政府在确保共同繁荣方面的重大责任。政府的作用是在生态极限范围内，为公民提供繁荣的能力。此处的分析表明，在这个时候，责任必须改变现有体制和结构的平衡，摆脱物质个人主义，为人们追求家庭、友谊、社区、参与和创造力的内在目标，提供真正的机会。

这种观点绝不只是西方发达经济体的奢侈品。在最近一次关于增长的研讨会上，我听到一位年轻的新加坡部长提出了非常类似的观点。他说，政客被锁定在以权力回报他们的体系中。他坚持认为，构成善治的不是权力，而是服务。政治家应该把自己视为人类潜能的服务者。他们的作用是使人们能够充分发挥作为人的潜力，并提供这样做所需的技能和基础设施。[23]

因为只要经济稳定依赖于增长，冲突国家就会努力实现这一目标。短期选举目标和短期经济思维将占上风。政府不可避免地会有强烈的倾向,支持社会结构强化物质主义和追求新奇的个人主义。因为这是维持经济运行所需要的。

这就是为什么第 8 章和第 9 章的研究发现如此重要的原因。把宏观经济从为了消费增长的结构性需求中解放出来,将同时把政府解放出来,在提供社会和环境产品与保护长期利益方面,发挥适当的作用。对可持续经济至关重要的目标,对进步国家同样必不可少。

后增长社会的政策

这些思考是对繁荣治理认真探讨的序幕,而不是终结。它们是政策的起点,是后增长社会契约的基础。

以此为基础的详细阐述,需要比这里更广泛的公共和政策对话。政策制定是一个社会和政治过程,必须得到选区的通告。如果让政策问题完全悬而未决是错误的。

很明显,至少可能已经确定了前进的方向。对下文概述的所有提案,要取得的进展,政治意愿哪怕一步的改变,也可能至关重要。但我认为,一旦困扰冲突国家的困境得到解决,这也肯定是可能的。

在以下简短的段落中,我将重点介绍后增长社会的四大政策主题:确立极限、反对消费主义、处理不平等和"修复"经济学。[24]

确立极限

消费社会的物质挥霍正在消耗关键的自然资源,并给地球生态系统带来不可持续的负担。设立明确的资源和环境极限必不可少,将这些极限纳入经济结构和社会功能至关重要。

为了将这个思想纳入政策地图,斯德哥尔摩应变中心做了大量工作。它传达的最大信息是地球边界至关重要。当然可以就它们所在的具体位置,什么是最重要的,我们应该如何应对等方面提出质疑。但是,简单认为极限与人类努力毫不相关,将招致灾难。[25]

如果治理要有意义,它自身必须了解大自然强加给我们的约束。确定明确的资源和排放上限,根据这些上限制定减排目标,对于充分了解我们自身的潜力以及对于我们生存的威胁至关重要。

当然,这正是IPCC在温室气体排放问题上设定的目标。《巴黎协议》继续努力将全球变暖限制在比工业化前平均水平高1.5 °C,并制定了一整套精确的碳预算。达到这些预算,意味着遵守相当精确的排放路径。我们可以实施(一些国家已经实施)引导经济沿着这些路径发展的法律和政策。当然,我们也可能做不到这一点。[26]

随着对环境的科学认识的提高,我们对"安全操作空间"有了更多的了解。我们既可以随意忽略或边缘化这些知识,也有机会将其纳入我们的决策。这是确定我们所处位置不可回避的第一步。好消息是,任何人都可以参加。

不管政府是什么政治类型,都可以分配相对有限的所需财政资源,以衡量和监测繁荣所依赖的物质和生态条件。

无论是碳排放与气候变化、森林砍伐与栖息地丧失、遗传与生物多样性的状况、土壤质量、海洋清洁度，还是物质沉积的资源质量，基本了解我们在这个地球边界的位置，是完全可能的。

不确定性显然存在，但是数据测量和整理为我们提供了决策信息。距离绝对资源匮乏，我们可能仍然还有几十年的时间，或者可能没这么多。我们非常接近一些生产峰值，也可能与其他峰值尚有距离。但是，科学地了解关于这些条件的最佳可用信息，对于适当的经济规划必不可少。

关于增长极限的早期工作（第1章），最重要的信息是早期行动非常重要。当这些变化降临时我们才做决策，是灾难之因。尽早处理极限问题是成功的关键。尽最大可能科学了解我们脆弱的资源基础，是绝对的优先事项。

反对消费主义

把我们封锁在消费主义铁笼里的社会逻辑，超级强大。但无论是它对人们的心理还是精神领域的限制，都对繁荣有害。持久繁荣的基本先决条件是，使人们摆脱这种破坏性动力，为可持续和充实的生活提供机会。

在被视为个人或社会选择的领域，政府不愿干预是可以理解的，但是，改变消费的社会逻辑不能简单降级到个人或社区行动的领域。无论潜在的改变意愿是什么，众所周知，人们很难简单地选择可持续的生活方式。当试图过更好的生活时，即使是积极性很高的人，也会成为冲突的牺牲品。如果社会结构不发生改变，行为发生大规模社会转变的可能性微乎其微。

当然反过来说，社会结构可以，而且确实会不断改变人们的价值观和行为。消费主义本身发展成为保护消费驱动经济增长的手段。消费主义文化是通过机构、媒体、社会规范和一系列微妙却不那么微妙的信号来传播的。这些信号鼓励人们通过物质商品表达自己、寻求身份和寻找意义。

有一种非常真实的历史感，消费社会是现代性的人工制品：由市场商人、投资者、广告商、企业家和政治家共同创造。拆除这些复杂的激励结构，需要系统地关注其构建和持续再构建的各种方式。

我们的第一步行动必须寻根究底，提出定义现代社会的制度平衡问题。它们促进竞争还是合作？是奖励自私的行为，还是支持准备牺牲个人利益为他人服务？学校、大学、商业、媒体和政府本身向人们发出了什么信号？哪些行为受到公共投资和基础设施的支持？哪些行为受到阻碍？

也许最关键的任务，是确定（并纠正）这个复杂社会结构的上述方面。它们为物质个人主义提供了不正当的激励，破坏了共享繁荣的潜力。

广告是最显著的注意力目标之一。虽然广告提供信息，但在限制人们的心理和精神世界方面，它贻害无穷。后增长的经济必须避免为了刺激物质欲求而操纵我们的欲望。

要特别关注商业广告对儿童的影响。一些国家（尤其是瑞典和挪威）已禁止向12岁以下的儿童播放电视广告。圣保罗市通过"清洁城市法"建立无商业区，是保护公共空间免受商业入侵的一种方式。[27]

另外是通过国家资助为公共媒体提供系统支持。正如地方自力更生研究所指出，"社区应该有权保留没有商业主义的空间，公民可以在平等的基础上，在此聚集或交流思想。"[28]

公民作为劳动者和消费者，需要更强大的贸易标准来保护。公平贸易倡议是个很好的建议，说明公司准备在自愿基础上采取行动，可以实现什么目标。但这种方法还不够广泛，不足以保护所有供应链的生态和道德标准，或者确保这些问题体现在人们的购买行为上。[29]

贸易标准还应系统解决消费品的耐久性问题。计划和感知的淘汰，是用过即扔社会最严重的问题之一，损害了人们作为消费者和公民的权利与合法利益。创造持久耐用的产品至关重要。[30]

归根结底，解构消费主义的文化并改变其社会逻辑，需要持续和系统的努力将其付诸实施。然而，这种努力显然不会作为纯粹的惩罚性努力获得成功。仅仅废除消费主义是不够的。为人们提供替代消费生活方式的可行选择是必不可少的。

这意味着寻找新的方式，以满足已被物质消费取代的社会和心理愿望。达到这样目标的一个方法是投资公共设施和空间，为休闲和自我发展创造机会。同样重要和相辅相成的战略在于，加强社区和建立牢固的社会关系，在不扩大生态足迹的情况下，丰富人们的生活。

我们必须培养和支持非消费主义的世界认知和存在方式。这些方式可以借鉴一直反对消费主义的各种传统。它们随着市场驱动的增长退出后，将得到加强。不可避免地，市场驱动的增长会灌输有利于在市场环境中取得成功的价值观、信念和存在方式。

这在实践中意味着什么,需要比此处的可能性更详细地探索。当然,这在政策上需要更加关注繁荣的意义和衡量,尤其是在涉及社区、社会参与和心理健康的问题时。

关键在于这些成果不能以工具性的临时方式达成。政策必须更加关注社会隔绝和失范的结构性原因。在它的核心必须是实现有意义和持久繁荣的目标。进步取决于培养人们以减物质方式繁荣的能力。

处理不平等

系统性的收入不平等,增加了焦虑,侵蚀了社会资本,使低收入家庭面临更高的发病率和更低的生活满意度。实际上,越来越多的证据表明,收入不平等的人口对健康和社会有负面影响。系统性的不平等还推动了地位消费,成为推动资源在经济中流动的物质"棘轮"。

非生产性的身份竞争,增加物质产出量,造成心理困扰和社会动荡。根据英国临床心理学家奥利弗·詹姆斯(Oliver James)的研究,与更平等的社会相比,有系统性报告认为,社会越不平等痛苦越甚。[31]

流行病学家理查德·威尔金森和凯特·皮克特也提出了同样的观点。他们的著作《精神层面》(*The Spirit Level*)汇集了惊人的证据,证明了在健康和社会问题方面不平等的代价。图10.1清楚地证实了这个广泛的假设,显示在健康和社会问题与经合组织国家日益加剧的不平等之间,存在高度的正相关。[32]

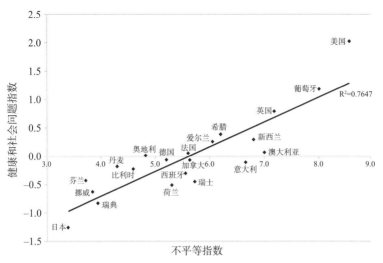

图 10.1 健康与社会福利平等

来源：平等信托的数据（见注释 30）

在更平等的社会中，预期寿命、儿童福利、识字率、社会流动性和信任都更好；婴儿死亡率、肥胖、少女怀孕、凶杀率和精神疾病发病率都更低。威尔金森和皮克特认为，处理系统性不平等是至关重要的，不仅仅针对最贫穷的社会。社会整体面临着不平等。

处理不平等问题将降低社会成本，提高生活质量，改变身份消费的动力。目前几乎没有采取什么措施来扭转不断恶化的趋势，尤其是在自由市场经济中，但是减少不平等和收入再分配的政策和机制方面有很好的记录。[33]

潜在的政策措施，包括累进税结构、最低与最高收入水平、提高受教育的机会、反歧视立法和改善贫困地区的地方环境。目前，系统地关注这些政策至关重要。

公平和生态极限的条件叠加在一起,表明了"紧缩与趋同"模型的关键作用。该模型在生态上限下建立了平等的人均配额,向可持续水平趋同。[34]这种方法在某种程度上已被应用于减碳。对于不可再生资源的开采、废物的排放(特别是有毒和危险废物)、供给"深层"地下水的抽取以及可再生资源的收集率,可以建立类似的上限。

影响的关键在于收入和工资结构。金融危机的教训清楚地表明,这种平衡一直在奖励竞争、个人主义和物质主义的结果,即使它们对社会有害。减少由此产生的巨大收入悬殊,将发出关于什么才是社会价值的强大信号。

对那些从事儿童保育、老年人或残疾人护理和志愿工作的人,给予更好的认可,将使激励的平衡从地位竞争转向更合作以及可能更无私的社会。其中一些措施可以通过公民收入的形式来推进,包括芬兰、荷兰、加拿大和瑞士在内的多个国家,正在探索这个思想。[35]

"修复"经济学

以债务驱动物质消费持续扩张为基础的经济,在生态上是不可持续的,在社会上是有问题的,在经济上是不稳定的。改变这种破坏性动态,需要发展强有力的新经济思维,建立后增长新宏观经济学是当务之急。

传统国民经济核算体系以 GDP 作为核心测量指标,其缺陷如今已被充分证明。在制定国民经济核算框架方面,取得进展的时机已然成熟,为社会进步和经济绩效提供了更强有力的测量标准。[36]

但修整经济学的任务并不仅仅是调整我们的账户。后增长新宏观经济学随着投资组合的重大变化，必须解决更缓慢、更劳动密集型经济的动态问题。

这种新投资组合所需的金融图景与导致 2008 年崩溃的情况截然不同。长期安全必须优先于短期收益，社会和生态回报必须与传统金融回报同等重要。为了反对破坏稳定的金融实践，改革资本市场和立法，不仅是应对金融危机最明显的反应，也是可持续的新宏观经济必不可少的基础。

在新的投资组合中，社会投资可能发挥关键作用。增加对公共产品和社会基础设施的投资，是减少消费主义世界的重要先导。提高公共投资也发出了平衡私人利益和公共利益的强大信号。

相同的平衡也必须反映在劳动力政治中。对劳动生产率增长的不懈追求，并不必然对繁荣不利，但会严重影响工作质量和核心经济部门的韧性。

替代策略显然存在。其中之一是保护和支持那些就业丰富的部门，其中许多部门受到紧缩、社会投资下降和动态鲍莫尔成本病的威胁。这种转变将保护人们在工作场所时间的质量和强度，使其免受资本所有者削减成本的激进行为造成的侵害。

在稳定不稳定的经济方面，明斯基建议政府应充当"最终雇主"。上述策略与他的建议并非相去甚远。正如我们在第 9 章所见，为确保后增长经济的稳定，反周期公共支出通常是有力的工具。

对于政府参与这项任务的能力而言，货币体系本身的性质至关重要。通过取消（或减少）商业银行创造货币的权力，增加对货币供应的主权控制,将具有多重优势。减少债务、提高金融稳定性和加强社会投资是货币改革的成果。[37]

为了繁荣的治理

将所有这些组成部分整合在一起,是个巨大但令人兴奋的挑战。为后增长经济提供连贯和全面的治理愿景,实际上并没有令人信服的先例。但这种新政治既不是专制主义的枷锁,也不是新自由主义市场经济福音式的自由放任。它是提高政治参与和恢复繁荣的重要舞台。

这个陷入冲突状态软弱无力的神话,已经牢牢控制了集体想象。既得利益兜售的半真半假的有害内容,严密限制了治理本身。但在很大程度上,这种冲突状态是增长困境的牺牲品。在从困境中拯救经济时,政府至少有机会拯救自己。

本章看到了"进步国家"积极的动态作用:关注不断变化的社会条件和公民的潜在需求;积极合作设计美好生活;包容且考虑周密;积极投资共同利益;具有创业和创新精神。进步的国家充满活力、不断前进、魅力十足。

它存在的先决条件是摆脱增长的不可或缺,但繁荣的优势众多。一个更加平等的社会将降低身份商品的重要性。消费驱动更少的经济将减少我们对地球的影响。增加对公共产品的投资将为共同利益带来持久回报。不那么物质化的社会将增加集体福祉。

简而言之,进步国家不只是在低增长环境中确保社会和经济稳定的工具手段。它既是更新治理愿景的基础,也是持久繁荣的基础。

第 11 章

持久的繁荣

只有疯狂到认为自己可以改变世界的人,才能真正改变世界。

——史蒂夫·乔布斯(Steve Jobs),
1998 年 [1]

社会面临着深刻的两难困境：拒绝增长冒着经济和社会崩溃的风险；无节制地追求增长，将危及人类赖以生存的生态系统。

在大多数情况下，这个困境在主流政策中没有得到认可。在公开辩论中，它只是稍微更显眼些。当现实开始冲击集体意识时，手头最好的建议是，我们可以设法将经济增长与物质影响"脱钩"，并在经济呈指数级增长时继续如此。

这意味的行动规模之大，令人畏惧。2050 年，在 100 亿人向往西方生活方式的世界里，每一美元产出的碳强度，必须比今天低 200 多倍。在 21 世纪中叶之前，经济活动就需要从大气中除碳，而不是增碳。[2]

别担心，没人知道这样的经济是什么样子。没关系，脱钩不会以那样的规模发生。别介意，我们所有的机构和激励结构不断指向错误的方向。这个困境，一旦被认识到，就会如此危险地逼近我们的未来，以至于我们只能绝望地相信奇迹。技术将拯救我们，而资本主义擅长技术。因此，让我们继续上路演出，并希望一切顺利。[3]

这种妄想策略已达极限。认为资本主义对效率的追求将稳定气候并解决资源短缺问题，这个简单的假设几近彻底破产。

无增长的繁荣

为了应对增长的困境，我们现在迫切需要更清晰的愿景、更勇敢的决策、更强健的战略。

首先，我们必须解开那些让我们一直处于破坏性否认状态的力量。人性和结构在此共同密谋。利润动机刺激着人们不断寻找更新、更好或更便宜的产品和服务。我们对新奇感和社会地位的不懈追求，把我们锁在消费主义的铁笼里。丰裕本身背叛了我们。

丰裕同时孕育和滋养着消费者新奇感的持续生产和再生产。但无情的新奇感加剧了人们的焦虑，削弱了我们保护长期社会目标的能力。这样做的结果最终会破坏我们自己和周围人的福祉。在路途的某处，我们失去了最初寻求的共同繁荣。

这些没有一个是不可避免的。我们不能改变生态极限。我们不能改变人性，但我们能够而且确实创造和再造了社会世界。它的准则就是我们的准则。它的愿景就是我们的愿景。它的结构与机构和我们的规范与愿景互相塑造。这就是需要变革的地方。

本书致力于理解和阐述这种转变。在本书的后半部分，特别提出了现在可以采取的切实步骤，以实现向可持续经济的过渡。

最后一章将回到前面沿途提出的一些更广泛的问题，总结关键的论点，并且考察渴望实现（或仅仅需要实现）无增长的繁荣更广泛的意义。

第 11 章 持久的繁荣

神圣的苍穹

所有这些的出发点，在于一个繁荣的愿景，即在有限星球的生态范围内，作为人类的繁荣能力。

不可否认，这个愿景是具有物质层面的。当没有足够的食物和住所时，谈论繁荣是有悖常理的。对于世界最贫穷地区的近 20 亿人来说，情况仍然如此。但我们也应清楚地看到数量与质量的简单方程，越多越好通常是错误的。物品本身并不能帮助我们繁荣，有时甚至会阻碍繁荣。

在一定程度上，做得好取决于给予和接受爱的能力，享受同龄人的尊重，对社会做出有益的贡献，对社区有归属和信任感，帮助创造社会世界，并在其中找到可靠的位置。简而言之，有意义地参与社会生活的能力，是繁荣的重要组成部分。

这些主要是社会和心理任务，而不是物质任务。消费社会的最大成功（和同时的失败），几乎完全是根据物质商品的所有权和占有来界定的。我们当然不是首个把象征意义赋予崇尚物质商品的社会，但我们首次把如此多的社会和心理功能，托付给了物质追求。

我们的身份感、我们对爱的表达、我们对意义和目的的追求，甚至我们的梦想和欲望，都是通过商品的语言表达出来的。我们对世界和在其中的地位提出的最基本的问题，都是通过消费主义来解决的。无限地获取物质商品代表了我们自由的希望。有时甚至是为了永生。

在田纳西·威廉姆斯（Tennessee Williams）的戏剧《热铁

皮屋顶上的猫》（Cat on a Hot Tin Roof）中，"大爸爸"（角色之一）说，"人类这种动物是会死的野兽，如果有了钱，他就会不停地买买买。我觉得，他要买能买到的一切东西，是因为他后脑勺里有种疯狂的希望，那就是在买的这些东西中，有一件会永远存在。"4

妄想也在这里盛行。当然，物质财富提供新奇感。当然，它们抚慰我们，给我们希望。当然，它们把我们与我们所爱并追求效仿的人联系在一起。但这些联系充其量是变化无常的。它们既能妨碍，也会促进。它们会随着时间褪色和扭曲。它们的承诺最终是毫无根据的。

这是自古以来圣人的智慧。多年来，它没有减弱，也没有被我们的物质财富冲淡，但物质财富使人们越来越难以看到真正的财富在哪里，如何区分重要的和闪光的东西。我们被困在物质欲望的迷宫中，似乎注定要一直待在那里，直到魔咒解除。当它发生时，我们经常迷失方向。当我们醒来时，发现地基建在沙子上。

我收到的一些来自普通人的回复，生动地强调了这点。在读了我关于消费主义虚幻安慰的文章后，一位临终安养管理者写信给我，描述了晚期疾病的诊断如何使人们直接面对这种错觉。那些接受他护理的人正在经历各种各样的痛苦。其中最难解决的是，意识到他们深陷其中的消费梦毫无帮助，从而引发真正的意义的危机。

心理健康部门的一名社工也提出了类似的观点。他描述说，精神崩溃相当于发现生命情感和认知维度正在瓦解。"处于危机中的人，再也无法将居住、关系、工作、收入、债务（等）一揽子事务，与他们从童年开始发展的技能、愿望、意义和目的保持平衡。"他告诉我，让自己重新振作起来，不仅需要药物或治疗，也需要建立新的支持关系、明确新的目的和新的意义。

一位奥古斯丁修女反思了我们对现代性的理解中极限概念的惊人缺失。她说："我怀疑这是出于非常有趣的原因。"金钱为我们提供了"永恒的模仿（尽管是虚假的）"，因为它似乎可以无限增长。换句话说，我们对无限增长的坚定忠诚，可能只不过是对我们自身死亡的回应。

也许这一切都没那么令人惊讶。根据心理学家谢尔顿·所罗门的说法，死亡焦虑驱使着我们作为人类的一切行为和努力。死亡是居于人类灵魂深处苍穹中"核心的蠕虫"。它产生了对我们自己、对我们所爱的人、对我们社会的命运、对存在本身的存在主义恐惧。它在所有社会中都起作用。因此，在消费资本主义中发现它发挥的作用并不奇怪。[5]

但这并不能成为消费主义失败的借口。这里的危险不是潜在焦虑的存在，这在每个社会都普遍存在，而是关于每个社会，每个社会组织形式，在应对这种焦虑时的成败。

美国社会学家彼得·伯杰完美地阐述了这个挑战。他认为，每个社会都需要一个框架来理解存在。这个框架将我们的暂时存在与某种更高的"神圣"秩序联系起来，为道德指引和道德治理提供了基础。并且通过提供超越的现实，它使我们能够直面自己的死亡和失去所爱之人的问题。[6]

伯杰将这个框架称为"神圣的苍穹"。他的兴趣主要是了解宗教：神圣苍穹，无与伦比。但需求本身是地方性的。它是我们所知的每种社会中至关重要的因素。神圣苍穹的作用是让我们远离绝望、远离混乱和有时毫无意义的虚无，它们潜伏在我们整洁有序的生活结构之外，伺机摧毁我们的希望和破坏我们最好的愿望。

宗教可以为这种威胁提供某种防御。但是，当宗教信仰更难获得时，当它的知识基础被动摇时，或者当它的表现需要越来越多的原教旨主义（和不人道的）理念时，社会该怎么办？认为这些重要的社会功能有些是由消费主义本身承担，难道那么不可能吗？

物质的东西安抚我们。神圣的物品让我们忆起所爱，想到我们所拥有的梦想，想起我们对未来的希望。它们似乎可以无穷无尽地得到，抚慰我们短暂的生命，在我们失望和失败时给予安慰。我们得到的保证是，社会（为我们和我们的孩子）提供了未来更好生活的承诺。

从这个角度来看，消费主义并非完全空洞，但它显然存在缺陷。它的正义感脆弱无力，其奖赏的制订和发放极不公正。它为我们提供了诱人的安全感，但需要参与更多的消费来不断加强。即使它是可持续的，作为心理策略，它的成功在最好的情况下也只是昙花一现，在最坏情况下则是病入膏肓。

改造神圣的苍穹绝非易事。拆除它危机四伏。劝诫显然注定要失败。要求人们放弃物质商品就像邀请社会自杀。更糟糕的是将威胁我们参与社会的意义。[7]

失业就是这样的一个威胁。消费资本主义可能鼓励我们将自己更多地定义为商品、时间和空间的消费者，而不是我们在生产这些东西中的角色。工作仍然至关重要；失业仍然是动摇我们信心、威胁我们社会世界的情况之一。

在更不平等的世界里，这种风险愈发严重。失业的耻辱大部分是通过社会比较来体现的。这种比较越尖锐，耻辱感就越强。但在我们所知的几乎所有无论多么平等的社会中，某种社会角色都很重要，是通往神圣苍穹纤细的救生索。

对于这个威胁的务实回应也指向重建，特别是指向简约的优点——重整生活，关注本质。强化对我们重要的事情，减少不必要的承诺，可以提高我们应对外部冲击的韧性，甚至可以提高我们的生活质量。

节俭对我们来说似乎很严酷，但是正如英国《金融时报》专栏作家哈里·艾尔斯（Harry Eyres）指出的那样，它的词源根本不在于牺牲和艰辛，而是水果（fruit）的拉丁语。"'成为好水果'意味着诚实和节制，致力于长期繁荣：不论是对人类，还是对地球自身，都至关重要。"[8]

在存在极限的世界里，节俭提醒我们是更广泛社区的成员："繁荣只能被认为是一种包括对他人的义务和责任的条件。"与通过个人利益实现繁荣的流行观念相比，这个观点几乎完全背道而驰。那是个围绕着吹捧利己和贪婪的需要而构建的世界。[9]

我们被鼓励目光短浅地看待世界：热带雨林"离这里很远"，极端贫困似乎是他人的问题。我们通过强力望远镜错误的一端观望未来，以及那些比我们更不幸的人们。一切似乎都太遥远了。但这种框定的狭隘世界观，不仅破坏了我们自己的人性,而且摧毁了公平和持久繁荣的前景。[10]

就像在更紧迫和更个人的危机中一样,我们在这里的任务是重建。我们需要的是自下而上重建繁荣。尽管这似乎令人畏惧,但事实是,关于需要什么,我们已经知道很多。

繁荣超越物质关切。做得好,部分取决于我们参与社会生活的能力,取决于我们对共同意义和目标的认识,取决于我们创造、关爱和梦想的能力。

我们已经习惯于通过物质东西追求所有的这些目标。我们的挑战是摆脱这种约束。但这应该怎样发生呢?这是政治任务吗?还是个人任务?个人选择甚至与我们逃离消费主义的铁笼有关吗?

超越"铁笼"

这个关键问题的答案相当奇怪,既是又不是。是的,个人选择是可能的。我们日日夜夜、时时刻刻都在做出如何生活的决定。确实,我们并不总能认识到它们。确实,因为社会规范,因为我们过去的限制,因为现在的要求,因为我们对未来的期望,它们深受习惯的影响。然而……

然而,否认个人自主权的有效性,是公然挑战世界各地的人实际上确实做出了以不同方式生活的决定的证据。这既不是道德高地的个人要求,也不是道德劝诫。两者都不合适。这只是个基于证据的事实。

例如,过上更健康的生活是有可能的。吃得更好(或更少)和锻炼得更好(或更多)是有可能的。走路而不坐车是有可能的。拥有更少的东西是有可能的。投资更合乎道德是有可能的。人们做这些事情，出于各种原因。有时他们会因此感觉更好。

深呼吸，花更多的时间与家人和朋友在一起，在社区做志愿者，是有可能的。更有创意、更加慈善、对彼此友爱，是有可能的。完全随意地做出无保证的善举是有可能的。

人们做所有的这些事情。奇怪的是，所有这些都对健康产生了有益的影响。它们分文不花。它们对GDP毫无贡献。它们与产出或效率毫不相干。但它们却与繁荣息息相关。

这是答案"是的"部分。是的，个人有可能在消费主义之外繁荣起来。消费越少，生活越好。用的东西越少，获得的乐趣越多。某些人在某些时候已经在这样做了。

这些人疯了吗？也许吧！难道他们疯狂到认为自己可以改变世界吗？可能吧！他们真会改变世界吗？谁知道呢！有时，我们只需敢于以不同的方式思考，甚至敢于采取不同的行动；有时，这还远远不够让变革发生。

当然，个人行为本身永远不足以产生广泛的社会变革，这是显而易见的，特别是在反对这种变化的社会环境中。把事情留给个人选择，是行不通的。希望允许市场自由发挥作用来让它产生，是行不通的。这是答案"否的"部分。

劝诫也于事无补。一组人（既有地位又有权力）试图说服另一组人（既没地位也无权力）放弃物质财富，这在道德上是有问题的。在当今社会，这无异于要求他们放弃某些社会和心理自由。这不可能最终成为前进的道路。

变革的关键是构建可信的替代方案。这是一项深刻的社会任务。其目的必须是为人们提供以真正更不物质的方式繁荣的能力。这意味着对这些能力进行投资和再投资：物质的、财务的、情感的。

这里的核心要素是公共产品理念的复兴。更新我们对公共空间、公共机构和共同目标的意识。在共同目标、资产和基础设施上投入资金和时间。

听起来很宏伟，但不必如此。绿地、公园、休闲中心、体育设施、图书馆、博物馆、公共交通、当地市场、静修地与"安静中心"、节日：这些都是社会参与新愿景的一些组成部分。

公共服务越来越被视为一种手段，关照负担不起此类服务的个人。但是，正如哈佛大学政治哲学家迈克尔·桑德尔指出的那样，它们"在传统上也是培养共同公民身份的场所，来自不同行业的人相互接触，从而获得足够的共享……生活的感觉，我们可以意味深长地将彼此视为共同创业的公民。"[11]

这种共同努力的意识是消费社会的牺牲品之一。难怪我们失去了与他人的联系。难怪我们对未来的感觉是模糊的、无承诺的。难怪我们的繁荣愿景对更广泛、更持久的社会目标视而不见。我们已经瓜分了共同努力感，有时毫不夸张地说，以便我们能够以市场价格卖掉这些碎片，保持我们的经济增长。在这个过程中，我们失去了共同的意义和目标。

反对消费主义最终必须包括创造空间来更新我们的愿景，重建神圣的苍穹，构建更强大的意义和目的框架。我们必须学会培育意义共同体（在市场领域之外），为不断困扰我们的深层基础问题提供可靠的答案。[12]

第 11 章　持久的繁荣

舞会上的灰姑娘？

经济几乎确实依赖我们生活的私有化和身份的商业化，意义的丧失和共同努力的减少，都是它的必然结果。不同的经济对不同的繁荣至关重要。我们对这种经济了解多少呢？

如果我们暂时忘记对增长的不懈追求，可以集中定义经济应该是什么样子。令人惊讶的是，它归结为几个显而易见的方面：蓬勃发展的能力、谋生手段、社会参与、安全程度、归属感，以及分享共同努力并追求发挥个人潜力的能力。

我们知道韧性很重要。在动荡中崩溃的经济直接威胁繁荣。我们知道平等很重要。不平等的社会推动了非生产性的地位竞争，不仅直接破坏了福利，而且通过侵蚀我们的共同公民意识破坏它。

出于各种原因，工作，不仅仅是有偿就业，对未来经济至关重要。工作不仅是谋生的手段，也是我们参与社会生活的一部分。通过工作，我们创造和再造了社会世界，并在其中找到了可靠的位置。

除了这些基本原则之外，对这样的社会中经济活动的具体性质，我们还有相当多的了解。它们可能倾向于服务的交付，而不是物品的产出量。我们希望用它们提供体面的生活。我们需要它们具有较低的材料和能源吞吐量。

我们知道，这些活动的产出不仅必须对繁荣做出积极贡献，也是我们供给体系的形式和组织。经济组织需要与社区的特性和社会长期利益合作，而不是与之对抗。

在有些人看到机器人化、数字化和"物联网"对人类工作根本转变的领域，本书勾勒出了完全不同的愿景。以社区为中心的企业致力于提供当地服务，如营养、教育、护理、维护和维修、娱乐、手工艺、创意、文化，这些活动有助于繁荣并植根社区。它们具有低碳足迹的潜力，并提供有意义的工作。

传统经济部门仍将发挥一定的作用。资源开采的重要性将降低，因为使用的材料更少，而可再利用的材料更多。当然，制造业、建筑业、食品与农业、零售业、通信和金融中介业仍将十分重要。

毫无疑问，数字经济将改变其中许多活动。十分肯定，它们在未来要看起来与现在大不相同。农业将更重视土地的完整性和牲畜的福利。制造业将更加关注耐久性和可修复性。建筑业必须优先考虑现有建筑物的翻新，以及可持续和可修复的新基础设施的设计。"循环经济"的模式在这里大有可为。[13]

对于实现这个转变，投资至关重要。这代表着投资组合性质的根本变化。对资源开采和劳动生产率增长的投资将减少。相反，我们的投资组合必须导向能源与资源生产率、低碳基础设施、社会与生态资产的保护。

这种新的投资组合召唤不同的"投资生态"。资源生产率将上升，但资本和劳动生产率可能会稳定或下降。回报可能会更慢，并在更长时间内实现。一些投资尽管对繁荣至关重要，但可能根本无法产生传统货币条件下的回报。

这意味着社会投资至关重要，尤其是在创造和维护公共产品方面。玛丽安娜·马祖卡托对"创业国家"在技术创新中发挥巨大作用的分析中，隐含着对苹果"非同凡想"运动（本章开篇引用）的有趣反思。[14]

相信可能改变世界的疯狂之人确实至关重要，但他们的故事并非独一无二。在社会变革动态中，进步国家（见第 10 章）发挥着极其重要的作用。这不是对专横、集权或官僚政府的呼吁，这是对政府在支持集体和个人努力方面正确作用的认可。

这些想法顶多被主流经济学家视为边际分散，最坏情况下被视为增长的障碍。那些对我们的生活质量做出重要贡献、提供体面工作并大幅减少我们物质足迹的部门，因为劳动生产率增长潜力较低，被嘲笑为"停滞不前"。社会投资被视为与追求利润无关。

在痴迷于增长的世界里，我们最终忽视了经济中最重要的部分。相反，通过专注于重要的事情，那些必然界定未来经济、未来企业、未来投资的特征，将不可避免地吸引我们。一个简单的关注重点转变，展开了具有广阔可能性的新领域。

实现这些可能性，有赖于推进创新政策的多重选择。除了监管和激励的传统二分法之外，进步国家必须以创造性和想象力参与变革。全民基本收入、主权货币、资本税、养老金重组、信托改革、金融审慎，所有这些内容自金融危机以来，都受到了越来越多的关注。这些思想的机会已经来临。[15]

归根结底，阐述未来经济的任务是准确、明确、务实和有意义的，但这与传统智慧背道而驰。因此，必须预料到现任祭司会用一连串不可能定理来对抗我们。经济必须增长才能存在。人们沉迷于消费主义。政府介入无能为力。

不可能主义是社会变革的敌人。在本书中，我们一次又一次地看到，在更详细的审查下，这些自明之理消失了。毕竟，后增长宏观经济学是可信的。在培养共同努力方面，国家可以发挥有意义的作用。人们可以在无休止地积累更多东西的情况下繁荣。另一个世界是可能的。这些都是对增长困境进行仔细分析给予的回报。

资本主义的终结？

这一切是否意味着资本主义现在已经结束？对许多人来说，增长和资本主义是相辅相成的，增长是资本主义的功能，资本主义需要增长。在这种观点下，没有增长就等于废除了资本主义。

有个情况相当清楚。我在本书中主张对经济的根本改变，与"赌场资本主义"或"消费资本主义"完全不相容。这是近几十年来最富有经济体的特征。但这与说我们已经完全走到了资本主义的终点，不尽相同。

在整本书中，我在很多地方提到过这个问题。这在很大程度上取决于如何准确定义资本主义。正如我已经暗示的那样，定义的行为本身就被辩论本身的政治化所扭曲，几乎是不可能的。

为了取得进展，我们必须选定该术语的可用定义。让我们从鲍莫尔的假设开始，资本主义经济是指生产资料的所有权和控制权掌握在私人手里，而不属于国家。总的来说，这表明未来经济有可能"更少资本主义化"。[16]

第11章 持久的繁荣

更长期、较低产出的投资对可持续性来说必不可少，但对私人资本的吸引力较低。因此在保护这些资产方面，进步国家的作用至关重要。在不增加公共部门债务的情况下，只有通过提高税收才能为社会投资融资，或者通过公共部门持有生产性资产的部分所有权股份，或者通过有利于主权货币的货币体系改革。

支持这些变化的论点都有。"公平"的论点尤其能说明问题，在金融危机之后越来越多地得到复述。纳税人承担金融业费用，产生创新所需的投资，或者承担破坏产业和不可持续债务的社会成本，为什么要承担所有风险却没有任何回报？[17]

从社会投资中产生国家收入的机制是多方面的。自然资产提供基本生态服务，即使这些服务的货币价值本身是不确定的。林业、可再生能源技术、地方便利设施、自然资源，所有这些都可以产生收入。公共和社区部门对这些资产的投资，原则上应该从它们的生产能力中寻求回报。

这本身并不是资本主义的终结。即使传统的经济学家也承认，在生产资料方面，资本主义经济常常有一些公共所有权和控制权。事实上是，纯国有制和纯私有制只是相当广泛的可能性谱系中的两种变体。也许这里最有趣的是"分布式"所有权和控制权的各种模式。它们有着令人惊讶的漫长起源，并开始出现复苏的迹象。

例如，近年来无论大小型企业，员工所有权都再次受到关注，尤其是在更传统的资本主义已经失败的地方。同样，还有更多的分布式公共部门控制模式。这些例子削弱了资本主义和社会主义之间的明显区别，即使在这些术语的定义相当传统的情况下。[18]

对于那些希望保留资本主义的人来说，在广阔的所有权谱系中更灵活地定义资本主义，可能是在后增长时代保留这个概念的出路。但是，是否还有更有力的理由放弃这个概念？

在马克思主义传统中，这个问题的答案显然是肯定的。马克思本人和他的许多同代人都认为，资本主义包含着积累的内在动力。例如，罗莎·卢森堡（Rosa Luxemburg）认为，这种积累的动力最终必然会破坏和动摇资本主义。[19]

对这种积累动力的解释往往源于这样的假设：在有息债务的资本主义体系中，投资回报只能通过需求扩张来维持。最近的研究表明，有息债务本身并不会创造增长的必要性。但这一发现并没有排除资本主义内在的其他增长形式的可能性。[20]

本书稍微详细地探讨了这个必要性的另一个来源，即资本所有者追求劳动生产率的提高。这个必要性在灰姑娘经济中大大减少，正是因为其经济活动的性质阻碍了劳动生产率的增长。但是，认识到这些机会也可能使我们参与新的所有权分配，并导致私有部门和公共部门之间的不同平衡。

无论如何，未来经济呼吁我们重新审视和界定生产力、盈利能力、资产所有权和盈余分配控制的概念。它需要重新振兴社会投资。它要求我们革除收入和财富不平等。它呼吁重新谈判进步国家的作用。

这些我们称为新安排的问题，很可能会随着时间的推移自行解决。当然，它们可能不会与资本主义熟悉和最新的形式惊

第 11 章 持久的繁荣

人地相似,但其中许多形式已经破产。再造的时机已经成熟。

也许我们会同意创造"后增长资本主义"的术语,也许不会。归根结底,受意识形态公理的鼓动,过于简单化的修辞几乎没有多少收益,对深入理解毫无帮助。

与此同时,在改革经济结构和重建社会机构方面,显然还有很多工作要做,不要把我们的时间浪费在无法解决的地盘战上。因此,也许我们不应该过分尊重传统的定义和公认的智慧。有时,恰当的不尊重会刺激创新思维。

一丝不敬可能帮助我们扩大可能的范围。本书第一版出版大约一年后,我应邀去柏林参加了一场关于资本主义未来的讨论。在我的讨论同伴中,有位名叫克里斯汀·拉尔(Christin Lahr)的德国艺术家。活动结束后,她送给我一张证书,我保留至今。

这张证书是网上银行页面的打印件。它显示了一笔交易细节,一笔 1 欧元的存款,存入了德国联邦财政部的银行账户。"支付原因"字段中有 108 个字符,摘自卡尔·马克思《资本论》(*Das Kapital*)的第 1 章。

自 2009 年 5 月 31 日起,克里斯汀每天向同一个银行账户支付 1 欧元,并导入《资本论》的一小部分文本作为"支付原因"。她的目标是在未来 38 年内,通过网上银行,把马克思的全部巨著转录到德国政府在联邦银行的中央账户。

克里斯汀为每笔交易制作一张证书,并在这个过程中将证书交给她遇到的人。她送给我的便是其中一个,以纪念我参加的这次活动。我个人收到的《资本论》片段,是这样写的:

……两者的属性代表着其价值，即那些纯社会性的，商品的纯相对价值……

当然，不可否认，我更喜欢马克思其他更著名、更丰富多彩的句子。比如就像这个，"积累，积累！这就是摩西和先知！"尽管如此，我对我的礼物感到相当满意，我希望德国政府也对他们的礼物感到满意。

不是乌托邦

本书的分析充分利用了不断消费新奇感的潜在破坏力。我们已经看到，新奇感的生产和消费是如何推动经济增长的。新奇感强化了消费主义的社会逻辑，也被后者所强化。

我们还看到，由于政府在经济增长中的推动作用，这种动力是如何被它刻意强化的。对新奇感的崇拜与对生产力的崇拜不相上下。事实上，两者密切相关。

拒绝这种对新奇感的痴迷存在风险：新奇感本身被妖魔化了，而传统或保守则自我崇拜。应该清楚的是，这必将是错误的——出于完全相同的原因，以牺牲传统为代价而崇尚新奇感是错误的。

这两者之间的矛盾是有原因的。创新在进化适应方面具有优势，使我们能够灵活应对不断变化的环境。现在这种能力比以往任何时候都更重要。但传统和保护也符合我们的长期利益。从进化的角度来看，它们使我们能够建立安全感，并建立有意义的后代意识。

重点不是拒绝新奇感，拥抱传统。相反，它是在人类意义的这些重要维度之间，寻求适当的平衡。我们的生活、体制和经济都失去了平衡。[21]

对超级个人主义的担忧也是如此。重申共同努力的关键重要性，不是妖魔化个人需求或个人梦想。重点是纠正自我和社会之间的平衡，以重新确立公共产品的重要性来为我们所有人的利益而运作的方式。

我们因痴迷新奇感而对破坏可持续性负有关键责任是有说服力的，因为关于可持续性的基本观点是，它具有随着时间推移的长期性。持续的新奇感破坏了我们长期以来的共同努力感。而可能纠正这种情况的社会机构，本身也遭到了增长的破坏。

简而言之，以牺牲社会为代价强化个人主义，和以牺牲传统为代价支持创新的文化趋势，是对人类意义的扭曲。

这种趋势服务于追求增长，也被追求增长服务。但那些希望它能带来物质天堂的人，注定会失望。我们根本没有实现这个梦想的生态能力。到21世纪末，我们的子孙后代将面临气候恶劣、资源枯竭、栖息地破坏、物种灭绝、粮食短缺、大规模移民和几乎不可避免的战争等情况。

我们唯一真正的选择，是改变塑造社会世界的结构和制度，为实现持久繁荣提出更可信的愿景。

本书强调了这项任务的主要方面。我们必须建立人类活动的生态边界。我们必须处理破坏社会进步的系统性不平等。我们必须解决浅陋无知的持续增长经济学问题。我们必须改变消费主义破坏性的社会逻辑。

我们已经看到，错误的经济学如何驱动扭曲的社会逻辑并被它驱动，但我们也看到，一种不同的经济学是可以获得的。一个更好、更公平的社会逻辑在我们的掌握之中。

这与推翻社会无关，这与改变人性无关，这与朝着未来经济方向迈出简单的步伐有关。走向符合目的的经济学。走向有限星球上有意义的繁荣。在这个经济学的核心，我们必须对人类的意义有更稳健、更现实的愿景。

这个愿景绝非乌托邦，不是西方后唯物主义的幻想，是基于对我们真正是谁的更好科学理解，更加符合更深层次的现实。

本书第一版出版后，一位非洲哲学家写信给我，指出它与传统非洲的乌班图（Ubuntu）哲学有相似之处。庆祝我们彼此之间以及与世界的联系。乌班图哲学认为，我是，因为我们是。

繁荣是共同的努力。这个思想的根源广泛而深刻。它的基础早已存在，在我们每个人的心中。

注释

前　言

1. McCloskey (1990).
2. The original report (Jackson 2009) is available online at www.sd-commission.org.uk/data/files/publications/prosperity_without_growth_report.pdf or at https://research-repository.st-andrews.ac.uk/bitstream/10023/2163/1/sdc-2009-pwg.pdf (accessed 16 October 2015).
3. There is of course a third choice – the colonisation of some other planet. But this was (for the moment!) outside the scope of our inquiry.
4. http://news.bbc.co.uk/1/hi/scotland/7970669.stm (accessed 16 September 2015).
5. The Federal Agency for Civic Education (Bundeszentrale für Politische Bildung) was the office that reprinted the German edition. On the terms of reference for the Study Commission, see German Bundestag Printed Paper 17/3853 Setting up of a Study Commission on "Growth, Wellbeing and Quality of Life – Paths to Sustainable Economic Activity and Social Progress in the Social Market Economy", 23/11/2010.
6. For a useful overview of Ecuador's *buen vivir* strategy, see Altmann (2014), Gudynas (2011). See also www.theguardian.com/sustainable-business/blog/buen-vivir-philosophy-south-america-eduardo-gudynas (accessed 23 October 2015).

7 On the definition of *buen vivir*, see Walsh (2010), cited in Altmann (2014). On Ecuador's 'rights of nature' see, for example, http://therightsofnature.org/ecuador-rights/ (accessed 23 October 2015). Shortly after its constitution was signed into law, Ecuador also made history by defaulting on a proportion of its sovereign debt, on exactly the grounds being discussed during my visit to Greece; namely, that it was illegitimate or odious. See for example http://news.bbc.co.uk/1/hi/7780984.stm. (accessed 23 October 2015).

8 The concept of 'odious debt', also known in international law as 'illegitimate debt', is a legal theory dating back to 1927, which holds that public debt incurred by a regime for purposes that do not serve the best interests of the nation, should not be enforceable. See, for instance, UNCTAD (2007).

9 www.hradf.com/en/portfolio/small-ports-alimos-hydra-poros-epidavros (accessed 16 October 2015).

10 On renewable investment, see UNEP (2016). On the Sustainable Development Goals, see https://sustainabledevelopment.un.org/sdgs. On the Paris Agreement, see http://unfccc.int/resource/docs/2015/cop21/eng/l09.pdf (accessed 29 May 2016).

11 See the Hellenic Republic Asset Development Fund website www.hradf.com/en/portfolio/small-ports-alimos-hydra-poros-epidavros (accessed 16 October 2015).

12 For an overview of this work, see www.timjackson.org.uk; see also www.cusp.ac.uk; www.limits2growth.org.uk; www.prosperitas.org.uk (accessed 29 May 2016).

第 1 章 增长的极限

1 Boulding made this comment at a hearing of the US Congress in 1973. See US Congress (1973).

2 It is a possibility worth considering – and I touch on it later – that this particular concept of progress as material betterment over time is itself a modern construction.

3 Global population will reach ten billion people by 2056, according to the median variant in the latest UN projections (UN 2015).

4 As we discuss in Chapter 6, the GDP can be thought of as simultaneously measuring the sum of all economic output (gross value added), the sum of all incomes (wages and dividends/profits) and the sum of all expenditures (consumption and investment). This latter is often referred to as aggregate demand. For a fascinating history of the GDP and its limitations, see Philipsen (2015).

5 In October 2015, the World Bank updated its poverty lines to reflect changes in purchasing power parity. Extreme poverty is now defined as living on less than $1.90 a day at 2011 purchasing power parity. Updated poverty data at different poverty lines can be calculated on the World Bank's PovCalNet

website: http://iresearch.worldbank.org/PovcalNet/index.htm?0 (accessed 7 November 2015).
6. This evocative phrase comes from the Indian ecologist Madhav Gadjil (Gadjil and Guha 1995).
7. Philipsen (2015).
8. 'Be moderate in prosperity, prudent in adversity', advised Periander, the ruler of Corinth in 600 BC; 'Prosperity tries the fortunate; adversity the great', claimed Rose Kennedy, mother of JFK and RFK.
9. On income shares of the poor, see, for example, Milanovic (2011, 2012); see also his online presentation at www.ub.edu/histeco/pdf/milanovic.pdf, accessed 7 November 2015. Income of the top 1 per cent taken from Alvaredo et al. (2013); wealth of top 1 per cent from Credit Suisse (2015). On growing inequality see OECD (2015), Piketty (2014), UNDP (2013), UN (2013). On the impact of inequality see Stiglitz (2013), Wilkinson and Pickett (2009).
10. On doubling of income share see Alvaredo et al. (2013). On inequality since World War II, see UNDP (2013).
11. Piketty (2014), UNDP (2013).
12. On social recession and the turn to wellbeing see: Bacon et al. (2010), Easterlin (1974, 1995), Haidt (2007), Jackson (2008a), Layard (2005). On *buen vivir*, see Altmann (2014), Walsh (2010).
13. On Ecuador's 'rights of nature' see, for example, http://therightsofnature.org/ecuador-rights/ (accessed 23 October 2015).
14. World economic output is taken from the World Bank's World Indicators Database (http://data.worldbank.org/indicator/NY.GDP.MKTP.KD) for the years 1960 to 2014 and from Angus Maddison's database (www.ggdc.net/maddison/maddison-project/home.htm) for the earlier years. Adjusted to constant 2010 dollars, world GDP in 1950 was just under $7.3 trillion. In 2014 world GDP was $72 trillion. The average growth rate from 1950 to 2014 was 3.65 per cent. The same growth rate extended from 2014 to 2100 would lead to world economic output of $1,576 trillion, almost 22 times higher than in 2014 and 216 times higher than in 1950.
15. Wilhelm (2003).
16. Cited in King (2015).
17. Remarks at Convocation Ceremonies at University of South Carolina, 20 September 1983. Online at www.reagan.utexas.edu/archives/speeches/1983/92083c.htm (accessed 15 November 2015).
18. Berry (2008).
19. The first of six editions of the Essay was published in 1798 under the pseudonym Joseph Johnson (Malthus 1798). The final sixth edition was published more than a quarter of a century later (Malthus 1826). For a fuller discussion of Malthus' *Essay* and its relevance to sustainable development see Jackson (2002, 2003, 2013, 2015) and references therein. See also Bellamy Foster (1998), Brown et al. (1999).

20 Rousseau (1754).
21 Rousseau (1754).
22 This 'struggle for existence' was also enormously influential on Charles Darwin, who integrated it into his theory of natural selection (Jackson 2003).
23 Malthus (1798: 349).
24 For a Marxist critique of Malthus, see for instance Bellamy Foster (1998).
25 World population in 1800 was 1 billion people and GDP was around $700 billion measured in 1990 International Geary-Khamis dollars. World population in 2015 is 7.3 billion. World GDP is around $60 trillion, measured in the same currency. Historical statistics can be found on Angus Maddison's (archived) website at www.ggdc.net/MADDISON/oriindex.htm. See also Maddison (2008). The ongoing Maddison Project which aims to continue Maddison's historical work can be accessed at www.ggdc.net/maddison/maddison-project/home.htm (accessed 11 December 2015).
26 Club of Rome (1968).
27 Meadows et al. (1972, 2004). See also www.clubofrome.org/?p=375 (accessed 13 December 2015).
28 Sabin (2013). See also https://en.wikipedia.org/wiki/Simon%E2%80%93Ehrlich_wager (accessed 14 December 2015).
29 MGI (2013); Grantham (2011); Sabin (2013). Commodity price data are from the Federal Reserve: https://research.stlouisfed.org/fred2/graph/?id=PALLFNFINDEXQ,# (accessed 15 December 2015).
30 Data from the Economist Commodity Price index.
31 For a discussion see Rogoff (2015).
32 Meadows et al. (1972: 126).
33 The G20 group warned of the threat of rising oil prices to global economic stability as early as 2005. See www.independent.co.uk/news/business/news/g20-warns-of-oil-price-threat-to-global-economic-stability-5348403.html (accessed 30 March 2016). The long-term concern was widely acknowledged. See, for example, the IEA's World Energy Outlook (IEA 2008) and the report of the Industry Taskforce on Peak Oil and Energy Security (ITPOES 2008).
34 Mohr et al. (2015: figure 5, for example).
35 Turner (2008, 2014). A second study (Pasqualino et al. 2015) puts the world on one of the *Limits* scenarios associated with enhanced technology; this scenario suggests that collapse will come from pollution rather than from resource depletion.
36 Ragnarsdottír and Sverdrup (2015), Sverdrup and Ragnarsdottír (2014).
37 Rockström et al. (2009); Steffen et al. (2015).
38 Stern (2007: xv). The widely cited conclusion was that 'if we don't act, the overall costs of and risks of climate change will be equivalent to losing at least 5% [and perhaps as high as 20%] of global GDP each year, now and forever'. By contrast, the report suggested, 'the costs of action can be limited to around 1% of GDP each year'. We'll return to this conclusion in Chapter 5.

注释

39. NCE (2014), UNEP (2011).
40. Zeebe et al. (2016); see also Figure 5.2.
41. www.theguardian.com/environment/2016/jan/20/2015-smashes-record-for-hottest-year-final-figures-confirm (accessed 19 January 2016). See also Met Office (2015).
42. See, for example, http://climateactiontracker.org/global/173/CAT-Emissions-Gaps.html; www.nytimes.com/2015/09/28/world/limited-progress-seen-even-as-more-nations-step-up-on-climate.html; www.oxfam.org/sites/www.oxfam.org/files/file_attachments/ib-civil-society-review-climate-indcs-191015-en_2.pdf.
43. See UNFCCC (2015): The Paris Agreement, 12 December Draft. Online at http://unfccc.int/resource/docs/2015/cop21/eng/l09.pdf (accessed 29 December 2015).
44. IPCC (2014: 64, table 2.2). See also figure SPM 10, pp. SPM 18–19. For a discussion of the adequacy of this budget and an even more stringent estimate of the available carbon budget, see Rogelj et al. (2016).
45. Negative emission technologies include for instance: bio-energy with carbon capture and storage, biochar, direct air capture or enhanced weathering. On the challenges of these negative emission technologies, see for example Smith et al. (2016). Carbon dioxide emissions for 2015 were (estimated at) 35.7 Gt CO_2 (Lequéré et al. 2015: 374). In Chapter 5 we explore the implications of these targets for the carbon intensity of the economy, under different assumptions about economic growth.
46. See McGlade and Ekins (2015), Meinshausen et al. (2009). Bill McKibben quote is from McKibben (2007: 18).
47. See note 13.
48. Average income in high-income countries (HIC) more than trebled from $11,222 in 1960 to reach $38,652 per capita in 2014 (in constant 2010 US dollars), an average growth rate of 2.3 per cent per annum. At just 2 per cent average growth per annum, per capita income in HIC would reach $78,846 per capita in 2050 and $212,221 in 2100. According to the UN medium variant, the global population will reach 9.7 billion in 2050 and 11.2 billion in 2100 (UN 2015). The global size of an economy in which the entire population achieved HIC per capita incomes (including 2 per cent annual growth) would be $767 trillion in 2050 and £2,340 trillion in 2100.
49. See MEA (2005), TEEB (2010, 2012).

第 2 章　失去的繁荣

1. Keynes (1937), cited in Krugman (2015).
2. Felkerson (2011).

3   On rising inequality, see, for example, Credit Suisse (2014), Oxfam (2015), Piketty (2014). On health outcomes from austerity, see Stuckler and Basu (2014). See also www.theguardian.com/business/2015/oct/29/europes-politics-of-dystopia?CMP=Share_iOSApp_Other (accessed 12 March 2016).
4   See www.theguardian.com/uk/2009/jul/26/monarchy-credit-crunch (accessed 14 March 2016).
5   Turner (2015).
6   *Inside Job* (Sony Pictures, 2010).
7   On IMF prediction, see World Economic Outlook (IMF 2008: xiv); for OECD, see http://news.bbc.co.uk/1/hi/business/7430616.stm; on 'financial markets', see Soros (2008); on 'stagflation', see http://news.bbc.co.uk/1/hi/business/127516.stm; on food riots, see for example http://news.bbc.co.uk/1/hi/world/7384701.stm.
8   Reinhart and Rogoff (2013: figure 4).
9   See Hall and Soskice (2001). The authors also identified a group of countries which clustered together in a form they called Mediterranean capitalism.
10 Data on domestic private credit held by households and by non-financial institutions are taken from statistics held by the Bank for International Settlements; online at www.bis.org/statistics/totcredit/credpriv_doc.pdf (accessed 14 March 2016). Data on the national debt are taken from the Federal Reserve website: https://research.stlouisfed.org/fred2/series/GFDEGDQ188S/downloaddata (accessed 12 March 2016).
11 See, for example, Reinhart and Rogoff (2013: figure 2). For individual country data, see World Economic Outlook data (series GGXWDN_NGDP), available online at www.imf.org/external/pubs/ft/weo/2015/02/weodata/index.aspx (accessed 14 March 2016).
12 The following section is not strictly necessary to the flow of my argument, but provides a useful background to the way debt works.
13 Graeber (2014) also documents the concept of Jubilee – the periodic cancellation of debts in the earliest societies; a key mechanism in ensuring that debt doesn't de-stabilise society. See also Jackson and Dyson (2013), Ryan-Collins et al. (2012).
14 It's important to note that not all pension systems rely directly on personal savings and investments. The alternative is for state-provided pensions. But here the State acts essentially as a kind of savings intermediary. Taxation provides the channel between people's earnings (during their earning years) and their pensions (during retirement).
15 This role is contingent in itself, of course, on the nature of the society in which we live. It is in part a result of the particular model of home ownership in which as many people as possible aspire to own their own homes.
16 See, for instance, BoE (2014), Jackson and Dyson (2013), Godley and Lavoie (2007), Ryan-Collins et al. (2012), Wray (2012).

17 This description of the sovereign power of governments to spend does not apply directly in the case of countries with a shared currency, such as those in the Eurozone.
18 For example, the Maastricht Treaty prevents European central banks from buying government bonds directly from the government.
19 See Chapters 8 and 10. See also Connors and Mitchell (2013), Lakoff (2012) and Turner (2015).
20 Formally known as the public sector net debt, the national debt measures the 'financial liabilities issued by the public sector less its holdings of liquid financial assets, such as bank deposits' (see for example the ONS factsheet on Government and Public Sector Debt Measures; online at www.statistics.gov.uk/about/methodology_by_theme/public_sector_accounts/downloads/debt_history.pdf).
21 This relationship is expressed in the so-called fundamental accounting identity $S - I = G - T + X - M$, where S is private sector savings, I is investment, G is government spending, T is taxation, X is exports and M is imports. The identity follows mathematically from the construction of the GDP as a measure of both incomes and expenditures (see for example Jackson and Victor 2013, 2015).
22 Reinhart and Rogoff (2013: 8, figure 3). At the end of 2015, the gross external debt of the US public and private sector was almost $18 trillion – higher than the GDP, see http://ticdata.treasury.gov/Publish/debta2015q3.html (accessed 15 March 2016).
23 Piketty (2014).
24 See, for instance, Credit Suisse (2014: 34).
25 The Basel III guidelines on capital adequacy were amongst these initiatives. See BIS (2011).
26 Minsky (1992, 1986).
27 See, for example, Barwell and Burroughs (2011). See also Bezemer (2010), Keen (1995, 2011), Wolf (2015).
28 See Greenspan (2008).
29 'A short history of modern finance', *The Economist*, 18 October 2008, p. 98.
30 Citibank quote is from the *Financial Times*, 10 July 2007. See also Turner (2015).
31 Citigroup had to be rescued by the US government on 23 November 2008, with an injection of $20 billion and the underwriting of more than $300 billion in risky assets.
32 Soros (2008: 81 et seq.), Summers (2014: 68).
33 Taken from a speech by the UK Prime Minister to the United Nations in New York, Friday 26 September 2008. See www.ft.com/cms/s/0/42cc6040-8bea-11dd-8a4c-0000779fd18c.html.
34 See, for example, www.guardian.co.uk/business/2008/dec/17/goldmansachs-executivesalaries (accessed 14 March 2016). Five years later, the bonus culture was still alive and well. Around 2,600 employees at British banks were paid a total of £3.4 billion in bonuses in 2013, an average £1.3 million pounds each

and almost 50 times the average annual salary in Britain. From 2015, however, the European Union has introduced a cap on bonuses, which may now at most be 100 per cent or exceptionally (with shareholder approval) 200 per cent of annual salary. The UK opposed the move but eventually accepted it; www.bbc.co.uk/news/business-30125780 (accessed 14 March 2016).

35 On capital adequacy, see BIS (2011). On reprivatisation of banks see, for example, www.bbc.co.uk/news/business-33769906 (accessed 14 March 2016). A survey of voters in the UK in 2013 revealed that almost two-thirds believed that the Royal Bank of Scotland, one of the banks bailed out by taxpayers during the crisis, should remain under public ownership.
36 'The green lining to this chaos', leading article in the *Independent on Sunday*, 12 October 2008.
37 GND (2013: 2). I'm grateful to Colin Hines, one of the co-authors of this report, for inspiring my section title!
38 Paul Krugman, 'Franklin Delano Obama?', *New York Times*, 10 November 2008. See also 'Finding a way out of the economic crisis', 14 November 2008, BBC reporter Nick Robinson's newslog and interview with Paul Krugman; online at www.bbc.co.uk/blogs/nickrobinson/2008/11/finding_a_way_out_of_the_economic_crisis.html (accessed 14 March 2016). In a definitive study of 1930s fiscal policy, US economist Cary Brown argues that this was largely because the federal public spending stimulus was undermined by spending cuts and tax hikes at local and state level.
39 See Gough (1979: chapter 6, Appendix A.2).
40 See, for example, *The Guardian*, 30 December 2008; online at www.guardian.co.uk/business/2008/dec/30/general-motors-gmac (accessed 14 March 2016).
41 'US porn industry seeks multi-billion dollar bailout', *Telegraph*, 8 January 2009; online at www.telegraph.co.uk/news/newstopics/howaboutthat/4165049/US-porn-industry-seeks-multi-billion-dollar-bailout.html (accessed 14 March 2016).
42 Cited in 'Global Green New Deal – UNEP Green Economy Initiative', press release at London Launch, 22 October 2008; online at www.unep.org/Documents.Multilingual/Default.asp?DocumentID=548&ArticleID=5957&l=en (accessed 16 March 2016).
43 DB (2008: 4).
44 PERI (2008: 10).
45 HSBC (2009).
46 Though most people associate Keynes' name with using public sector money to stimulate economic demand in times of crisis, his influence on today's macroeconomics runs much deeper than that and provides the basis for the idea that high street spending is the key to economic stability. As James Ahiakpor (2001) points out, 'Fundamental to Keynes's development of the multiplier concept ... is the view that insufficient consumption spending is the principal limitation on the growth of aggregate demand, hence, income and employment creation.'
47 Reinhart and Rogoff (2010).

48 Krugman (2015). On the reworking of the Reinhart and Rogoff results, see Herndon et al. (2014). Herndon was a graduate student at Princeton when he discovered the errors in the Reinhart and Rogoff paper. See www.bbc.co.uk/news/magazine-22223190 (accessed 18 March 2016). See also Jayadev and Konczal (2010).

49 Quantitative easing is a way of injecting more liquidity into the economy and stimulating investment. The term refers mostly to the purchase by the Central Bank of government and corporate debt from financial institutions. See for instance BoE (2010). Suggestions for 'green quantitative easing' or 'people's quantitative easing' work slightly differently. See GND (2013), Positive Money (2013). On the scale of the US commitments, see Felkerson (2011).

50 Stuckler and Basu (2014).

51 For an overview (and collection of essays) on secular stagnation, see Teulings and Baldwin (2014); see also BIS (2015), Summers (2014). The term was originally coined in Alvin Hansen's Presidential Address to the American Economic Association in 1938. See Hansen (1939).

52 Gordon (2012, 2014, 2016).

53 Raw data on hours worked and GDP output were taken from the Total Economy Database; online at www.conference-board.org/data/economydatabase/ (accessed 3 March 2016). Labour productivity was calculated by dividing output by hours worked. Trend productivity growth was calculated from the raw productivity growth data by using an HP-filter, with lambda set to 100. See Hodrick and Prescott (1997). In the UK, the decline in labour productivity growth since the mid-1960s is even more striking. Trend labour productivity growth has been negative since 2013 (Jackson and Webster 2016: figure 3).

54 IMF (2015).

55 www.theguardian.com/business/2015/jul/08/china-stock-market-crisis-explained (accessed 17 October 2015).

56 www.mirror.co.uk/news/uk-news/stock-up-canned-food-after-6313506. See also www.theguardian.com/commentisfree/2015/nov/01/financial-armageddon-crash-warning-signs (accessed 4 November 2015).

57 See www.theguardian.com/business/live/2016/jan/20/davos-2016-day-1-economic-fears-markets-migration-robots-live#block-569f392ee4b0938bb7d2a069; www.theguardian.com/business/2016/jan/20/ftse-100-heads-closer-to-bear-market-amid-sharp-global-falls?CMP=Share_iOSApp_Other (accessed 15 March 2016).

第 3 章　重新定义繁荣

1 According to Herodotus, this quote was part of Solon's answer to Croesus, king of Greece from 560 to 545 BCE, on being asked by Croesus who was the happiest man alive. See for instance the translation of Herodotus' *History* by George

Rawlinson (1956). Book 1, from which this quote is adapted, can be found online at http://classics.mit.edu/Herodotus/history.1.i.html (accessed 19 January 2016).

2 One of the aims of the SDC's Redefining Prosperity project was to tease out some of these competing visions. See in particular the 'think-piece' contributions from Tim Kasser (2008), John O'Neill (2008), Avner Offer (2008), Hilde Rapp (2008), Jonathan Rutherford (2008), Zia Sardar (2008), Kate Soper (2008).

3 Townsend (1979: 31).

4 From a speech made by Robert Kennedy's at the University of Kansas in March 1968; www.theguardian.com/news/datablog/2012/may/24/robert-kennedy-gdp (accessed 20 May 2016).

5 Sardar (2008).

6 Dalai Lama and Cutler (2009); on happiness and compassion, see, for instance, Davidson and Begley (2012), Lyubomirsky et al. (2005). The quote from Davidson is cited in Dalai Lama and Cutler (2009: 30).

7 The literature on 'happiness' has exploded in recent years. See, for instance, Dalai Lama and Cutler (2009), Dolan (2015), Haidt (2007), Layard (2005), Lyubomirsky (2010).

8 Diener et al. (1995), Helliwell (2003), Inglehart et al. (2008), Kahneman and Krueger (2006).

9 Diener et al. (2011), Helliwell (2003).

10 See Inglehart et al. (2008), Kahneman et al. (2004).

11 Sardar (2008).

12 'The Living Standard' (Sen 1984) was originally published in *Oxford Economic Papers*, an economics journal, but is usefully reproduced (Sen 1998), along with excerpts from some of Sen's later essays on the subject, in Crocker and Linden (1998). See also Sen (1985, 1999).

13 Psychologists sometimes appeal to the concept of adaptation to explain why this phenomenon exists. We become accustomed to (adapt to) the pleasure something gives us and this leads us to expect the pleasure ahead of indulging in it. This expectation paradoxically diminishes the actual pleasure we receive from it, setting up a dynamic which has us continually searching for more.

14 See Sterling (2016) for a highly readable account of the neural design of our 'satisfaction circuits'.

15 Dalai Lama and Cutler (2009: 57).

16 Actually there is some disagreement as to whether the concept of utility is about the 'satisfactions' received from commodities or the desires for them (Sen 1998: 290), but this distinction need not concern us here.

17 This distinction led the economist Kelvin Lancaster (1966) to develop a sophisticated theory of 'attributes' which attempted to get round the difficulty that commodities are not the same as satisfactions. There is also an extensive and useful discussion of the relationship between satisfaction and material commodities in modern needs theories; see, for example, Doyal and Gough (1991), Ekins and Max Neef (1992), Jackson et al. (2004), Max Neef (1992).

18 See Chapter 6 for a fuller discussion of this dynamic. See also Jackson and Marks (1999), Jackson and Papathanasopoulou (2008).
19 This expenditure-based GDP also adds in net exports to account for trade. Thus the expenditure-based measure of GDP = C + I + G + X − M, where C is consumption, I is investment, G is government spending, X is exports and M is imports.
20 See note 4. For an overview of the formal literature on the limitations of the GDP, see Jackson and McBride (2005), Kubiszewski et al. (2012), Stiglitz et al. (2009). Defensive expenditures are those incurred as a result of the need to 'defend' against activity elsewhere in the economy. The costs of car accidents and cleaning up oil spills have this character. Positional expenditures can be seen as a special case, in which expenditures – on positional goods – are necessary mainly to defend our social position. Though these expenditures make sense at an individual level, it is perverse to count them cumulatively as an addition to wellbeing.
21 Stiglitz et al. (2009).
22 Daly and Cobb (1989).
23 GDP per capita data (in constant 2005$ are taken from the WDI database and converted to 2010 dollars; see Chapter 1, note 13); GPI data were compiled by Kubiszewski et al. (2012). The underlying measure – the Genuine Progress Indicator – adjusts the conventional GDP by subtracting a variety of defensive expenditures and external costs and adding in some traditionally non-monetised aspects of economic life such as housework and unpaid childcare. It also makes a provision for the depreciation of financial and natural capital. The existing GPI studies cover 18 countries representing around 50 per cent of the global economic output. The study extrapolates from these studies to construct a global indicator.
24 Daly (2014).
25 Layard (2005). The quote comes from Jeremy Bentham's 1776 *Fragment on Government*. Utilitarianism was further developed by Bentham's student John Stuart Mill, the father of classical economics (see Mill 1863).
26 Interestingly, this proposal to measure life-satisfaction was taken up by the UK government in 2006, following a recommendation by the Sustainable Development Commission. As Economics Commissioner, I was personally involved in setting up (and for my sins naming!) the Whitehall Wellbeing Working Group, which oversaw this process (see Defra 2007).
27 Easterlin (1974).
28 See Deaton (2008), Defra (2007), Easterlin (1995), Easterlin et al. (2010), Inglehart et al. (2008). In the Defra study, which explored satisfaction in different domains, higher income groups expressed lower satisfaction in the domain of community than lower income groups – an interesting reflection on the different dimensions of prosperity.
29 For UK, see http://news.bbc.co.uk/1/hi/programmes/happiness_formula/4771908.stm (accessed 20 January 2016). For Japan, see, for instance, http://

worlddatabaseofhappiness.eur.nl/hap_nat/nat_fp.php?cntry=6&name=Japan&mode=3&subjects=190&publics=19 (accessed 21 January 2016).

30 Offer (2006). See also James (2007).
31 Angus Deaton, the author of a particularly influential study using data from 188 countries across the world (Deaton 2008), recently received the Nobel Prize for his work.
32 Deaton's study suggests that each doubling of per capita income is associated with a constant increment in life-satisfaction (Deaton 2008: 57, figure 2). For the Gallup Poll data, each doubling of per capita income is associated with just over half a point on an 11-point life-satisfaction scale.
33 Inglehart et al. (2008). A rather similar graph is to be found in Angus Deaton's analysis of the results from Gallup's World Poll carried out in 2006. See Deaton (2008: 56, figure 1).
34 Inglehart et al. (2008: 279–280). 'The findings presented here are consistent with the interpretation that economic factors have a strong impact on SWB in low-income countries', write Inglehart and his colleagues (2008: 279), 'but that, at higher levels of development, evolutionary cultural changes occur in which people place increasing emphasis on self-expression and free choice'.
35 Easterlin's challenge to Inglehart's interpretation of the data in the World Values Survey is based on suggesting that the apparent shift in happiness in richer economies over time was an artefact of the way in which the question on happiness changed over successive surveys. The data on life-satisfaction don't show this change, he claims, because the life-satisfaction question was itself more robust over time. He then goes on to show, using data from the World Values Survey and elsewhere, that for a total of 37 countries (including both developed and developing nations) over periods of between 12 and 34 years, there is 'no significant relation between the improvement in life-satisfaction and the rate of economic growth' (Easterlin et al. 2010: 22463).
36 One of the difficulties in comparing the self-report measure against the GDP is that they are simply different kinds of scales. The GDP is (in principle at least) unbounded. It can (politicians hope) go on growing indefinitely. The life-satisfaction measure on the other hand is a bounded scale. You can only score from 0 to 10, however often you go on making the assessment. It is implicit in the definition of the self-report scale that utility itself is bounded. Statisticians say the two scales have different 'orders of integration' (see for example Ormerod 2008).
37 Kahnemann and Sugden (2005).
38 See, for instance, Csikszentmihalyi (1996, 1990). See also Ingelhart et al. (2008: 279).
39 Offer (2008, 2006).
40 Sen (1998: 295).
41 In *Development as Freedom* (Sen 1999), for example, he argues explicitly that freedom is both the means and the end of development.

第 4 章　增长的两难困境

1. Former British Prime Minister Edward Heath: cited for example in a 2006 blog entitled 'Growth is Good' on the Conservative Home website: www.conservativehome.com/thetorydiary/2006/09/growth_is_good.html (accessed 22 January 2016). See also Douthwaite (1999: 20).
2. Whybrow (2015: 14).
3. Sterling (2016: 2). See also Sterling and Laughlin (2015). Sterling argues that the primary function of the 'pleasure circuit' is not pleasure per se but efficient learning.
4. See Bargh (1994), Jackson (2005a), Wood et al. (2002).
5. Sterling (2016: 2).
6. Becker (1973), Solomon et al (2014). The Becker quote is from Solomon et al. (2014: chapter 1).
7. For more insight on the symbolic role of consumer goods, see (for example): Baudrillard (1970), Bauman (2007), Dittmar (1992), Douglas and Isherwood (1996), McCracken (1990). On its relevance for sustainable consumption, see Jackson in particular (2005a, 2005b, 2006b, 2008b).
8. Berger (1969).
9. Belk et al. (2003).
10. Douglas (2006).
11. Mawdsley (2004).
12. McCracken (1990).
13. Offer (2006).
14. Wilkinson and Pickett (2009).
15. Marmot (2010: 34). See also Marmot (2005), Marmot and Wilkinson (2006), WHO (2012).
16. www.lho.org.uk/LHO_Topics/National_Lead_Areas/HealthInequalities Overview.aspx (accessed 18 March 2016).
17. Data are for the year 2014. Life expectancy data are taken from the Human Development Index database, online at http://hdr.undp.org/en/data (accessed 24 January 2016); GDP per capita data (in constant 2005$) are taken from the World Development Indicator database and converted to 2010 dollars (see Chapter 1, note 13).
18. This is partly of course because the x-axis is considerably longer in Figure 3.1 than in Figure 2.2, which used older income data measured on a different price basis. Once again, the best fit curve (shown in Figure 3.1) to the data is a logarithmic curve: $y = 4.2 \ln(x) + 36$ ($R^2 = 0.56$). This means, as was the case with life-satisfaction (see Chapter 3, note 32), that each doubling of

GDP is associated with a constant increase in life expectancy. In the case of life expectancy, each doubling of GDP is associated with 2.9 = 4.2 x ln(2) years of extra life.
19 UNICEF (2014). See also the World Health Organization's Global Health Observatory website: www.who.int/gho/child_health/mortality/mortality_under_five_text/en/ (accessed 26 January 2016).
20 Data are for 2014. Mortality rates are taken from the Human Development Indicator database; GDP per capita from the World Development Indicators database (see Chapter 1, note 13). See also UNICEF (2014).
21 Data are for 2014. Mean years of schooling are taken from the Human Development Indicator database; GDP per capita from the World Development Indicators database (see Chapter 1, note 13).
22 There are some wonderful recent developments in this field of study, in particular Hans Rosling's interactive GAPMINDER project, online at www.gapminder.org. See also Rosling's TED talk, online at www.ted.com/talks/hans_rosling_shows_the_best_stats_you_ve_ever_seen (accessed 25 January 2016).
23 See Stuckler and Basu (2014) for a thorough exploration of the health implications of different responses to economic hardship.
24 Time series data on life expectancy for individual countries are from the World Development Indicators database (series SP.DYN.LE00.IN).
25 Franco et al. (2007: 1374).
26 Stuckler and Basu (2014: 108 et seq.).
27 In the conventional model, resources are often excluded from the equation and the main dependencies are thought to be on labour, capital and technological innovation.
28 Aggregate demand refers to the 'expenditure' formulation of the GDP, namely the sum of private and public consumption plus business investment. See note 4 in Chapter 1.
29 IFS (2009).
30 It's important to qualify this claim with the recognition that short-run fluctuations in the growth rate are an expected feature of growth-based economies and there are some feedback mechanisms that bring the economy back into equilibrium. For instance, as unemployment rises, wages fall and labour becomes cheaper. This encourages employees to employ more people and increases output again. But increasing labour productivity without increasing output doesn't have this characteristic.
31 Friedman (2005).
32 The terminology of 'de-growth' (*décroissance* in the French) emerged in France in 2006. As a technical term is refers to (planned) reductions in economic output. As a social movement it seems to have convened a wider array of interests around political and social change. See, for example, Baycan (2007), d'Alisa et al. (2014), Demaria et al. (2013), Fournier (2008), Latouche (2007), Sippel (2009).

第 5 章　脱钩的神话

1. Monbiot (2015). The quote is taken from the version of the article on Monbiot's website: www.monbiot.com/2015/11/24/false-promise/ (accessed 31 December 2015).
2. IPCC (2014: 64, table 2.2). See also figure SPM 10, pp. SPM 18–19. The estimate of current emissions is taken from Le Quéré (2015: 374).
3. Paul Krugman (2014).
4. See for example Breakthrough (2015), Füchs (2015), Pauli (2010), UNEP (2011).
5. Monbiot (2015).
6. I concentrate in what follows on historical trends in the consumption of certain finite resources and in emissions of greenhouse gases. These examples don't exhaust the concerns associated with a continually growing economy. But they are already of immediate concern and illustrate clearly the scale of the problem.
7. World primary energy consumption more or less doubled from just under 300 Exajoules (EJ – 1EJ equals 10^{18} Joules) in 1980 to just under 600 EJ in 2014. But the world economy expanded from around $28 trillion to over $72 trillion (in constant 2010 dollars) in the same period. Income data are taken from the World Bank's World DataBank available online at http://databank.worldbank.org/data/home.aspx (accessed 2 January 2016). Income data are extrapolated from two data series – constant 2005 dollars at market prices: NY.GDP.MKTP.KD; and current dollars at market prices: NY.GDP.MKTP.CD. Energy data are taken from the US Energy Information Administration's database, available online at www.eia.gov/cfapps/ipdbproject/iedindex3.cfm?tid=44&pid=44&aid=2&cid=ww,r1,r2,r3,r4,r6,r7,&syid=1980&eyid=2012&unit=QBTU (accessed 2 January 2016). Data for later years are extrapolated using implied energy consumption growth rates taken from the Enerdata Global Energy Statistical Yearbook 2015; online at www.enerdata.net/enerdatauk/press-and-publication/publications/world-energy-statistics-supply-and-demand.php (accessed 2 January 2016).
8. Energy intensity of the Chinese economy fell from 68 megajoules per 2010 dollar (MJ/$) in 1980 to less than 18 MJ/$ in 2014.
9. Data are from EIA International Energy Statistics database, online at: www.eia.gov/cfapps/ipdbproject/iedindex3.cfm?tid=44&pid=46&aid=2&cid=regions&syid=1980&eyid=2012&unit=QBTU (accessed 2 January 2016).
10. Carbon intensities are calculated by dividing carbon emissions in thousands of metric tons (kT) from series EN.ATM.CO2E.KT in the World DataBank (see note 7) by the constant 2010 dollar output for the world and for each income region: high, middle and low. For the purposes of this exploration I have adopted a classification of income regions, based on the World Bank classification, but with some differences. Specifically, the middle income region

as defined here includes only the upper middle income (UMY) defined by the World Bank. And the low income region includes both low income countries (LIC) and the lower middle income countries (LMY) as defined by the World Bank. This corresponds to a more even distribution of the world's population across the three regions – see Jackson (2016) for more detail. For the latest year, global carbon emissions were extrapolated using emission growth rates taken directly from the Global Carbon Project data online at http://cdiac.ornl.gov/GCP/ (accessed 9 January 2016). To get a regional breakdown, emissions for high and low income countries have been extrapolated using the trend in rate of growth of carbon intensity for the previous decade. Emissions for middle income countries are calculated as a residual.

11 See Jackson (2016) for a more detailed presentation of growth rates over time in GDP and carbon emissions across different regions.
12 Carbon dioxide emissions from the burning of fossil fuels and from industry (mainly the manufacture of cement) account for around 80 per cent of the greenhouse gas emissions responsible for climate change. So they are a good proxy for the challenge facing us. In the text here, I sometimes refer to carbon emissions rather than carbon dioxide emissions, and carbon intensity rather than carbon dioxide intensity. This is just a convenient shorthand. The data that I use to illustrate the problem refer specifically to carbon dioxide emissions and intensities.
13 The average rate of increase in global carbon dioxide emissions between 2010 and 2014 was 1.75 per cent per year. But in the high income countries, emissions declined at an average rate of 0.3 per cent.
14 See, for example, Druckman and Jackson (2009), Hoekstra and Wiedmann (2014), Carbon Trust (2006), Jackson et al. (2006).
15 A 17.5 per cent decline in UK greenhouse gas emissions between 1990 and 2007 was reported to the UN FCCC by the Department for Energy and Climate Change (DECC 2009). Druckman and Jackson (2009) report a 7 per cent rise in consumption-based emissions between 1990 and 2004. Defra (2015) report a further rise of 1.7 per cent over 2004 emissions by 2007, a total of 8.7 per cent rise over 1990 levels. Wiedmann et al. (2010) report an even higher rise of 13 per cent between 1992 and 2004.
16 See for example Goodall (2011), OECD (2011). Domestic material consumption is defined as the mass of raw materials used in the economy and is calculated as raw materials extracted in a country, plus raw materials imported, minus raw materials exported. Crucially however, this omits the raw materials used in overseas production processes which serve imports for domestic consumption and it assigns these instead to the country where the extraction took place.
17 OECD (2011: 5).
18 UNEP (2015), Wiedmann et al. (2015).
19 I am particularly grateful to Tommy Wiedmann, Tomas Marques, Neeyati Patel, Heinz Schandl, Janet Salem and Jim West for pointing me to the data

for these studies and for their thoughtful comments on the implications of it. Data for the material footprint and for the domestic material consumption between 1990 and 2010 are now publicly available online at www.uneplive.org/material#.Vo4EZlI3GQd (accessed 6 January 2016). For the years between 2010 and 2014, both indicators are estimated by using a linear regression on the resource intensity of GDP (for each indicator) over the preceding two decades and multiplying this by the GDP. Data on the GDP of the OECD countries were taken from the World Bank's World DataBank (series NY.GDP.MKTP.KD).

20 Source data from the US Geological Survey Statistical Summaries. Online since 2000 at http://minerals.usgs.gov/minerals/pubs/commodity/statistical_summary/index.html#myb (accessed 7 January 2016). The curious drop in production in bauxite in 2014 was a result of massive drop in production in Indonesia from 55.7 million tonnes in 2013 to around half a million tonnes in response to a government ban on exporting bauxite and other unprocessed mineral ores that took effect in January 2014 as part of a law aimed at developing downstream processing facilities in Indonesia. The growth in earlier years represents stockpiling (particularly by China) in anticipation of this ban. See http://minerals.usgs.gov/minerals/pubs/commodity/bauxite/mcs-2015-bauxi.pdf (accessed 7 January 2016. On the footprint of metals, see Wiedmann et al. (2015).

21 See, for example, 'Digging for victory', *The Economist*, 15 November 2008, p. 69.

22 Krugman (2014), NCE (2014), Stern (2007) and UNEP (2011) are amongst the many proponents of this kind of argument.

23 This relationship is sometimes called the Environmental Kuznets Curve after the economist Simon Kuznets, who proposed that a similar inverted U-shaped relationship exists between incomes and income inequality. Evidence of the income Kuznets curve is also difficult to find (OECD 2008). For more discussion of the Environmental Kuznets Curve hypothesis, see, for example, Grossman and Krueger (1995), Jackson (1996), Rothman (1998).

24 Booth (2004: 73 et seq.). See also Dong et al. (2016).

25 The scenarios in this section have been extensively revised for this edition of the book, in part to account better for regional differences between poorer and richer countries and in part to take on board the demands of the 1.5°C target, agreed in Paris in December 2015.

26 Ehrlich and Holdren (1971). See also Kaya and Yokoburi (1997). Also called the IPAT equation, the Ehrlich–Holdren equation states that Impact (I) = Population (P) x Affluence (A) x Technology T (hence IPAT). On a closer inspection this relationship turns out to an identity rather than an equation. It is by definition true. Much has been written about the predictive power (or lack thereof) of this relationship, but it remains a useful device for coming to terms with the arithmetic of growth.

27 It follows from the IPAT equation that the average annual growth in emissions r_i over any given period satisfies the equation: $1+r_i = (1+r_p) \times (1+r_a) \times (1+r_t)$, where r_p is the average population growth rate, r_a is the average growth in per capita income and r_t is the average growth (or decline) in carbon intensity. Multiplying out the factors on the right hand side of the equation gives the approximate 'rule of thumb': $r_i \approx r_p + r_a + r_t$. This approximation works very well for small percentage changes (a few per cent per annum). It needs more care in application when the rates of change exceed this. It can also be shown that when per capita income and population rates are positive, the estimated technology improvement rate is always slightly higher than the actual rate. So the rule of thumb provides a robust indication of a sufficient rate of improvement to achieve target reductions.

28 The error term in calculating the technological improvement rate using the rule of thumb is 0.001 per cent. The actual rate is very slightly higher than the estimate. Rates of change were calculated using data sources for income and carbon emissions taken from the World Bank's online WorldData statistical database (series NY.GDP.MKTP.KD and EN.ATM.CO2E.KT respectively) and for population from UN (2015).

29 This follows from inverting the formula for compound growth $E_n = E_0 \star (1+r)^n$, where E_n are emissions in year n, E_0 emissions in year 0 and r the rate of compound growth. Solving for the rate of growth r, we find that $r = (E_n/E_0)^{(1/n)} - 1$. With $E_n/E_0 = 0.1$, and $n = 36$ we find $r = -6.2$ per cent.

30 In the first calculation we have: $0.8 + 1.3 - 0.6 = 1.5$ per cent. In the second we have $r_t \approx 0.8 + 1.3 + 6.2 = 8.3$ per cent.

31 See Jackson (2016) for a full description of the carbon dioxide emissions pathways summarised here.

32 The average rate of change in global carbon intensity between 1964 and 2014 was −0.87 per cent per year. Between 2004 and 2014 it was −0.16 per cent per year.

33 Negative emission technologies include, for instance, bio-energy with carbon capture and storage, biochar, direct air capture or enhanced weathering. On the challenges of these negative emission technologies, see, for example, Anderson (2015), Smith et al. (2016). For more on the emission pathways described here see Jackson (2016).

34 Growing at 2 per cent per annum between now and 2050, the average per capita income of high income countries would about double from $39,000 to $79,000 a year. The per capita income of middle income countries (as defined here) would need to increase 14-fold, and of low income countries 60-fold, to reach $79,000 by 2050.

第6章 消费主义的"铁笼"

1. Extract from 'Pack behaviour', an article about the vulnerability of banking giant Santander, *The Economist*, 15 November 2008, p. 96.
2. Numerous commentators over the course of the last century or more have picked up on this anxiety, both as an epidemiological fact and as a systemic aspect of modern life. Notable contributions include: Alain de Botton (2004), Emile Durkheim (1903), Fred Hirsch (1977), Oliver James (2007), Kierkegaard (1844), Jonathon Rutherford (2008), Tibor Scitovski (1976).
3. The term 'iron cage' was first coined by Max Weber (1958) in *The Protestant Ethic and the Spirit of Capitalism* to refer to the bureaucracy that he saw emerging as a constraint on individual freedoms in capitalism. But there are also elements in Weber's work where he uses the same concept to characterise consumerism itself as the following quote shows: 'In Baxter's view, the care for external goods should only lie on the shoulders of the "saint like a light cloak, which can be thrown aside at any moment". But fate decreed that the cloak should become an iron cage' (1958: 181). This theme has been picked up and applied to consumerism more explicitly by sociologist George Ritzer (2004).
4. For a brief introduction to the history of capitalism, see Fulcher (2004). An economy is 'capitalistic' according to Baumol et al. (2007) when 'most or at least a substantial proportion of its means of production are in private hands, rather than being owned and operated by the government'. For a deliciously irreverent introduction to the history of capitalism, see Goodwin (2012).
5. For Marxian definitions, see, for instance, Harvey (2010, 2014). See also Marx (1867) and Luxemburg (1913). Some recent approaches extend the idea of capital to natural assets such as the soil, the wetlands, the oceans or the atmosphere (natural capital), to technological and intellectual expertise (human capital) and to processes of community and relational resilience (social capital). See, for example, the 'five capitals' approach pioneered by international development theorists such as Chambers and Conway (1992) and popularised by Forum for the Future (Porritt 2005).
6. Baumol and his colleagues distinguish between: 'state-guided capitalism, in which government tries to guide the market most often by supporting particular industries that it expects to become "winners"; oligarchic capitalism, in which the bulk of the power and wealth is held by a small group of individuals and families; big firm capitalism, in which the most significant economic activities are carried out by established giant enterprises; entrepreneurial capitalism, in which a significant role is played by small, innovative firms' (2007: 60 et seq.). 'About the only thing these systems have in common is that they recognise the right of private ownership of property', the authors write. 'Beyond that they are very different.'
7. Hall and Soskice (2001).
8. Smith (1776).

9   See, for instance, Baumol et al. (2007).
10 See, for instance, Hart (2007), Füchs (2015), Jørgensen et al. (2015), Porritt (2005).
11 For a more formal exposition of the basic economics here, see, for example, Anderton (2000), Begg et al. (2003), Hall and Papell (2005). For its relevance to the environment, see Booth (2004), Daly (1996), Jacobs (1991), Victor (2008a, 2008b).
12 This is probably the one place where the standard economic model pays any attention to the physical reality of keeping activity going. The gradual degradation of capital goods is foreseen explicitly by the laws of thermodynamics.
13 It's important to note that capital is not the only requirement here. Management practice, organisational changes and training are also critical in increasing productivity in the firm (see, for example, Freeman and Shaw, 2009). The commonest way to increase capital productivity has been to increase the capital utilisation factor, making sure that machinery and buildings are fully utilised, for example through continuous batch processing and other process design changes (see, for example, Lientz and Rea 2001, Reay et al. 2008).
14 For an exploration of national trends in labour productivity and their impact on growth, see Maddison (2007: 304 et seq.), Timmer et al. (2007). For a discussion on productivity at firm level, see Freeman and Shaw (2009), and for UK firms, see Oulton (1996).
15 See The Conference Board (2015: 7).
16 Timmer et al. (2007: figure 2A).
17 The hypothesis that technological change is a key driver of growth is a key component of the so-called Solow–Swan growth model. Production output depends on three so-called 'factors of production': labour, capital and materials. Early growth theories suggested that growth could be predicted mainly on the basis of how much labour and capital was available. But these models failed to account for the 'residual' growth after expansions in capital and labour had been factored in. In 1956, economists Robert Solow and Trevor Swan independently argued that this residual could be explained by technological progress (Solow 1956, Swan 1956).
18 On rebound, see: Chitnis et al. (2014), Druckman et al. (2011), Sorrell (2007).
19 See Jackson (1996: chapter 1) for a more detailed discussion of this point; see also Georgescu-Roegen (1972), Daly (1996).
20 See Schumpeter (1934, 1950, 1954). For more discussion of the relevance of Schumpeter's work in this debate, see Beinhocker (2007), Booth (2004), Bouder (2008), Rutherford (2008), Wall (2008).
21 Perez (2003: 25).
22 Baumol (2012: chapter 2).
23 Lewis and Bridger (2001).
24 Belk et al. (1989, 2003), Csikszentmihalyi and Rochberg-Halton (1981), Hill (2011).

25 Belk (1988).
26 Dichter (1964).
27 See Armstrong and Jackson (2008, 2015), Arndt et al. (2004), Belk et al. (1989), Jackson (2013), Jackson and Pepper (2010).
28 This point has been made in various ways by numerous authors. See in particular: Baudrillard (1970), Booth (2004), Bourdieu (1984), Campbell (2004, 2005, 2015), Hirsch (1977), Veblen (1898).
29 Armstrong and Jackson (2015), Belk (1988), Campbell (2004), McCracken (1990).
30 Armstrong and Jackson (2015), Cushman (1990: 599), Dittmar et al. (2014).
31 Booth (2004: 37).

第 7 章 极限内的繁荣

1 Elise Boulding cited in APO News November 2007. Online at www.apo-tokyo.org/publications/wp-content/uploads/sites/5/2007_Nov_p4b.pdf (accessed 21 May 2016).
2 Data on household sector debt are taken from the UK National Accounts (series NNRE) published by the Office for National Statistics (ONS). The savings ratio shown in Figure 7.1 uses the cash savings ratio recently defined by the ONS for the years 1990–2016. The cash savings ratio is defined by excluding the imputed value of housing (which is largely an accounting item that householders never actually see) from disposable income before making the savings rate calculation (ONS 2016). The cash savings ratio prior to 1997 is extrapolated using the conventional data (series RVGL) from the National Accounts database and the ratio of the two measures in 1997. Data are available from the ONS online database at www.ons.gov.uk/ons/datasets-and-tables/index.html (accessed 20 February 2016).
3 Lebow (1955: 7).
4 'Enormous shopping complex opens'; BBC news, 30 September 2008, online at http://news.bbc.co.uk/1/hi/england/london/7699209.stm (accessed 28 February 2016).
5 Cited in Pyszczynski et al. (2003: chapter 5, 'Black Tuesday: the psychological impact of 9/11').
6 Bookchin was writing under the pseudonym Lewis Herber (1962); see Putnam (2001).
7 Lane (2001), Norman (2010), Norman et al. (2007), Pieters (2013), Rutherford (2008).
8 ESS (2015), Eurofund (2011, 2013, 2014), Inglehart et al. (2008), NEF (2009).
9 Dorling et al. (2008). Mark Easton's BBC report (including Prof Dorling's quote) is at http://news.bbc.co.uk/1/hi/uk/7755641.stm (accessed 28 February 2016). The index measures a weighted average of the numbers of non-married adults, one-person households, recent inhabitants (people who have moved to

their current address within the last year) and people renting privately. Strictly, speaking this is an index of 'aloneness' rather than 'loneliness'. But as an indicator of the degree of fragmentation of communities it is a useful tool

10 Smith (1937 (1776): 821).
11 Sen (1984, 1998: 298).
12 Mill (1848).
13 Soper (2008).
14 See also Bunting (2005) on the work–life balance.
15 Kasser (2008, 2002).
16 Dittmar et al. (2014).
17 See Hamilton (2003).
18 Richard Gregg (Gandhi's student) originally published his paper on 'Voluntary Simplicity' in the Indian Journal *Visva Bharati Quarterly*. For more on voluntary simplicity and downshifting, see Elgin (1991), Etzioni (1998 (2006)), Hamilton (2003), Schor (1998), Wachtel (1983), amongst many others; for a detailed examination of the pros and cons of the idea of living better by consuming less, see Evans (2011), Evans and Abrahamse (2008), Jackson (2005b); for social psychological evidence, see Dittmar et al. (2014), Kasser (2008, 2002), and references therein.
19 Csikszentmihalyi (1990, 2000, 2003, 2014).
20 Findhorn Foundation: www.findhorn.org/; Plum Village: www.plumvillage.org/ (accessed 28 February 2016).
21 www.simplicityforum.org/index.html (accessed 28 February 2016).
22 On downshifting, see Drake (2000); Ghazi and Jones (2004). Australian data on downshifting are from Hamilton and Mail (2003). US data from the Merck Family Fund poll (1995); see also Hamilton (2003), Huneke (2005), Schor (1998).
23 Honoré (2005).
24 Hopkins (2008), Peters et al. (2010).
25 Hopkins (2011). For an overview of the movement and a discussion of its social and political ambitions, see Coke (2014).
26 See Brown and Kasser (2005), Coke (2014), Dittmar et al. (2014), Evans and Abrahamse (2008), Gatersleben et al. (2008), Kasser (2008).
27 See, for example, Armstrong and Jackson (2008), Evans and Abrahamse (2008), Hobson (2006), Jackson (2005b), Pepper et al. (2009), SDC (2006b).
28 On wage disparities see, for example, Bradley (2006). On discounted long-term costs, see Stern (2007). On signalling status, see Bunting (2005), Schor (1998). On the 'shopping generation', see NCC (2006).
29 For a wonderfully balanced discussion of the emergence of modern conceptions of selfishness, see Midgley (2010).
30 The poem was first published in 1705 under the title of *The Grumbling Hive*. De Mandeville rewrote the poem several times between 1705 and 1732 (de Mandeville 1989).

31 Smith (1937 (1776): book IV, chapter 2). Online at www.econlib.org/library/Smith/smWN13.html (accessed 27 February 2016).
32 Robinson (1948: 276). Variations of this quotation have been attributed to John Maynard Keynes, of whom Robinson was a close colleague. But these attributions appear to have no foundation. See for instance http://quoteinvestigator.com/2011/02/23/capitalism-motives/.
33 Darwin (1892: 68).
34 It's worth remembering, however, that the economic hypothesis preceded the evolutionary one in the complex history of economic ideas, and the former was clearly influential on the latter – not least through Malthus's influence on Darwin. For more on this complex history of ideas, see, for example, Cronin (1991), Jackson (2002, 2003), Mirowski (1989), Rose and Rose (2000), Wright (1994).
35 The existence of 'group selection' has been fiercely contested ever since Darwin's proposals. Darwin (1892: 257).
36 Hamilton (1963, 1964).
37 See, for example, Ridley (1994, 1996), Sterling (2016), Whybrow (2015), Wright (1994).
38 Dawkins (1976), Wilson (1975). On the controversy, see (for instance) Rose and Rose (2000).
39 Schwartz (1999, 2006).
40 Axelrod (1984).

第 8 章 未来经济的基础

1 Shaw (1903).
2 Raworth (2012: 7).
3 This is not to suggest that nutrition is the only service that food provides. Food is not just fodder; human beings don't just feed – as Fine and Leopold (1994) have pointed out. Enjoyment, ritual, sociality: all of these are also mediated by food.
4 See, for example, Orsdemir et al. (2015), White et al. (1999).
5 In fact, the biggest contributor to growth over the last decade, across the EU as a whole, was the IT sector. Of the EU 15, only the UK placed its emphasis more firmly in the financial and business sector (see Timmer et al. 2007: figure 2A). This underlines the fact that there are different versions of capitalism even within the advanced economies. But none of them has so far achieved significant progress in relation to 'dematerialised services'.
6 When accounted for using a consumption-based perspective: see Druckman and Jackson (2008, 2009), Jackson et al. (2007), Tukker et al. (2007).
7 Services as a way of transforming enterprise for sustainability was the core concept in a book I published two decades ago (Jackson 1996). The book

synthesised the findings from a five-year research programme I led at the Stockholm Environment Institute (Jackson 1993). But the concept can be traced back considerably further, at least to a paper published in 1966 by the economist Kelvin Lancaster, entitled 'Goods are not goods', in which he argued that goods are really bundles of 'attributes' that have value to consumers (Lancaster 1966).

8 See Alperovitz (2013), Jackson and Victor (2013), McKibben (2007), Schor (2010), Schumacher (1973), and references therein.
9 I'm grateful to Brian Davey at FEASTA (Foundation for the Economics of Sustainability) for suggesting the terminology of the Cinderella economy.
10 Ayres (2008: 292). See also BERR (2008).
11 On circular economy, see www.ellenmacarthurfoundation.org/circular-economy (accessed 26 March 2016). See also Allwood and Cullen (2015), Stahel and Jackson (1993).
12 ILO (2015: 19).
13 Keynes (1930). For some recent proposals to reduce working hours, see Hayden (1999), NEF (2013), Skidelsky and Skidelsky (2013).
14 It's interesting to note that these trends have been reversed somewhat during the last decade, with working hours increasing and labour productivity growing more slowly (Chapter 2). Data are from the OECDStat database, online at http://stats.oecd.org/Index.aspx?DatasetCode=ANHRS (accessed 30 March 2016). See also Victor (2008a: 157–158).
15 Astonishingly, in 2008, when I was writing the first edition of this book, Victor's work stood out as an almost unique attempt to develop any kind of model of a non-growing economy. It is, in short, a worthy pioneer of the idea of an ecological macroeconomics. The model is described in more detail in his book *Managing Without Growth* (Victor 2008a). In subsequent work together Peter Victor and I have explored a twin strategy of work sharing and a shift to more labour intensive sectors (Jackson and Victor 2011, 2015, Jackson et al. 2016).
16 See www.nytimes.com/2010/08/04/business/global/04dmark.html?ref=business&_r=0.
17 For a conceptual model of these twin strategies and their efficacy in maintaining employment as demand stabilises, see Jackson and Victor (2011). See also Jackson (2012), Victor (2008a).
18 Appleby et al. (2014), Lombardo and Eyre (2011).
19 Baumol and Bowen (1966).
20 The intensities shown in Figure 8.1 were calculated as the greenhouse gas intensity of final demand using an input–output methodology for the Canadian economy. See Jackson et al. (2014). Similar results hold for other advanced economies. See, for instance, Druckman and Jackson (2008).
21 See Castel et al. (2011); see also www.thenews.coop/article/co-operatives-make-happy-place-work.
22 Stuckler and Basu (2014: 'Conclusion: healing the body economic').
23 Sandel (2009).

注释

24 See, for instance, www.huffingtonpost.com/ellen-dorsey/philanthropy-rises-to-the_b_4690774.html (accessed 28 March 2016).
25 www.theguardian.com/environment/2015/jun/05/norways-pension-fund-to-divest-8bn-from-coal-a-new-analysis-shows (accessed 28 March 2016).
26 IEA (2015: 4–5). The IEA suggest that spending $13.5 trillion between 2015 and 2030 would be sufficient to meet the Intended Nationally Determined Commitments. But these would only achieve an increase in the percentage of low carbon technologies in the energy portfolio from around 20 per cent to 25 per cent. The 1.5°C target would mean achieving net zero carbon emissions before 2030 (see Chapter 5). On a simple pro-rata basis, the capital costs of achieving this could be as high as $216 trillion (i.e. 16 times the $13.5 trillion). Even this may be an underestimate if the low-hanging fruit of easier, cheaper renewable technologies are exhausted rather quickly.
27 GND (2008: 3).
28 UNEP (2008). See also HSBC (2009), Krugman (2014), NCE (2014), UNEP (2011). In a paper published in 1997, ecological economists Robert Costanza and his colleagues estimated that the value of global ecosystem services amounted to around $33 trillion per year, almost twice the global GDP at the time (Costanza et al. 1997). A more recent meta-study – based on the TEEB (2010, 2012) reports – collates values for ecosystem services ranging from 490 int$ per hectare per year for 'the total bundle of ecosystem services that can potentially be provided by an "average" hectare of open oceans' to almost 350,000 int$ per hectare per year for 'the potential services of an "average" hectare of coral reefs' (de Groot et al. 2012).
29 UNEP (2011). In response, however, see Victor and Jackson (2012).
30 This version of the quote appears to be a paraphrase of a passage originally published in Henry Ford's autobiography (Ford 1922: chapter 7).
31 Useful critiques of debt-based money can be found in Daly (2014), Farley et al. (2013), Huber and Robertson (2000), Jackson and Dyson (2013), Sigurjónsson (2015), Wolf (2014), as well as the groundbreaking early work from Douthwaite (1999). The idea of eliminating banks' ability to create money can be traced to Frederick Soddy (1931); for a useful historical overview, see Dittmer (2015).
32 See, for example, BoE (2014), Jackson and Dyson (2013), Ryan-Collins et al. (2012), Wray (2012).
33 See Capital Institute (2012). The Patient Capital Collaborative is an innovative United States-based initiative to help 'angel investors' nurture and fund start-up companies aiming to have a positive social and environmental impact in the world.
34 www.spear.fr (accessed 30 March 2016).
35 www.unifiedfieldcorporation.com/ (accessed 30 March 2016).
36 See, for example, Birch (2012). See also www.washingtonpost.com/news/wonk/wp/2014/08/05/about-100-million-americans-are-now-using-credit-unions-should-you-join-them/ (accessed 30 March 2016).

37 www.triodos.co.uk/en/about-triodos/who-we-are/mission-principles/why-different/. Another similar example is Merkur Bank in Denmark: www.merkur.dk/om-merkur/english/ (accessed 30 March 2016).
38 Friedman (1948).
39 Benes and Kumhof (2012).
40 Huber (2017). See also: http://tribune.com.pk/story/1004991/the-swiss-referendum-on-sovereign-money/ (accessed 30 March 2016).
41 Turner (2013).

第9章 面向"后增长"的宏观经济学

1 Robinson (1955).
2 Mill (1848).
3 Keynes (1930). Aggregate demand refers to the consumption-based formulation of GDP = C + G + I + X − M (see Chapter 3, note 19).
4 Daly (1977).
5 Macroeconomics is, quite simply, the study of the economy as a whole. In conventional economics it is distinguished from microeconomics, which studies individual markets and or individual decision-makers. This call for a robust, ecologically literate macroeconomics is probably one of the most important recommendations to emerge from the first edition of this book. It has also been the motivation for much of the research work that has occupied me, in particular in my collaboration with Peter Victor, during recent years. See, for instance, Jackson and Victor (2011, 2013, 2015, 2016), Jackson et al. (2014, 2016), Victor and Jackson (2012). See also www.prosperitas.org.uk (accessed 4 April 2016).
6 See, for instance, D'Alisa et al. (2014), Fournier (2008), Kallis (2011, 2015), Latouche (2007). See also, the contributions from those who speak of a 'post-growth' economy, such as Blewitt and Cunningham (2015).
7 http://newint.org/blog/2015/05/14/degrowth-federico-demaria/ (accessed 29 October 2015). See also D'Alisa et al. (2014). Quotes are taken from Kallis (2015).
8 See Kallis (2015).
9 Keynes (1930).
10 See, for example, Füchs (2015), NCE (2014), Pauli (2010), UNEP (2011); see also www.oecd.org/greengrowth/oecdworkongreengrowth.htm (accessed 24 April 2016).
11 Daly (1977: 119).
12 Sandel (2013).
13 For an entertaining vision of such a world, see Porritt (2013).
14 See www.triodos.com/en/investment-management/who-we-are/growth/ (accessed 7 April 2016).

15 NCE (2014), UNEP (2011).
16 Responding to the UK Law Commission, in 2014, the Association of British Insurers wrote: 'Research continues to demonstrate that active stewardship and integration of [environmental, social and governance] factors within investment decisions can lead to improved risk-adjusted performance (Law Commission 2014: 97).
17 For instance, Carbon Tracker (2013). See also www.parliament.uk/documents/commons-committees/environmental-audit/Letter-from-Mark-Carney-on-Stranded-Assets.pdf (accessed 11 April 2016).
18 See, for example, Eurosif (2014). For an example of such outperforming funds, see www.alliancetrustinvestments.com/global/documents/3301/A-Guide-to-SRI (accessed 11 April 2016).
19 It's been suggested that a declining EROI may be one factor that has contributed to secular stagnation. At some critical point, certainly, it's likely that the EROI of fossil fuel resources will fall below that of renewables (Mohr et al. 2015, Hall et al. 1992, Hall and Klitgaard 2012).
20 Gough (1979: especially chapter 6 and Appendix A.2).
21 See Timmer et al. (2007: table 1).
22 Baumol (1967, 2012), Baumol and Bowen (1966). See also Nordhaus (2006).
23 Nordhaus (2006: 37).
24 See www.theguardian.com/stage/theatreblog/2012/nov/20/repertory-theatre-ian-mckellen (accessed 10 April 2016). Another potential fate for these services, as they disappear from the economy, is that they move into the amateur or voluntary sector. Although in some cases this can be advantageous to local communities, there are other situations in which society is deprived of professional expertise and training, and the quality of the service declines as a result.
25 For instance, Baumol (1967: 897).
26 The quote is from Baumol (2012: chapter 2). There's a worrying corollary to this finding. As Baumol himself points out, many of the so-called progressive sectors are themselves potentially problematic, implicated as they are either in militaristic spending or in environmental damage (Baumol 2012: chapter 7).
27 Baumol (1967: 419). What Baumol means here by 'balanced growth' is that the proportion of real services delivered in the economy remains constant. In our exploration, we would be looking even to increase this real proportion of service activities.
28 Nordhaus (2006: 38).
29 The analysis in Figure 9.1 was based on raw data from the Bank of England (Hills et al. 2010). The trend line was estimated using the Hodrick-Prescott (HP) filter (https://en.wikipedia.org/wiki/Hodrick%E2%80%93Prescott_filter) with the multiplier λ set to 100.

30 NEF (2013, 2010), Victor (2008a). See also www.lejdd.fr/Politique/Rocard-Hamon-Duflot-150-personnalites-appellent-a-travailler-moins-pour-travailler-tous-et-mieux-783977 (accessed 8 May 2016).
31 Jackson and Victor (2011, 2015, 2016).
32 Credit Suisse (2015), OECD (2008), Oxfam (2014, 2015).
33 Piketty (2014).
34 www.theguardian.com/business/video/2014/may/02/thomas-piketty-capital-rock-star-economist-video (accessed 4 May 2016).
35 Friedman (2005).
36 See Piketty (2014: 168 et seq.). Piketty's second law of capitalism can be written as: $\alpha \to r\frac{s}{g}$ as $t \to \infty$. For a summary of the argument, see Jackson and Victor (2016).
37 Jackson and Victor (2016). The interested reader can find a usable version of our simulation model online at www.prosperitas.org.uk/SIGMA (accessed 9 May 2016).
38 Douthwaite (1999, 2006).
39 Eisenstein (2012). For another similar view, see Farley et al. (2013).
40 A notable exception is a paper by the German economist Mathias Binswanger (2009), which appears to confirm the hypothesis. But, by his own admission, Binswanger's analysis is incomplete. In particular, Binswanger's paper 'does not aim to give a full description of a modern capitalist economy'. In particular, he notes that his model 'should be distinguished from some recent modelling attempts in the Post Keynesian tradition' which set out to provide what Wynne Godley called '"comprehensive, fully articulated, theoretical models" that could serve as a "blueprint for an empirical representation of a whole economic system" (Godley 1999, p394)' (Binswanger 2009: 711). A recent symposium on the 'growth imperative' has contributed several new perspectives on Binswanger's original hypothesis, but these papers also fall short of providing a full analysis of this kind (Binswanger 2015, Rosenbaum 2015).
41 Godley (1999), Godley and Lavoie (2007).
42 Jackson et al. (2016). See also the suite of models and working papers available at www.prosperitas.org.uk (accessed 9 May 2016).
43 Jackson and Victor (2015).
44 The interested reader can see the outcome of our scenarios in the online version of the FALSTAFF model at www.prosperitas.org.uk/falstaff_steadystate (accessed 9 May 2016). It should be noted that our study didn't explicitly model certain microeconomic behaviours that might be expected to lead both to a heightened monetary expansion and also to aggregate demand growth or perhaps instability. For instance, it is clear that competitive (positional) behaviour by firms through profit maximisation could expand investment (particularly when finance is cheap) in order to stimulate demand (Gordon and Rosenthal 2003). Neither do we attempt here to model Minsky-like behaviour in which

progressive overconfidence amongst lenders leads to an expansion of credit, over-leveraging and eventual financial instability (Keen 2011; Minsky 1994).
45 See Jackson and Victor (2015: figure 8).
46 It was Keynes who introduced the idea that economic behaviour is in part the result of 'a spontaneous urge to action' rather than a fully considered rational response to circumstances. When things are going well, 'animal spirits' can lead to overinvestment. When things are going badly, they can lead to underinvestment. The interplay of these behaviours is one of the causes of business cycles (Keynes 1936: 161–162).
47 We simulated this phenomenon by increasing the 'accelerator coefficient' in our investment function, so that firms invest more readily when they expect future growth and less readily when they expect a recession (Jackson and Victor 2015).
48 See Scenario 8 in our online version of the FALSTAFF model: www.prosperitas.org.uk/FALSTAFF (accessed 10 May 2016).
49 Minsky (1986, 1992).

第 10 章 进步的国家

1 Letter to the Republican Citizens of Washington County, Maryland. See Washington (1871: 165).
2 Smith (1776).
3 A light-hearted take on the Keynes v. Hayek confrontation can be found online at www.youtube.com/watch?v=d0nERTFo-Sk. A slightly more serious discussion on the BBC's Radio 4 can be found here: www.bbc.co.uk/news/business-14366054 (accessed 8 March 2016).
4 Hayek (1944).
5 See, for instance, Keynes (1978). See also Keynes (1926, 1936).
6 From an article for the Huffington Post by Peter Hall – Professor of European Studies at Harvard and co-author of *Varieties of Capitalism*; online at www.huffingtonpost.com/2008/10/13/global-economic-crisis-li_n_134393.html (accessed 8 March 2016).
7 'Redesigning global finance', *The Economist* leader, 15 November 2008, p. 13.
8 See, for instance, Harvey (2014: chapter 3).
9 Ostrom (1990). See also Wall (2014).
10 Hardin (1968). See also Harford (2013).
11 Lloyd (1833).
12 Harvey (2014: epilogue).
13 See Stuckler and Basu (2014) for a discussion of the impact of social investment in mitigating the impacts of the financial crisis.
14 Mazzucato (2015: 4).
15 For background on the evolution of social behaviours, see Axelrod (1984), Sober and Wilson (1998), Wright (1994).

16   The idea of the social contract was first articulated in Hobbes' *Leviathan* in 1651, and developed further by John Locke and Jean-Jacques Rousseau in the late seventeenth and eighteenth centuries. For further discussion on the relevance of the social contract to modern environmental debates, see Hayward and O'Brien (2010), Jackson (2008a), O'Brien et al. (2009).
17   See Offer (2006).
18   For instance, Thaler and Sunstein (2009). A similar view, named 'choice editing', was put forward by the UK Sustainable Consumption Round Table (SDC 2006a). See also Kahneman (2011).
19   On savings rates and household debts see Figure 7.1. On parenthood, see Offer (2006: chapter 14).
20   Foucault (1991, 2008), Mayhew (2004).
21   Polanyi (1942).
22   On authoritarianism, see Doyal and Gough (1991), Inglehart et al. (2008). The Ed Miliband quote is from 'People power vital to climate deal', *Guardian*, 8 December 2008; online at www.guardian.co.uk/environment/2008/dec/08/ed-miliband-climate-politics-environment (accessed 10 March 2016).
23   www.youtube.com/watch?v=VWSCErK0OLw&index=4&list=PLqRdItpbj_2I8uBMYAOqscTfDk4D8Rxlp (accessed 14 May 2016).
24   In the first edition of this book I identified 12 specific policy areas within three overarching themes. In the second edition, I've chosen to focus more clearly on the underlying narrative, while teasing out broad areas on which policies for a post-growth economy must focus. These broad areas show some resonance with other overviews of this emerging policy focus such as the one recently been published by the Melbourne Sustainable Society Institute (Alexander 2016) and the work of the Green House think-tank in the UK (Blewitt and Cunningham 2015).
25   Rockström et al. (2009), Steffen et al. (2015).
26   For instance, see Chapters 1 and 5 and IPCC (2014).
27   See, for example, 'Sweden pushes its ban on children's ads', *Wall Street Journal*, 29 May 2001; 'The Norwegian action plan to reduce commercial pressure on children and young people', Ministry of Children and Equality; online at www.regjeringen.no/en. On São Paolo's *Lei Limpa Cuidade*, see 'São Paulo: a city without ads', David Evan Harris, Adbusters, September–October 2007.
28   See ILSR (2014).
29   See www.fairtrade.org.uk/ (accessed 14 May 2016).
30   Cooper (2010), EMF (2015).
31   James (2007: appendix 1 and 2).
32   Data are taken from the Spirit Level data (Wilkinson and Pickett 2009) published on the Equality Trust website at www.equalitytrust.org.uk/civicrm/contribute/transact?reset=1&id=5 (accessed 11 May 2016). The index of 'health and social problems' on the y-axis in Figure 10.1 includes life expectancy, literacy, infant mortality, homicide, imprisonment, teenage births, trust, obesity, mental

illness (including alcohol and drug addiction) and social mobility. The index of inequality is an average of the 20:20 income inequality index published in the United Nations Development Program Human Development Reports over recent years. See also Wilkinson (2005).
33 Oxfam (2014, 2015).
34 Meyer (2004).
35 See, for instance, Lord (2003), RSA (2015).
36 A recent leader in *The Economist* magazine argued that it's time to ditch the GDP as a measure of prosperity; online at www.economist.com/news/leaders/21697834-gdp-bad-gauge-material-well-being-time-fresh-approach-how-measure-prosperity?fsrc=scn/tw/te/pe/ed/howtomeasureprosperity (accessed 14 May 2016). Further examples of critiques of the GDP include the OECD's *Beyond GDP* initiative, http://ec.europa.eu/environment/beyond_gdp/index_en.html (accessed 30 March 2016); and the report from the Sen-Stiglitz Commission (Stiglitz et al. 2009).
37 See the discussion on this point in Chapter 8. See also Benes and Kumhof (2012), Jackson and Dyson (2013). Versions of the sovereign money proposal are currently being debated in several advanced economies including Switzerland and Iceland.

第 11 章 持久的繁荣

1 This line was part of an Apple advertising campaign entitled *Think Differently* launched in 1998. Steve Jobs and Richard Dreyfus both made recordings of the voiceover. On the day of the release, Jobs decided against using his voiceover, arguing that the campaign was about Apple, rather than about him. Jobs' recording is, however, still online, for instance, at http://geekologie.com/2011/10/touching-steve-jobs-voicing-apples-iconi.php (accessed 2 June 2016).
2 See Figure 5.6.
3 It would be wrong to dismiss entirely the potential for technological breakthroughs. The fact is, we already have at our disposal a range of options that could begin to deliver effective change: renewable, resource-efficient, low carbon technologies capable of weaning us from our dangerous dependence on fossil fuels. These options have to provide the technological platform for the transition to a sustainable economy. But the idea that they will emerge spontaneously by giving free rein to the competitive market is patently false.
4 Williams (1954).
5 Solomon et al. (2014).
6 Campbell (2003) called these three functions of the sacred canopy cognitive meaning, moral meaning and emotional meaning.
7 See, for instance, Bauman (1998, 2007).

8 Eyres (2009).
9 The first quote is from Sardar (2008).
10 The quote is from Burningham and Thrush (2001).
11 Online at http://downloads.bbc.co.uk/rmhttp/radio4/transcripts/20090609_thereithlectures_marketsandmorals.rtf (accessed 29 March 2016). It's telling that the most common experience of shared public space in the consumer society is the shopping mall. The commercialised and individualised nature of activities in that space works directly against a sense of shared endeavour.
12 For a fuller discussion of these points, see Armstrong and Jackson (2015), Jackson (2006b, 2013), Jackson and Pepper (2010).
13 See EMF (2015), Jackson (1996), Stahel and Jackson (1993), Webster (2015).
14 Mazzucato (2015).
15 See, for example, Alexander (2016), Piketty (2014), Raventos (2007), RSA (2015), Turner (2015).
16 Baumol et al. (2007). See also Chapter 6.
17 See, for instance, Mazzucato (2015), Piketty (2014).
18 See, for example, Harvey (2014). On employee ownership, see Abrams (2008), Erdal (2008), Nuttall (2012).
19 Luxemburg (1913).
20 See Chapter 9 and in references cited therein, in particular Jackson and Victor (2015).
21 This idea is close to what Zia Sardar (2008) has called transmodernity.

参考文献

Abrams, John 2008. *Companies We Keep: Employee Ownership and the Business of Community and Place*. Chelsea Green Publishing Company.

Ahiakpor, James 2001. 'On the mythology of the Keynesian multiplier'. *American Journal of Economics and Sociology* 60: 745–773.

Alexander, Sam 2016. 'Policies for a post-growth economy'. Melbourne: Melbourne Sustainable Society Institute. Online at http://simplicitycollective.com/policies-for-a-post-growth-economy (accessed 11 May 2016).

Allwood, Julian and Jonathan Cullen 2015. *Sustainable Materials – Without the Hot Air*. Cambridge: UIT Cambridge.

Alperovitz, Gar 2013. *What Then Must We Do: Straight Talk About the Next American Revolution*. White River Junction, VT: Chelsea Green Publishing.

Altman, Philipp 2014. 'Good life as a social consilience: proposal for natural resource use: the indigenous movement in Ecuador'. *Consilience: The Journal of Sustainable Development* 12(1): 82–94.

Alvaredo, Facundo, Anthony Atkinson, Thomas Piketty and Emmanuel Saez 2011. The top 1 per cent in international and historical perspective. *Journal of Economic Perspectives* 27(3): 3–20.

Anderson, Keven 2015. 'Duality in climate science'. *Nature Geoscience* 8: 898–900.

Anderton, Alain 2000. *Economics*, 3rd edition. Ormskirk, UK: Causeway Press.

Appleby, John, Amy Galea and Richard Murray. 2014. 'The NHS productivity challenge: experience from the front line'. London: The Kings Fund. Online at www.kingsfund.org.uk/sites/files/kf/field/field_publication_file/the-nhs-productivity-challenge-kingsfund-may14.pdf (accessed 27 March 2016).

Armstrong, Alison and Tim Jackson 2015. 'The mindful consumer: mindfulness training and the escape from consumerism'. Online at www.foe.co.uk/sites/default/files/downloads/mindful-consumer-mindfulness-training-escape-from-consumerism-88038.pdf.

Armstrong, Alison and Tim Jackson 2008. 'Tied up in "nots": an exploration of the link between consumption and spirituality'. Paper presented to the European Sociological Association conference, Helsinki, August 2008.

Arndt, Jamie, Sheldon Solomon, Tim Kasser and Kay Sheldon 2004. 'The urge to splurge: a terror management account of materialism and consumer behaviour'. *Journal of Consumer Psychology* 14(3): 198–212.

Axelrod, Robert 1984. *The Evolution of Cooperation*, reprinted 2006. London: Basic Books.

Ayres, Robert 2008. 'Sustainability economics: where do we stand'. *Ecological Economics* 67: 281–310.

Bacon, Nicola, Marcia Brophy, Nina Mguni, Geoff Mulgan and Anna Shandro 2010. *The State of Happiness. Can Public Policy Shape People's Wellbeing and Resilience?* London: The Young Foundation.

Bargh, John 1994. 'The four horsemen of automaticity: awareness, intention, efficiency, and control in social cognition'. In R. Wyer and T. Skrull (eds), *Handbook of Social Cognition,* 2nd edition, vol. *1, Basic Processes.* Hillsdale, NJ: Lawrence Erlbaum, pp. 1–40.

Barwell, Richard and Oliver Burrows 2011. *Growing Fragilities – Balance Sheets in the Great Moderation.* London: Bank of England.

Baudrillard, Jean 1970. *The Consumer Society – Myths and Structures*, reprinted 1998. London: Sage Publications.

Bauman, Zygmunt 2007. *Consuming Life*. Cambridge: Polity Press.

Bauman, Zygmunt 1998. *Work, Consumerism and the New Poor*. Buckingham: Open University Press.

Baumol, William 2012. *The Cost Disease: Why Computers Get Cheaper and Health Care Doesn't*. New Haven and London: Yale University Press.

Baumol, William 1967. 'Macroeconomics of unbalanced growth: the anatomy of urban crisis'. *American Economic Review* 57(3): 415–426.

Baumol, William and William Bowen 1966. *Performing Arts: The Economic Dilemma*. New York: Twentieth Century Fund.

Baumol, William, Robert Litan and Carl Schramm 2007. *Good Capitalism, Bad Capitalism, and the Economics of Growth and Prosperity*. Newhaven and London: Yale University Press.

Baycan, Baris Gencer 2007. 'From limits to growth to degrowth within French green politics'. *Environmental Politics* 16(3): 513–517.

Becker, Ernest 1973. *The Denial of Death*, reprinted 1997. New York: Simon and Schuster.

参考文献

Begg, David, Stanley Fischer and Rudiger Dornbusch 2003. *Economics*, 7th edition. Maidenhead: McGraw-Hill.

Beinhocker, Eric 2007. *The Origin of Wealth: Evolution, Complexity, and the Radical Remaking of Economics*. London: Random House.

Belk, Russell 1988. 'Possessions and the extended self'. *Journal of Consumer Research* 15: 139–168.

Belk, Russell, Guliz Ger and Søren Askegaard 2003. 'The fire of desire – a multi-sited inquiry into consumer passion'. *Journal of Consumer Research* 30: 325–351.

Belk, Russell, Melanie Wallendorf and John F. Sherry 1989. 'The sacred and the profane in consumer behavior: theodicy on the Odyssey'. *Journal of Consumer Research*, 16: 1–38.

Bellamy Foster, John 1998. 'Malthus essay on population at age 200: a Marxian view'. *Monthly Review* 50(7). Online at http://monthlyreview.org/1998/12/01/malthus-essay-on-population-at-age-200/ (accessed 11 December 2015).

Benes, J. and M. Kumhof 2012. 'The Chicago Plan Revisited'. Washington: International Monetary Fund. Online at www.imf.org/external/pubs/ft/wp/2012/wp12202.pdf (accessed 7 March 2016).

Bentham, Jeremy 1776. *A Fragment on Government*, reprinted 2010. Cambridge: Cambridge University Press.

Berger, Peter 1969. *The Sacred Canopy – Elements of a Sociological Theory of Religion*. New York: Anchor Books.

BERR 2008. *Smart Business – Sustainable Solutions for Changing Times*. Report of the UK Government's Business Taskforce on Sustainable Consumption and Production. London: Department for Business, Enterprise and Regulatory Reform.

Berry, Wendell 2008. Faustian Economics – hell hath no fury. Harper's Magazine. Online at http://harpers.org/archive/2008/05/faustian-economics/ (accessed 16 May 2016).

Bezemer, Dirk 2010. 'Understanding financial crisis through accounting models'. *Accounting, Organizations and Society* 35(7): 676–688.

Binswanger, Mathias 2015. 'The growth imperative revisited. A rejoinder to Gilanyi and Johnson'. *Journal of Post Keynesian Economics* 37(4): 648–660.

Binswanger, Mathias 2009. 'Is there a growth imperative in capitalist economies? A circular flow perspective'. *Journal of Post Keynesian Economics*, 31: 707–727.

Birch, Ray 2012. 'US credit unions reach new record: $1 trillion in assets'. *Credit Union Journal* 16(15): 1, 26.

BIS 2015. *Secular Stagnation, Debt Overhang and Other Rationales for Sluggish Growth, Six Years on*. BIS Working Paper 482. Geneva: Bank for International Settlements. Online at www.bis.org/publ/work482.pdf (accessed 4 November 2015).

BIS 2011. Basel III: 'A global regulatory framework for more resilient banks and banking systems. Basel Committee on Banking Supervision/Bank for International Settlements'. Online at www.bis.org/publ/bcbs189.pdf (accessed 15 March 2016).

Blewitt, John and Ray Cunningham (eds) 2015. *The Post-Growth Project: How the End of Economic Growth Could Bring a Fairer and Happier Society*. London: London Publishing Partnership.

BoE 2014. 'Money in the modern economy: an introduction'. *Bank of England Quarterly Bulletin*, Q1 London: Bank of England. Online at www.bankofengland.co.uk/publications/Documents/quarterlybulletin/2014/qb14q101.pdf (accessed 30 March 2016).

Booth, Douglas 2004. *Hooked on Growth – Economic Addictions and the Environment*. New York: Rowman and Littlefield.

Bouder, Frederic 2008. 'Can Decoupling Work?' Thinkpiece contributed to the SDC Workshop 'Economy Lite – can decoupling work?' February. London: Sustainable Development Commission. Online at www.sd-commission.org.uk/pages/redefining-prosperity.html.

Bourdieu, Pierre 1984. *Distinction – A Social Critique of the Judgement of Taste*. London: Routledge and Kegan Paul.

Bradley, S 2006. *In Greed we Trust: Capitalism Gone Wrong*. Victoria, BC: Trafford.

Breakthrough 2015. *An Ecomodernist Manifesto*. Orlando, CA: The Breakthrough Institute.

Brown, Kirk and Tim Kasser 2005. 'Are psychological and ecological well-being compatible? The role of values, mindfulness, and lifestyle'. *Social Indicators Research* 74(2): 349–368.

Brown, Lester, Gary Gardner and Brian Halweil 1999. *Beyond Malthus: Nineteen Dimensions of the Population Challenge*. New York: W. W. Norton & Co.

Bunting, Madeleine 2005. *Willing Slaves: How the Overwork Culture is Ruining Our Lives*. London: HarperPerennial.

Burningham, Kate and Diana Thrush 2001. *Rainforests are a Long Way from Here: The Environmental Concerns of Disadvantaged Groups*. York: York Publishing Services Ltd.

Campbell, Colin 2015. 'The curse of the new: how the accelerating pursuit of the new is driving hyper-consumption', in Karin Ekström (ed.) *Waste Management and Sustainable Consumption: Reflections on Consumer Waste*. London: Routledge, chapter 2.

Campbell, Colin 2005. *The Romantic Ethic and the Spirit of Modern Consumerism*. Oxford: Basil Blackwell.

Campbell, Colin 2004. 'I shop therefore (I know that) I am: the metaphysical foundations of modern consumerism', in Karin Ekstrom and Helen Brembeck (eds), *Elusive Consumption*. Oxford: Berg.

Campbell, Colin 2003. 'A new age theodicy for a new age', in P. Berger (ed.), *The De-Secularisation of the World*. New York: Basic Books.

Capital Institute 2012. *The Patient Capital Collaborative – Field Study No. 3: A Field guide to Investment in a Regenerative Economy*. New York: Capital Institute. Online at http://fieldguide.capitalinstitute.org/uploads/1/3/9/6/13963161/ppcepub.pdf (accessed 7 March 2016).

Carbon Tracker 2013. 'Unburnable Carbon: wasted capital and stranded assets'. London: Carbon Tracker. Online at www.carbontracker.org/wp-content/uploads/2014/09/Unburnable-Carbon-2-Web-Version.pdf (accessed 23 July 2016).

Carbon Trust 2006. *The Carbon Emissions in All That We Consume*. London: Carbon Trust.

Castel, D., C. Lemoine and A. Durand-Delvigne 2011. 'Working in cooperatives and Social Economy: Effects on Job Satisfaction and the Meaning of Work'. *Perspectives interdisciplinaires sur le travail et la santé* 13(2). Online at http://pistes.revues.org/2635.

Chambers, Robert and Gordon Conway 1992. 'Sustainable rural livelihoods: practical concepts for the 21st century'. IDS Discussion Paper 296. Brighton: Institute for Development Studies. Online at www.ids.ac.uk/publication/sustainable-rural-livelihoods-practical-concepts-for-the-21st-century (accessed 3 February 2016).

Chitnis, M., S. Sorrell, A. Druckman, S Firth and T. Jackson 2014. 'Who rebounds most? Estimating direct and indirect rebound effects for different UK socioeconomic groups'. *Ecological Economics* 106: 12–32.

Club of Rome 1968. 'The predicament of mankind. A quest for structured responses to growing worldwide complexities and uncertainties'. Rome: Club of Rome. Online at http://quergeist.net/Christakis/predicament.pdf (accessed 13 December 2015).

Coke, Alexia 2014. 'Where do we go from here? Transition strategies for a low carbon future'. PASSAGE Working Paper 14-03. Guildford: University of Surrey. Online at www.prosperitas.org.uk/assets/wp_14-03_acoke-transition-strategies.pdf (accessed 26 February 2016).

Common, Michael and Sigrid Stagl 2005. *Ecological Economics – An Introduction*. Cambridge: Cambridge University Press.

Conference Board 2015. *Productivity Brief 2015: Global Productivity Growth Stuck in the Slow Lane with No Signs of Recovery in Sight*. New York: Conference Board. Online at www.conference-board.org/retrievefile.cfm?filename=The-Conference-Board-2015-Productivity-Brief.pdf&type=subsite (accessed 15 February 2016).

Connors, Elisabeth and William Mitchell 2013. 'Framing modern money theory'. Working Paper 06-13. Casuarina, NT: Centre of Full Employment and Equity.

Cooper, Tim (ed.) 2010. *Longer-Lasting Products: Alternatives to the Throw-Away Society*. London: Routledge.

Costanza, Robert et al. 1997. 'The value of the world's ecosystem services and natural capital'. *Nature* 387: 256, table 2.

Credit Suisse 2015. *Global Wealth Report 2015*. Geneva: Credit Suisse. Online at https://publications.credit-suisse.com/tasks/render/file/?fileID=F2425415-DCA7-80B8-EAD989AF9341D47E (accessed 18 October 2015).

Credit Suisse 2014. Global Wealth Report 2014. Geneva: Credit Suisse. https://publications.credit-suisse.com/tasks/render/file/?fileID=60931FDE-A2D2-F568-B041B58C5EA591A4 (accessed 15 march 2016).

Crocker, David and Toby Linden (eds) 1998. *The Ethics of Consumption*. New York: Rowman and Littlefield.
Cronin, H, 1991. *The Ant and the Peacock—Sexual Selection from Darwin to Today*. Cambridge: Cambridge University Press.
Csikszentmihalyi, Mihaly 2014. *Flow and the Foundations of Positive Psychology: The Collected Works of Mihaly Csikszentmihalyi*. Dordrecht: Springer.
Csikszentmihalyi, Mihaly 2003. 'Materialism and the evolution of consciousness', in T. Kasser and A. Kanner (eds), *Psychology and Consumer Culture – The Struggle for a Good Life in a Material World*. Washington, DC: American Psychological Association, chapter 6.
Csikszentmihalyi, Mihaly 2000. 'The costs and benefits of consuming'. *Journal of Consumer Research* 27(2): 262–272. Reprinted in T. Jackson (2006a), chapter 24.
Csikszentmihalyi, Mihaly 1996. *Creativity: Flow and the Psychology of Discovery and Invention*. New York, NY: Harper Perennial.
Csikszentmihalyi, Mihaly 1990. *Flow: The Psychology of Optimal Experience*. New York: Harper and Row.
Csikszentmihalyi, Mihaly and Eugene Rochberg-Halton 1981. *The Meaning of Things – Domestic Symbols and the Self*. Cambridge and New York: Cambridge University Press.
Cushman, Philip 1990. 'Why the self is empty: toward a historically situated psychology'. *American Psychologist* 45: 599–611.
Dalai Lama and Howard Cutler 2009. *The Art of Happiness,* 10th anniversary edition. London: Hodder and Stoughton.
D'Alisa, Giacomo, Federico Damaria and Giorgos Kallis (eds) 2014. *Degrowth: A Vocabulary for a New Era*. London: Routledge.
Daly, Herman 2014. *From Uneconomic Growth to a Steady-State Economy*. Advances in Ecological Economics. Northampton, MA: Edward Elgar.
Daly, Herman 1996. *Beyond Growth*. Washington, DC: Beacon Press.
Daly, Herman 1977. *Steady State Economics*. New York: W. H. Freeman and Co Ltd.
Daly, Herman and John Cobb 1989. *For the Common Good – Redirecting the Economy Toward Community, the Environment and a Sustainable Future*. Boston: Beacon Press.
Darwin, Charles 1892. *The Autobiography of Charles Darwin and Selected Letters*, ed. Francis Darwin, reprinted 1958. New York: Dover.
Davidson, Richard and Sharon Begley 2012. *The Emotional Life of Your Brain: How Its Unique Patterns Affect the Way You Think, Feel, and Live – and How You Can Change Them*. London: Penguin.
Dawkins, Richard 1976. *The Selfish Gene*. Oxford and New York: Oxford University Press.
DB 2008. *Economic Stimulus: The Case for 'Green' Infrastructure, Energy Security and 'Green' Jobs*. New York: Deutsche Bank.
de Botton, Alain 2004. *Status Anxiety*. Oxford: Oxford University Press.

de Groot, Rudolf, Luke Brander, Sander van der Ploega, Robert Costanza, Florence Bernardd, Leon Braate, et al. 2012. 'Global estimates of the value of ecosystems and their services in monetary units'. *Ecosystem Services* 1(1): 50–61.

de Mandeville, Bernard 1989. *The Fable of the Bees*. London: Penguin.

Deaton, Angus 2008. 'Income, health and wellbeing around the world: evidence from the Gallup World Poll'. *Journal of Economic Perspectives* 22(2): 53–72.

DECC 2009. 'UK Greenhouse Gas Inventory, 1990 to 2007: annual report for submission under the Framework Convention on Climate Change'. London: Department for Energy and Climate Change. Online at http://uk-air.defra.gov.uk/assets/documents/reports/cat07/0905131425_ukghgi-90-07_main_chapters_Issue2_UNFCCC_CA_v5_Final.pdf (accessed 4 January 2016).

Defra 2015. 'UK's carbon footprint 1997–2012'. London: Department of Environment, Food and Rural Affairs. Online at www.gov.uk/government/uploads/system/uploads/attachment_data/file/414180/Consumption_emissions_Mar15_Final.pdf (accessed 4 January 2016).

Defra 2007. *Sustainable Development Indicators in Your Pocket*. London: TSO.

Demaria, Federico, Francois Schneider, Filka Sekulova and Joan Martinez-Alier 2013. 'What is degrowth? From an activist slogan to a social movement'. *Environmental Values* 22(2): 191–215.

Dichter, E 1964. *The Handbook of Consumer Motivations: The Psychology of Consumption*, New York: McGraw-Hill.

Diener, Ed, M. Diener and C. Diener 1995. 'Factors predicting the subjective wellbeing of nations'. *Journal of Personality and Social Psychology* 69: 851–864.

Diener, Ed, Louis Tay and David Myers 2011. 'The religion paradox: if religion makes people happy, why are so many dropping out?' *Journal of Personality and Social Psychology* 101(6): 1278–1290.

Dittmar, Helga 1992. *The Social Psychology of Material Possessions – To Have Is to Be*. New York: St Martin's Press.

Dittmar, Helga, Rod Bond, Megan Hurst and Tim Kasser 2014. 'The relationship between materialism and personal well-being: a meta-analysis'. *Journal of Personal and Social Psychology* 107: 879–924.

Dittmer, K. 2015. '100 per cent reserve banking: a critical review of green perspectives'. Ecological Economics 109: 9–16.

Dolan, Paul 2015. *Happiness by Design: Finding Pleasure and Purpose in Everyday Life*. London: Penguin.

Dong, Boamin, Fei Wang and Guo 2006. 'The global EKCs'. *International Review of Economics and Finance*. In press. Available at http://dx.doi.org/10.1016/j.iref.2016.02.010.

Dorling, Danny, Dan Vickers, Bethan Thomas, John Pritchard and Dimitris Ballas 2008. 'Changing UK: The way we live now'. Sheffield: University of Sheffield. Online at http://sasi.group.hef.ac.uk/research/changingUK.html (accessed 23 July 2016).

Douglas, Mary 2006 (1976). 'Relative poverty, relative communication', in A. Halsey (ed.), *Traditions of Social Policy*. Oxford: Basil Blackwell, reprinted in Jackson (2006a), chapter 21.

Douglas, Mary and Baron Isherwood 1996. *The World of Goods*, 2nd edition. London: Routledge.

Douthwaite, Richard 2006. *The Ecology of Money*. Cambridge: Green Books. Online at www.feasta.org/documents/moneyecology/pdfs/chapter_one.pdf (accessed 16 March 2016).

Douthwaite, Richard 1999. *The Growth Illusion – How Economic Growth Has Enriched the Few, Impoverished the Many and Endangered the Planet*. Totnes, Devon: Green Books.

Doyal, Len and Ian Gough 1991. *A Theory of Human Needs*. Basingstoke: Palgrave Macmillan.

Drake, John 2001. *Downshifting: How to Work Less and Enjoy Life More*. San Francisco: Berrett-Koehler.

Druckman, A., M. Chitnis, S. Sorrell and T. Jackson 2011. 'Missing carbon reductions? Exploring rebound and backfire effects in UK households'. *Energy Policy* 39: 3572–3581.

Druckman, Angela and Tim Jackson 2009. 'Mapping our carbon responsibilities: more key results from the Surrey Environmental Lifestyle Mapping (SELMA) Framework'. RESOLVE Working Paper 02-09. Guildford: University of Surrey. Online at http://resolve.sustainablelifestyles.ac.uk/sites/default/files/RESOLVE_WP_02-09_0.pdf (accessed 4 January 2016).

Druckman, Angela and Tim Jackson 2008. 'The Surrey Environmental Lifestyle Mapping (SELMA) Framework – development and key results to date'. RESOLVE Working Paper 08-08. Guildford: University of Surrey. Online at http://resolve.sustainablelifestyles.ac.uk/sites/default/files/RESOLVE_WP_08-08_0.pdf (accessed 4 January 2016).

Durkheim, Emile 1903. *Suicide*, reprinted 2002. Routledge Classics. London: Routledge.

Easterlin, Richard 1995. 'Will raising the incomes of all increase the happiness of all?' *Journal of Economic Behaviour and Organization*, 27: 35–47.

Easterlin, Richard 1974. 'Does economic growth improve the human lot? Some empirical evidence', in D. David and M. Reder (eds), *Nations and Households in Economic Growth*. Stanford: Stanford University Press.

Easterlin, Richard, Laura Angelescu McVey, Malgorzata Switek, Onnicha Sawangfa and Jacqueline Smith Zweig 2010. 'The happiness–income paradox revisited'. *Proceedings of the National Academy of Science* 107(52): 22463–22468.

Eisenstein, Charles 2012. 'We can't grow ourselves out of debt, no matter what the Federal Reserve does'. Guardian, 13 September. Online at www.theguardian.com/commentisfree/2012/sep/03/debt-federal-reserve-fixation-on-growth (accessed 16 March 2016).

Ekins, Paul and Manfred Max Neef (eds) 1992. *Real-Life Economics: Understanding Wealth Creation*. London: Routledge.

Elgin, Duane 1981. *Voluntary Simplicity – Towards a Way of Life That is Outwardly Simple, Inwardly Rich*, reprinted 1993. New York: William Morrow.

EMF 2015. *Towards a Circular Economy: Business Rationale for an Accelerated Transition*. Cowes, Isle of Wight: Ellen McArthur Foundation. Online at www.ellenmacarthurfoundation.org/assets/downloads/TCE_Ellen-MacArthur-Foundation_9-Dec-2015.pdf (accessed 4 June 2016).

Erdal, David 2008. *Local Heroes: How Loch Fyne Oysters Embraced Employee Ownership and Business Success*. London: Viking.

ESS 2015. Europeans' Personal and Social Wellbeing. Topline Results from Round 6 of the European Social Survey. London: City University. Online at www.europeansocialsurvey.org/docs/findings/ESS6_toplines_issue_5_personal_and_social_wellbeing.pdf (accessed 20 February 2016).

Etzioni, Amitai 1998. 'Voluntary simplicity: characterisation, select psychological Implications and societal consequences'. *Journal of Economic Psychology* 19(5): 619–643, reprinted in T. Jackson (2006a), chapter 12.

Eurofund 2014. *Social Cohesion and Wellbeing in the EU*. Dublin: Eurofound. Online at www.eurofound.europa.eu/publications/report/2014/quality-of-life-social-policies/social-cohesion-and-well-being-in-the-eu (accessed 20 February 2016).

Eurofund 2013. *Political Trust and Civic Engagement During the Crisis. 3rd EQLS Briefing*. Luxembourg: Publications Office of the European Union.

Eurofund 2011. *Participation in Volunteering and Unpaid Work. 2nd EQLS Briefing*. Luxembourg: Publications Office of the European Union.

Eurosif 2014. 'Eurosif SRI Study 2014'. Online at www.eurosif.org/publication/european-sri-study-2014/ (accessed 11 April 2016).

Evans, David 2011. 'Consuming conventions: sustainable consumption, ecological citizenship and the worlds of worth'. *Journal of Rural Studies* 27(2): 109–115.

Evans, David and Wokje Abrahamse 2008. 'Beyond rhetoric: the possibilities of and for "sustainable lifestyles"'. RESOLVE Working Paper Series 06-08. Guildford: University of Surrey.

Eyres, Harry 2009. 'The sour smell of excess'. *Financial Times*, Saturday 23 May.

Farley, Josh, M. Burke, G. Flomenhoft, B. Kelly, D. Forrest Murray, S. Posner et al. 2013. 'Monetary and fiscal policies for a finite planet'. *Sustainability* 5: 2802–2826.

Felkerson, James 2011. '$29,000,000,000,000: a detailed look at the Fed's bailout by funding facility and recipient'. Levy Economics Institute Working Paper 658. New York: Levy Economics Institute. Online at www.levyinstitute.org/pubs/wp_698.pdf (accessed 2 November 2015).

Fine, Ben and Ellen Leopold 1993. *The World of Consumption*. London: Routledge.

Ford, Henry 1922. 'My life and work: the autobiography of Henry Ford'. Reprinted by Digireads, www.digireads.com (accessed 4 April 2016).

Foucault, Michel 2008. *The Birth of Biopolitics: Lectures at the Collège de France*. French edition 2004, ed. Michel Senellart; English trans. Graham Burchell (2008).

Foucault, Michel 1991. 'Governmentality', trans. Rosi Braidotti and revised by Colin Gordon, in Graham Burchell, Colin Gordon and Peter Miller (eds), *The Foucault Effect: Studies in Governmentality*. Chicago: University of Chicago Press, pp. 87–104.

Fournier, Valérie 2008. 'Escaping from the economy: the politics of degrowth'. *International Journal of Sociology and Social Policy* 28(11–12): 528–545.

Franco, Manuel, Pedro Orduñez, Benjamín Caballero, José A. Tapia Granados, Mariana Lazo, José Luís Bernal et al. 2007. 'Impact of energy intake, physical activity, and population-wide weight loss on cardiovascular disease and diabetes mortality in Cuba, 1980–2005'. *Journal of Epidemiology* 166: 1374–1380.

Freeman, Richard and Kathryn Shaw 2009. *International Differences in the Business Practices and Productivity of Firms*. Proceedings of a Conference held at the National Bureau of Economic Research 2006. Chicago: University of Chicago Press (forthcoming). Online at www.nber.org/books/free07-1.

Friedman, Benjamin 2005. *The Moral Consequences of Economic Growth*. New York: Alfred A Knopf.

Friedman, Milton 1948. 'A monetary and fiscal framework for economic stability'. *American Economic Review* 38: 245–264.

Füchs, Ralf 2015. *Green Growth, Smart Growth: A New Approach to Economics, Innovation and the Environment*. London and New York: Anthem Press.

Fulcher, James. 2004. *Capitalism – A Very Short Introduction*. Oxford: Oxford University Press.

Gadjil, Madhav and Ramachandra Guha 1995. *Ecology and Equity – The Use and Abuse of Nature in Contemporary India*. New York: Routledge.

Gatersleben, Birgitta, Jesse Meadows, Wokje Abrahamse and Tim Jackson 2008. 'Materialistic and environmental values of young volunteers in nature conservation projects'. RESOLVE Working Paper 07-08. Guildford: University of Surrey.

Georgescu-Roegen, Nicholas 1972. *The Entropy Law and the Economic Process*. Cambridge, MA: Harvard University Press.

Ghazi, Polly and Judy Jones 2004. *Downshifting: A Guide to Happier, Simpler Living*. London: Hodder and Stoughton.

GND 2013. *A National Plan for the UK: From Austerity to the Age of the Green New Deal*. London: Green New Deal Group. Online at www.greennewdealgroup. org/wp-content/uploads/2013/09/Green-New-Deal-5th-Anniversary.pdf (accessed 17 March 2016).

GND 2008. 'A Green New Deal: joined up policies to solve the triple crunch of the credit crisis, climate change and high oil prices'. The first report of the Green New Deal Group. London: NEF.

Godley, W. 1999. 'Seven unsustainable processes'. Special Report to the Levy Institute. Online at www.levyinstitute.org/pubs/sevenproc.pdf (accessed 21 March 2016).

Godley, Wynne and Marc Lavoie 2007. *Monetary Economics – An Integrated Approach to Credit, Money, Income, Production and Wealth* London: Palgrave Macmillan.

Goodall, Chris 2011. '"Peak Stuff". Did the UK reach a maximum use of material resources in the early part of the last decade?' Online at http://static1.squarespace.com/static/545e40d0e4b054a6f8622bc9/t/54720c6ae4b06f326a8502f9/1416760426697/Peak_Stuff_17.10.11.pdf (accessed 4 January 2016).

Goodwin, Michael 2012. *Economix: How Our Economy Works (and Doesn't Work) in Words and Pictures*. New York: Abrams Comicarts.

Gordon, Myron and Jeffrey Rosenthal 2003. 'Capitalism's growth imperative'. *Cambridge Journal of Economics* 27: 25–48.

Gordon, Robert 2016. *The Rise and Fall of American Growth: The US Standard of Living since the Civil War*. Princeton: Princeton University Press.

Gordon, Robert 2014. 'The turtle's progress: secular stagnation meets the headwinds'. In Teulings and Baldwin, pp. 47–60.

Gordon, Robert 2012. 'Is US economic growth over? Faltering innovation confronts the six headwinds'. NBER Working Paper 18315. Cambridge, MA: National Bureau of Economic Research. Online at www.nber.org/papers/w18315.pdf (accessed 17 October 2015).

Gough, Ian 1979. *The Political Economy of the Welfare State*. Basingstoke: Palgrave Macmillan.

Graeber, David 2014. *Debt: The First Five Thousand Years*, revised 2nd edition. New York: Melville House Publishing.

Grantham, Jeremy 2011. 'Resource limitations 2. Quarterly letter July 2011'. Online at https://davidruyet.files.wordpress.com/2011/08/jgletter_resource limitations2_2q11.pdf (accessed 16 December 2015).

Greenspan, Alan 2008. *The Age of Turbulence: Adventures in a New World*. London: Penguin.

Grossman, Gene and Alan Krueger 1995. 'Economic growth and the environment'. *Quarterly Journal of Economics* 110: 353–378.

Gudynas, Eduardo 2011. 'Buen vivir: today's tomorrow'. *Development* 54(4): 441–447.

Haidt, Jonathan 2006. *The Happiness Hypothesis: Putting Ancient Wisdom and Philosophy to the Test of Modern Science*. London: Arrow Books.

Hall, Charles, Cutler Cleveland and Robert Kaufmann 1992. *Energy and Resource Quality: The Ecology of the Economic Process*. Niwot: University of Colorado Press.

Hall, Charles and Kent Klitgaard 2012. *Energy and the Wealth of Nations: Understanding the Biophysical Economy*. New York and London: Springer.

Hall, Peter and David Soskice 2001. *Varieties of Capitalism: The Institutional Foundations of Competitive Advantage*. Oxford: Oxford University Press.

Hall, Robert and David Papell 2005. *Macroeconomics: Economic Growth, Fluctuations and Policy*. New York: W.W. Norton.

Hamilton, Clive 2003. 'Downshifting in Britain. A sea-change in the pursuit of happiness'. Discussion Paper No 58. Canberra: The Australia Institute.

Hamilton, Clive and L. Mail 2003. 'Downshifting in Australia: a sea-change in the pursuit of happiness'. Discussion Paper No. 50. Canberra: The Australia Institute.

Hamilton, William 1964. 'The genetical evolution of social behaviour'. *Journal of Theoretical Biology* 7: 1–52.
Hamilton, William 1963. 'The evolution of altruistic behaviour'. *American Naturalist* 97: 354–356.
Hansen, Alvin 1939. 'Economic progress and declining population growth'. *American Economic Review* 29(1): 1–15.
Hardin, Garrett 1968. 'The tragedy of the commons'. *Science* 162(3859): 1243–1248. doi:10.1126/science.162.3859.1243.
Harford, Tim 2013. 'Do you believe in sharing? The undercover economist'. Online at http://timharford.com/2013/08/do-you-believe-in-sharing/ (accessed 9 March 2016).
Hart, Stuart 2007. *Capitalism at the Crossroads*, 2nd edition. New Jersey: Wharton School of Publishing.
Harvey, David 2014. *Seventeen Contradictions and the End of Capitalism*. London: Profile Books.
Harvey, David 2010. *A Companion to Marx's Capital*. London: Verso.
Hayden, Anders 1999. *Sharing the Work, Sparing the Planet – Work Time, Consumption and Ecology*. London: Zed Books.
Hayek, Friedrich 1944. *The Road to Serfdom*. London: Routledge.
Hayward, Bronwyn and Karen O'Brien 2010. 'Security of What for Whom? Rethinking social contracts in a changing climate', in K. L. O'Brien, A. St. Clair and B. Kristoffersen (eds), *Climate Change, Ethics, and Human Security*. Cambridge: Cambridge University Press.
Helliwell, John 2003. 'How's life? Combining individual and national variables to explain subjective wellbeing'. *Economic Modelling* 20(2): 331–360.
Herber, Lewis 1962. *Our Synthetic Environment*. New York: Alfred A Knopf. Online at http://dwardmac.pitzer.edu/Anarchist_Archives/bookchin/syntheticenviron/osetoc.html (accessed 26 February 2016).
Herndon, Thomas, Michael Ash and Robert Pollin 2014. 'Does high public debt consistently stifle economic growth? A critique of Reinhart and Rogoff'. *Cambridge Journal of Economics* 38(2): 257–279. doi:10.1093/cje/bet075.
Hill, Julie 2011. *The Secret Life of Stuff: A Manual for a New Material World*. London: Random House.
Hills, Sally, Ryland Thomas and Nicholas Dimsdale 2010. *The UK Recession in Context – What do Three Centuries of Data Tell Us?* London: Bank of England.
Hirsch, Fred 1977. *Social Limits to Growth*, revised edition 1995. London and New York: Routledge.
Hobson, K., 2006. 'Competing discourses of sustainable consumption: does the rationalisation of lifestyles make sense?' In Jackson (2006a), pp. 305–327.
Hodrick, Robert and Edward Prescott 1997. 'Postwar US business cycles: an empirical investigation'. *Journal of Money, Credit, and Banking* 29(1): 1–16.
Hoekstra, Arjen and Thomas Wiedmann 2014. 'Humanity's unsustainable environmental footprint'. *Science* 344(6188): 1114–1117.

Honoré, Carl 2005. *In Praise of Slow: How a Worldwide Movement Is Challenging the Cult of Speed*. London: Orion Books.

Hopkins, Rob 2011. *The Transition Companion: Making Your Community More Resilient in Uncertain Times*. Totnes, Devon: Green Books.

Hopkins, Rob 2008. *The Transition Handbook: From Oil Dependency to Local Resilience*. Totnes, Devon: Green Books.

HSBC 2009. A Climate for Recovery. *The Colour of Stimulus Goes Green*. London: HSBC Global Research.

Huber, J. and J. Robertson 2000. *Future Money*. London: New Economics Foundation.

Huneke, M. 2005. 'The face of the un-consumer: an empirical examination of the practice of voluntary simplicity in the United States'. *Psychology and Marketing* 22(7): 527–550.

IEA 2015. *Energy and Climate Change*. World Energy Outlook Special Briefing for COP 21. Paris: International Energy Agency. Online at www.iea.org/media/news/WEO_INDC_Paper_Final_WEB.PDF (accessed 29 March 2016).

IEA 2008. *World Energy Outlook 2008*. Paris: International Energy Agency.

IFS 2009. The IFS Green Budget January 2009. London: Institute for Fiscal Studies.

ILO 2015. *Global Employment Trends for Youth 2015. Scaling up Investments in Decent Jobs for Youth*. Geneva: International Labour Organisation. Online at www.ilo.org/global/research/global-reports/youth/2015/lang--en/index.htm (accessed 22 March 2016).

ILSR 2014. *Building Community; Strengthening Economies*. 40th Anniversary Annual Report. Washington, DC: Institute for Local Self-Reliance. Online at https://ilsr.org/annual-report-2014/ (Accessed 14 May 2016).

IMF 2015. *World Economic Outlook 2015*. Washington, DC: International Monetary Fund. Online at www.imf.org/external/pubs/ft/weo/2015/02/ (accessed 17 October 2015).

IMF 2008. *World Economic Outlook 2008*. Washington DC: International Monetary Fund. Inglehart, Ronald, Roberto Foa, Christopher Peterson and Christian Welzel 2008. 'Development, freedom and rising happiness: a global perspective (1981–2007)'. *Perspectives on Psychological Science* 3(4): 264–285.

IPCC 2014. *Climate Change 2014: Synthesis Report. Contributions of Working Groups I, II and III to the Fifth Assessment Report of the Intergovernmental Panel on Climate Change*. Geneva: IPCC.

ITPOES 2008. *The Oil Crunch: Securing the UK's Energy Future*. First Report of the Industry Taskforce on Peak Oil and Energy Security. London: ITPOES.

Jackson, Andrew and Ben Dyson 2013. *Modernising Money: Why Our Monetary System is Broken and How it Can be Fixed*. London: Positive Money.

Jackson, Tim 2016. 'Emission pathways in historical perspective: an analysis of the challenge of meeting the 1.5°C target'. PASSAGE working paper 16/01. Guildford: Centre for the Understanding of Sustainable Prosperity.

Jackson, Tim 2015. 'Commentary on Marxism and ecology: common fonts of a great transition. Great transition initiative'. Online at www.greattransition.org/commentary/tim-jackson-marxism-and-ecology-john-bellamy-foster (accessed 26 May 2016).

Jackson, Tim 2013. '*Angst essen Seele auf* – escaping the "iron cage" of consumerism'. In *Wuppertal Spezial* 48: 53–68. Wuppertal: Wuppertal Institute for Climate, Environment and Energy. Online at www.sustainablelifestyles.ac.uk/sites/default/files/newsdocs/tj_2014_-_angste_essen_seele_auf_in_-_ws_48.pdf (accessed 11 December 2015).

Jackson, T. 2012. 'Let's be less productive'. *New York Times*, 27 May 2012. Online at www.nytimes.com/2012/05/27/opinion/sunday/lets-be-less-productive.html?_r=0 (accessed 7 March 2016).

Jackson, Tim 2009. *Prosperity without Growth? The Transition to a Sustainable Economy*. London: Sustainable Development Commission.

Jackson, Tim 2008a. 'Where is the wellbeing dividend? Nature, structure and consumption inequalities'. *Local Environment* 13(8): 703–723.

Jackson, Tim 2008b. 'The challenge of sustainable lifestyles', in *State of the World 2008: Innovations for a Sustainable Economy*. Washington, DC: WorldWatch Institute, chapter 4.

Jackson, Tim (ed.) 2006a. *Earthscan Reader in Sustainable Consumption*. London: Earthscan.

Jackson, Tim 2006b. 'Consuming paradise? Towards a social and cultural psychology of sustainable consumption', in T. Jackson (ed.) (2006a), chapter 25.

Jackson, Tim 2005a. *Motivating Sustainable Consumption – A Review of Evidence on Consumer Behaviour and Behavioural Change*. London: SDRN.

Jackson, Tim 2005b. 'Live better by consuming less? Is there a double dividend in sustainable consumption. *Journal of Industrial Ecology* 9(1–2): 19–36.

Jackson, Tim 2003. 'Sustainability and the "struggle for existence": the critical role of metaphor in society's metabolism'. *Environmental Values* 12: 289–316.

Jackson, Tim 2002. 'Consumer culture as a failure in theodicy', in T. Cooper (ed.), *Consumption, Christianity and Creation*, Proceedings of an Academic Seminar, 5 July, Sheffield Hallam University, Sheffield.

Jackson, Tim 1996. *Material Concerns: Pollution, Profit and Quality of Life*. London: Routledge.

Jackson, Tim (ed.) 1993. *Clean Production Strategies – Developing Preventive Environmental Management in the Industrial Economy*. Boca Raton, FL: Lewis Publishers.

Jackson, Tim, Ben Drake, Peter Victor, Kurt Kratena and Marc Sommer 2014. 'Foundations for an ecological macroeconomics: literature review and model development'. WWWforEurope Working Paper no. 65. Online at www.foreurope.eu/fileadmin/documents/pdf/Workingpapers/WWWforEurope_WPS_no065_MS38.pdf (accessed 23 July 2016).

Jackson, Tim, Wander Jager and Sigrid Stagl 2004. 'Beyond insatiability – needs theory and sustainable consumption', in L. Reisch and I. Røpke (eds), *Consumption – Perspectives from Ecological Economics*. Cheltenham: Edward Elgar.
Jackson, Tim and Nic Marks 1999. 'Consumption, sustainable welfare and human needs – with reference to UK expenditure patterns 1954–1994'. *Ecological Economics* 28(3): 421–442.
Jackson, Tim and Eleni Papathanasopoulou 2008. 'Luxury or lock-in? – an exploration of unsustainable consumption in the UK 1968–2000'. *Ecological Economics* 68: 80–95.
Jackson, Tim, Eleni Papathanasopoulou, Pete Bradley and Angela Druckman 2007. 'Attributing UK carbon emissions to functional consumer needs: methodology and pilot results'. RESOLVE Working Paper 01-07, University of Surrey. Online at www.surrey.ac.uk/resolve/Docs/WorkingPapers/RESOLVE_WP_01-07.pdf.
Jackson, Tim, Eleni Papathanasopoulou, Pete Bradley and Angela Druckman 2006. 'Attributing carbon emissions to functional household needs: a pilot framework for the UK'. International Conference on Regional and Urban Modelling, Brussels, Belgium, 1–2 June.
Jackson, Tim and Miriam Pepper 2010. 'Consumerism as theodicy – an exploration of religions and secular meaning functions', in L. Thomas (ed.), *Consuming Paradise*. Oxford: Palgrave-Macmillan.
Jackson, Tim and Peter Victor 2016. 'Does slow growth lead to rising inequality? Some theoretical reflections and numerical simulations'. *Ecological Economics* 121: 206–219. Online at http://dx.doi.org/10.1016/j.ecolecon.2015.03.019 (accessed 19 January 2016).
Jackson, Tim and Peter Victor 2015. 'Does credit create a growth imperative? A quasi-stationary economy with interest-bearing debt'. *Ecological Economics* 120: 32–48. Online at http://dx.doi.org/10.1016/j.ecolecon.2015.09.009 (accessed 18 March 2016).
Jackson, Tim and Peter Victor 2013. *Green Economy at Community Scale*. Toronto: Metcalf Foundation.
Jackson, Tim and Peter Victor 2011. 'Productivity and work in the new economy – some theoretical reflections and empirical tests', in *Environmental Innovation and Societal Transitions* 1(1): 101–108.
Jackson, T., P. Victor and A. Asjad Naqvi 2016. 'Towards a stock-flow consistent ecological macroeconomics'. WWW for Europe Working Paper no. 114. Online at www.foreurope.eu/fileadmin/documents/pdf/Workingpapers/WWWforEurope_WPS_no114_MS40.pdf (accessed 23 July 2016).
Jackson, Tim and Robin Webster 2016. 'Limits revisited: a review of the limits to growth debate'. Guildford: Centre for the Understanding of Sustainable Prosperity. Online at http://limits2growth.org.uk/wp-content/uploads/2016/04/Jackson-and-Webster-2016-Limits-Revisited.pdf (accessed 24 April 2016).
Jacobs, Michael 1991. *The Green Economy*. London: Pluto Press.

James, Oliver 2007. *Affluenza*. London: Vermillion.
James, Oliver 1998. *Britain on the Couch: Why We're Unhappier Compared to 1950 Despite Being Richer*. London: Arrow Books.
Jayadev, Arjun and Mike Konczal 2010. 'The boom not the slump: the right time for austerity'. Roosevelt Institute briefing paper. Online at www.excellentfuture.ca/sites/default/files/not_the_time_for_austerity.pdf (accessed 18 March 2016).
Jørgensen, Sven Erik, Brian Fath, Søren Nors Nielsen, Federico Pulselli, Daniel Fiscus and Simone Bastianoni. 2015. *Flourishing within Limits to Growth*. London: Routledge.
Kahneman, Daniel 1991. *Thinking Fast and Slow*. London and New York: Penguin.
Kahneman, Daniel and Alan Krueger 2006. 'Developments in the measurement of subjective well-being'. *Journal of Economic Perspectives* 20(1): 3–24.
Kahneman, Daniel, Alan Krueger, David Schkade, N. Schwartz and A. Stone 2004. 'A survey method for characterizing daily life experience: the day reconstruction method'. *Science* 3: 1776–1780.
Kahneman, Daniel and Robert Sugden. 2005 'Experienced utility as a standard of policy evaluation'. *Environmental and Resource Economics* 32: 161–181.
Kallis, Giorgos 2015. 'The degrowth alternative, essay for the great transition initiative'. Online at www.greattransition.org/publication/the-degrowth-alternative (accessed 14 October 2015).
Kallis, Giorgos 2011. 'In defence of degrowth'. *Ecological Economics* 70(5): 873–880.
Kasser, Tim 2008. *A Vision of Prosperity*. London: Sustainable Development Commission. Online at www.sd-commission.org.uk/publications.php?id=740 (accessed 19 January 2016).
Kasser, Tim 2002. *The High Price of Materialism*. Cambridge, MA: MIT Press.
Kaya, Yoichi and Keiichi Yokoburi 1997. *Environment, Energy, and Economy: Strategies for Sustainability*. Tokyo: United Nations University Press.
Keen, Steve 2011. *Debunking Economics,* revised and expanded edition. London and New York: Zed Books.
Keen, Steve 1995. 'Finance and economic breakdown: modelling Minsky's "financial instability hypothesis"'. *Journal of Post Keynesian Economics* 17(4): 607–635.
Keynes, John Maynard 1978. *Collected Writings of John Maynard Keynes*, vol. 17. Cambridge: Cambridge University Press.
Keynes, John Maynard 1937. *The Collected Writings of John Maynard Keynes*, vol. 21, *World Crises and Policies in Britain and America*, reprinted 2012. Cambridge: Cambridge University Press.
Keynes, John Maynard 1936. *The General Theory of Employment, Interest and Money*, reprinted 2007. London: Macmillan.
Keynes, John Maynard 1930. 'Economic possibilities for our grandchildren'. *Essays in Persuasion*. New York: W. W. Norton & Co.
Keynes, John Maynard 1926. *The End of Laissez Faire: The Economic Consequences of the Peace*. London: Hogarth Press.

Kierkegaard, Søren 1844. *The Concept of Anxiety: A Simple Psychologically Orienting Deliberation on the Dogmatic Issue of Hereditary Sin*, reprinted as *Kierkegaard's Writings*, vol. 8. Princeton: Princeton University Press.

King, Ursula 2015. *Spirit of Fire: The Life and Vision of Teilhard de Chardin*, 2nd edition. New York: Orbis Books.

Krugman, Paul 2015. 'The austerity delusion'. *Guardian*, 29 April. Online at www.theguardian.com/business/ng-interactive/2015/apr/29/the-austerity-delusion (accessed 18 March 2016).

Krugman, Paul 2014. 'Could fighting global warming be cheap and free?' *New York Times*, 18 September. Online at www.nytimes.com/2014/09/19/opinion/paul-krugman-could-fighting-global-warming-be-cheap-and-free.html?_r=1 (accessed 31 December 2015).

Kubiszewski, Ida, Robert Costanza, Carla Franco, Philip Lawn, John Talberth, Tim Jackson et al. 2013. 'Beyond GDP: Measuring and achieving global genuine progress'. *Ecological Economics* 93: 57–68.

Lakoff, George 2012. 'All in the mind'. *Progress Magazine*. Online at www.progressonline.org.uk/2012/09/12/all-in-the-mind-2/ (accessed 15 March 2016).

Lancaster, Kelvin 1966. 'A new approach to consumer theory'. *Journal of Political Economy* 174: 132–157.

Lane, Robert 2001. *The Loss of Happiness in Market Democracies*. New Haven, CN: Yale University Press.

Latouche, Serge 2007. 'De-growth: an electoral stake?' *International Journal of inclusive Democracy* 3(1) (January). Online at www.inclusivedemocracy.org/journal/vol3/vol3_no1_Latouche_degrowth.htm.

Law Commission 2014. 'Fiduciary duties of financial intermediaries'. Law Com 350. London: House of Commons. Online at www.lawcom.gov.uk/wp-content/uploads/2015/03/lc350_fiduciary_duties.pdf (accessed 8 May 2016).

Layard, Richard 2005. *Happiness*. London: Penguin.

Le Quéré, C. et al. 2015. 'Global carbon budget 2015'. *Earth Systems Science Data* 7: 349–396. Online at www.earth-syst-sci-data.net/7/349/2015/essd-7-349-2015.html (accessed 8 January 2016).

Lebow, Victor 1955. 'Price competition in 1955'. *Journal of Retailing* 31(1): 5–10.

Lewis, David and Darren Bridger 2001. *The Soul of the New Consumer: Authenticity – What We Buy and Why in the New Economy*. London: Nicholas Brealey.

Lientz, Bennet and Kathryn Rea 2001. *The 2001 Professional's Guide to Process Improvement: Maximizing Profit, Efficiency, and Growth*. Colorado: Aspen Publishers Inc.

Lloyd, William Forster 1833. 'Two lectures on the checks to population'. Online at https://archive.org/details/twolecturesonch00lloygoog (accessed 9 March 2016).

Lombardo, Barbara and Caryl Eyre 2011. 'Compassion fatigue: a nurse's primer'. *OJIN: The Online Journal of Issues in Nursing* 16(1). Online at www.nursingworld.org/MainMenuCategories/ANAMarketplace/ANAPeriodicals/OJIN/

TableofContents/Vol-16-2011/No1-Jan-2011/Compassion-Fatigue-A-Nurses-Primer.html (accessed 27 March 2016).
Lord, Clive 2003. *A Citizen's Income – A Foundation for a Sustainable World*. Charlbury, Oxford: Jon Carpenter Publishing.
Luxemburg, Rosa 1913. *The Accumulation of Capital*, reprinted 2003. London: Routledge Classics.
Lyubomirsky, Sonja 2010. *The How of Happiness: A Practical Guide to Getting The Life You Want*. London: Piatkus.
Lyubomirsky, Sonja, Ken Sheldon and David Schkade 2005. 'Pursuing happiness: the architecture of sustainable change'. *Review of General Psychology* 9(2): 111–131.
McCloskey, D 1990. 'Storytelling in economics', in Christopher Nash (ed.), *Narratives in Culture: The Uses of Storytelling in the Sciences, Philosophy and Literature*. London: Routledge.
McCracken, Grant 1990. *Culture and Consumption*, Bloomington and Indianapolis: Indiana University Press.
McGlade, Chris and Paul Ekins 2015. 'The geographical distribution of fossil fuels unused when limiting global warming to 2°C'. *Nature* 517: 187–190.
McKibben, Bill 2007. *Deep Economy – The Wealth of Communities and the Durable Future*. New York: Henry Holt & Co.
Maddison, Angus, 2008. 'Historical statistics for the world economy. Online at www.ggdc.net/maddison/.
Maddison, Angus 2007. *Contours of the World Economy 1 – 2030: Essays in Macro-economic History*. Oxford: Oxford University Press.
Malthus, T. 1826. *An Essay on the Principle of Population; or, a View of its Past and Present Effects on Human Happiness; an Inquiry into Our Prospects Respecting the Future Removal or Mitigation of the Evils which it Occasions*, 6th edition. London: Munay.
Malthus, T. 1798. *An Essay on the Principle of Population, as it Affects the Future Improvement of Society, with Remarks on the Speculations of Mr Godwin, M. Condorcet and Other Writers*. London: J. Johnson.
Marmot, Michael 2010. 'Fair society, healthy lives'. Marmot Review of Health Inequalities. Online at www.instituteofhealthequity.org/projects/fair-society-healthy-lives-the-marmot-review (accessed 24 January 2016).
Marmot, Michael 2005. *Status Syndrome – How Your Social Standing Directly Affects Your Health*. London: Bloomsbury.
Marmot, Michael and Richard Wilkinson (eds) 2006. *Social Determinants of Health*, 2nd edition. Oxford: Oxford University Press.
Marx, Karl 1867. *Capital: A critique of Political Economy*, reprinted 2004. London: Penguin.
Mayhew, Susan 2004. 'Governmentality', in Mayhew, ed., *A Dictionary of Geography*. Oxford: Oxford University Press.
Mawdsley, Emma 2004. 'India's middle classes and the environment'. *Development and Change* 35(1): 79–103.

Mazzucato, Mariana 2015. *The Entrepreneurial State: Debunking Public and Private Sector Myths*. New York: Public Affairs Books.

Max Neef, Manfred 1992. *Human-Scale Development: Conception, Application and Further Reflection*. London: Apex Press.

MEA 2005. *Ecosystems and Human Wellbeing: Current States and Trends*. Washington, DC: Island Press.

Meadows, Donella, Dennis Meadows, Jørgen Randers and William Behrens 1972. *The Limits to Growth*. New York: Universe Press.

Meadows, Donella, Jørgen Randers and Dennis Meadows 2004. *Limits to Growth – The 30 Year Update*. London: Earthscan.

Meinshausen, Malte, Nicolai Meinshausen, William Hare, Sarah Raper, Katja Frieler, Reto Knutti et al. 2009. 'Greenhouse-gas emission targets for limiting global warming to 2°C'. *Nature* 458: 1158–1162.

Met Office 2015. 'Global climate in context as the world approaches 1°C above pre-industrial for the first time'. Exeter: Met Office. Online at www.metoffice.gov.uk/media/pdf/7/6/OneDegree2015.pdf (accessed 29 December 2015).

Meyer, Aubrey 2004. 'Briefing: contraction and convergence'. *Engineering Sustainability* 157(4): 189–192.

MGI 2013. *Resource Revolution: Tracking Global Commodity Markets*. London and New York: McKinsey Global Institute.

Midgley, Mary 2010. *The Solitary Self – Darwin and the Selfish Gene*. Dublin: Acumen Press.

Milanovic, Branco 2012. *Global Income Inequality by the Numbers*. World Bank Research Paper. Washington, DC: World Bank. See Milanovic's presentation online at www.ub.edu/histeco/pdf/milanovic.pdf (accessed 7 November 2015).

Milanovic, Branco 2011. *The Haves and the Have Nots*. New York: Basic Books.

Mill, John Stuart 1863. *Utilitarianism*. London: Parker, Son & Bourn, reprinted 1972. London: HarperCollins.

Mill, John Stuart 1848. *Principles of Political Economy with Some of Their Applications to Social Philosophy*, book 4, chapter 6, 'Of the Stationary State'. London: Longman's Green and Co. Online at www.econlib.org/library/Mill/mlP61.html (accessed 26 February 2016).

Minsky, Hyman 1994. 'Financial instability and the decline of banking: public policy implications'. Hyman P. Minsky Archive (Paper 88). Online at http://digitalcommons.bard.edu/hm_archive/88 (accessed 18 July 2016).

Minsky, Hyman 1992. 'The Financial Instability Hypothesis'. Working Paper no. 74. Annandale-on-Hudson: Levy Economics Institute. Online at www.levyinstitute.org/pubs/wp74.pdf (accessed 15 March 2016).

Minsky, Hyman 1986. *Stabilizing an Unstable Economy*. New York: McGraw Hill.

Mirowski, Philip 1989. *More Heat than Light – Economics as Social Physics, Physics as Nature's Economics*. Cambridge: Cambridge University Press.

Mohr, S., J. Wang, G. Ellem, J. Ward and D. Giurco 2015. 'Projection of world fossil fuels by country'. *Fuel* 141: 120–135.

Monbiot, George 2015. 'False promise'. Online at www.monbiot.com/2015/11/24/false-promise/. Published in *Guardian*, 24 November 2015, as 'Consume more or conserve more: sorry but we just can't do both'. Online at www.theguardian.com/commentisfree/2015/nov/24/consume-conserve-economic-growth-sustainability (accessed 31 December 2015).

NCC 2006. *Shopping Generation*. London: National Consumer Council.

NCE 2014. *Better Growth, Better Climate: The New Climate Economy Report: The Synthesis Report*. Washington, DC: World Resources Institute/Global Commission on the Economy and the Climate. Online at http://2014.newclimateeconomy.report/wp-content/uploads/2014/08/BetterGrowth-BetterClimate_NCE_Synthesis-Report_web.pdf (accessed 15 October 2015).

NEF 2013. *Time on Our Side: Why We All Need a Shorter Working Week*. London: New Economics Foundation.

NEF 2010. *21 Hours: Why a Shorter Working Week Can Help Us All to Flourish in the 21st Century*. London: New Economics Foundation. Online at http://b.3cdn.net/nefoundation/f49406d81b9ed9c977_p1m6ibgje.pdf (accessed 8 May 2016).

NEF 2009. *National Accounts of Wellbeing – Bringing Real Wealth into the Balance Sheet*. London: New Economics Foundation. 12218. Cambridge, MA: National Bureau of Economic Research.

Norman, Jesse 2010. *The Big Society – The Anatomy of the New Politics*. Buckingham: University of Buckingham Press.

Norman, Jesse, Kitty Ussher and Danny Alexander 2007. *From Here to Fraternity: Perspectives on Social Responsibility*. London: CentreForum.

Nussbaum, Martha 2006. *Frontiers of Justice: Disability, Nationality and Policy Design*. Cambridge: Cambridge University Press.

Nuttall, Graeme 2012. 'Sharing success – the Nuttall review of employee ownership'. London: Department of Business, Innovation and Skills. Online at www.gov.uk/government/publications/nuttall-review-of-employee-ownership (accessed 23 July 2016).

O'Brien, Karen, Bronwyn Hayward and Berkes, F. 2009. 'Rethinking social contracts: building resilience in a changing climate'. *Ecology and Society*. 14(2), online, 17pp.

O'Neill, John 2008. *Living Well – Within Limits: Wellbeing, Time and Sustainability*. London: Sustainable Development Commission. Online at www.sd-commission.org.uk/publications.php?id=781 (accessed 19 January 2016).

OECD 2015. *In it Together: Why Less Inequality Benefits All*. Paris: Organization for Economic Cooperation and Development. Online at www.oecd.org/social/in-it-together-why-less-inequality-benefits-all-9789264235120-en.htm (accessed 8 November 2015).

OECD 2011. *Resource Productivity in the G8 and the OECD*. Paris: Organization for Economic Cooperation and Development. Online at www.oecd.org/env/waste/47944428.pdf (accessed 4 January 2016).

OECD 2008. *Growing Unequal? Income Inequality and Poverty in OECD Countries*. Paris: Organization for Economic Cooperation and Development.

Offer, Avner 2008. *A Vision of Prosperity*. London: Sustainable Development Commission. Online at www.sd-commission.org.uk/publications.php?id=741 (accessed 19 January 2016).

Offer, Avner 2006. *The Challenge of Affluence*. Oxford: Oxford University Press.

ONS 2016. 'National Accounts articles: alternative measures of real households disposable income and the saving ratio: June 2016'. London: Office for National Statistics. Online at www.ons.gov.uk/economy/nationalaccounts/uksectoraccounts/articles/nationalaccountsarticles/alternativemeasuresofrealhouseholddisposableincomeandthesavingratiojune2016 (accessed 23 June 2016).

Ormerod, Paul 2008. *Is the Concept of 'Wellbeing' Useful for Policy Making?* London: Sustainable Development Commission. Online at www.sd-commission.org.uk/publications.php?id=782 (accessed 19 January 2016).

Oulton, Nicholas 1996. 'Competition and the dispersion of labour productivity amongst UK companies'. NIESR Paper no. 103. London: National Institute of Economic and Social Research.

Orsdemir, Adem, Vinayak Deshpande and Ali Parlakturk 2015. 'Is servicization a win–win strategy? Profitability and environmental implications of servicization'. Available at SSRN: http://ssrn.com/abstract=2679404 or http://dx.doi.org/10.2139/ssrn.2679404 (accessed 26 March 2016).

Ostrom, Elinor 1990. *Governing the Commons: The Evolution of Institutions for Collective Action*. Cambridge: Cambridge University Press.

Oxfam 2015. 'Wealth: having it all and wanting more'. Oxfam Issue Briefing, January. Oxford: Oxfam.

Oxfam 2014. 'Working for the few'. 178 Oxfam Briefing Paper. Oxford: Oxfam international. Online at http://oxf.am/KHp (accessed 18 October 2015).

Pasqualino, Roberto, Aled Jones, Irene Monasterolo and Alexander Phillips 2015. 'Understanding global systems today – a calibration of the World3 Model between 1995 and 2012'. *Sustainability* 7(8): 9864–9889.

Pauli, Gunther 2010. *The Blue Economy: 10 Years, 100 Innovations, 100 Million Jobs*. Taos, New Mexico: Paradigm Publications.

Pepper, Miriam, Tim Jackson and David Uzzell 2009. Values and Sustainable Consumer Behaviours. *International Journal of Consumer Studies*. Special issue on Sustainable Consumption. Forthcoming.

Perez, Carlota 2003. *Technological Revolutions and Financial Capital: The Dynamics of Bubbles and Golden Ages*. Cheltenham: Edward Elgar.

PERI 2008. *Green Recovery: A Program to Create Good Jobs and Start Building a Low-Carbon Economy*. A report by the Political Economy Research Institute, University of Massachusetts, Amherst, September 2008. Washington, DC: Center for American Progress.

Peters, Michael, Shane Fudge and Tim Jackson (eds) 2010. *Low Carbon Communities: Imaginative Approaches to Combating Climate Change Locally*. Cheltenham: Edward Elgar.

Philipsen, Dirk 2015. *The Little Big Number: How GDP Came to Rule the World and What to Do About It*. Princeton: Princeton University Press.

Pieters, Rik 2013. 'Bidirectional dynamics of materialism and loneliness: not just a vicious cycle'. *Journal of Consumer Research* 40(4): 615–631.

Piketty, Thomas 2014. *Capital in the 21st Century*. Harvard: Harvard University Press.

Polanyi, Karl 1942. *Great Transformation – The Political and Economic Origins of Our Time*, reprinted 2002. Uckfield: Beacon Press.

Porritt, Jonathon 2013. *The World We Made: Alex McKay's Story from 2050*. London: Phaidon Press.

Porritt, Jonathon 2005. *Capitalism – As if the World Matters*. London: Earthscan.

Positive Money 2013. 'Sovereign money'. London: Positive Money. Online at http://positivemoney.org/wp-content/uploads/2013/11/Sovereign-Money-Final-Web.pdf (accessed 18 March 2016).

Putnam, Robert 2001. *Bowling Alone: The Collapse and Revival of American Community*. New York: Simon and Schuster.

Pyszczynski, Tom, Sheldon Solomon and Jeff Greenberg 2003. *In the Wake of 9/11: The Psychology of Terror*. Washington, DC: American Psychological Association.

Ragnarsdottír, Vala and Harald Sverdrup 2015. 'Limits to growth revisited'. *Geoscientist* online. Online at www.geolsoc.org.uk/Geoscientist/Archive/October-2015/Limits-to-growth-revisited (accessed 17 December 2015).

Rapp, Hilde 2008. *Fulfillment and Prosperity: A Neo-Gandhian Vision*. London: Sustainable Development Commission. Online at www.sd-commission.org.uk/publications.php?id=737 (accessed 19 January 2016).

Raventos, Daniel 2007. *Basic Income – The Material Conditions of Freedom*. London: Pluto Press.

Rawlinson, George 1956. *The History of Herodotus*. San Diego, CA: Tudor Publishing Company.

Raworth, Kate 2012. 'A safe and just space for humanity. Can we live within the doughnut?' Oxfam Discussion Paper. Oxford: Oxfam. Online at www.oxfam.org/sites/www.oxfam.org/files/file_attachments/dp-a-safe-and-just-space-for-humanity-130212-en_5.pdf (accessed 30 March 2016).

Reay, David, Colin Ramshaw and Adam Harvey 2008. *Process Intensification: Engineering for Efficiency, Sustainability and Flexibility*. Oxford: Butterworth-Heinemann.

Reinhart, Carmen and Kenneth Rogoff 2013. 'Financial and sovereign debt crises: some lessons learned and those forgotten'. IMF Working Paper WP/13/266. Washington, DC: International Monetary Fund.

Reinhart, Carmen and Kenneth Rogoff 2010. 'Growth in a time of debt'. *American Economic Review: Papers and Proceedings* 100: 573–578.

Ridley, Matt 1996. *The Origins of Virtue*. London: Penguin Books.

Ridley, Matt 1994. *The Red Queen – Sex and the Evolution of Human Nature*. London: Penguin Books.

Ritzer, George 2004. *The McDonaldization of Society*. New York: Pine Forge Press.

Robeyns, Ingrid and Robert van der Veen 2007. 'Sustainable quality of life – conceptual analysis for a policy-relevant empirical specification'. MNP report 550031006/2007. Bilthoven: Netherlands Environmental Assessment Agency.

Robinson, Edward 1948. *Monopoly*. Cambridge Economic Handbooks, 1st printed 1941. Cambridge: Cambridge University Press.

Robinson, Joan 1955. 'Marx, Marshall, and Keynes'. Delhi School of Economics, Occasional Papers. University of Delhi.

Rockström, J., W. Steffen, K. Noone, Å. Persson, F. S. Chapin, III, E. Lambin, et al. 2009. 'A safe operating space for humanity'. *Nature* 461: 472–475. Online at www.nature.com/nature/journal/v461/n7263/full/461472a.html (accessed 18 December 2015).

Rogelj, Joeri, Michiel Schaeffer, Pierre Friedlingstein, Nathan Gillett, Detlef van Vuuren, Keywan Riahi et al. 2016. 'Differences between carbon budget estimates unravelled'. *Nature Climate Change* 6: 245–252. doi:10.1038/nclimate2868.

Rogoff, Kenneth 2015. 'Oil prices and global growth. Project syndicate'. Online at www.project-syndicate.org/commentary/oil-prices-global-growth-by-kenneth-rogoff-2015-12?utm_source=Project+Syndicate+Newsletter&utm_campaign=c9ff3f432f-Rogoff_Oil_Prices_and_Global_Growth_12_20_2015&utm_medium=email&utm_term=0_73bad5b7d8-c9ff3f432f-104293997 (accessed 18 December 2015).

Rose, Hilary and Stephen Rose 2000. *Alas, Poor Darwin – Arguments Against Evolutionary Psychology*. London: Jonathan Cape.

Rosenbaum, E. 2015. 'Zero growth and structural change in a post-Keynesian growth model'. *Journal of Post Keynesian Economics* 37(4): 623–647.

Rothman, Dale 1998. 'Environmental kuznets curves – real progress or passing the buck? A case for consumption-based approaches'. *Ecological Economics* 25(2): 177–194.

Rousseau, Jean-Jacques 1754. *A Discourse upon the Origin and the Foundation of the Inequality of Mankind*, reprinted 2004. New York: Dover. Online at www.bartleby.com/168/605.html (accessed 15 November 2015).

RSA 2015. 'Creative citizen, creative state: the principled and pragmatic case for a universal basic income'. London: Royal Society for the Arts. Online at www.thersa.org/discover/publications-and-articles/reports/basic-income (accessed 14 May 2016).

Rutherford, Jonathan 2008. *Wellbeing, Economic Growth and Recession*. London: Sustainable Development Commission. Online at www.sd-commission.org.uk/publications.php?id=779 (accessed 19 January 2016).

Ryan-Collins, Josh, Tony Greenham, Richard Werner and Andrew Jackson 2012. *Where Does Money Come from?* London: New Economics Foundation.

Sabin, Paul 2013. *The Bet: Paul Ehrlich, Julian Simon, and Our Gamble Over Earth's Future*. New Haven and London: Yale University Press.
Sandel, Michael 2013. *What Money Can't Buy: The Moral Limits of Markets*. London: Penguin.
Sandel, Michael 2009. 'The new citizenship'. 2009 Reith Lectures. London: BBC. Online at www.bbc.co.uk/worldservice/specialreports/2009/06/090612_reith_lectures_2009.shtml.
Sardar, Zia 2008. *Prosperity: A Transmodern Analysis*. London: Sustainable Development Commission. Online at www.sd-commission.org.uk/publications.php?id=739 (accessed 19 January 2016).
Schwartz, Shalom 2006. 'Value orientations: measurement, antecedents and consequences across nations', in R. Jowell, C. Roberts, R. Fitzgerald and G. Eva (eds), *Measuring Attitudes Cross-Nationally – Lessons from the European Social Survey*. London: Sage.
Schwartz, Shalom 1999. 'A theory of cultural values and some implications for work'. *Applied Psychology* 48(1): 23–47.
Schor, Juliet 2010 *Plenitude: The New Economics of True Wealth*. New York: Penguin.
Schor, Juliet 1998. *The Overspent American: Upscaling, Downshifting and the New Consumer*. New York: Basic Books.
Schumacher, Ernst 1973. *Small is Beautiful: A Study of Economics as if People Mattered*, reprinted 1993. London: Vintage Books.
Schumpeter, Joseph 1954. *History of Economic Analysis*, reprinted 1994. London: Routledge.
Schumpeter, Joseph 1950. *Capitalism, Socialism and Democracy*, reprinted 1994. London: Routledge.
Schumpeter, Joseph 1934. *The Theory of Economic Development*, reprinted 2008. London: Transaction Publishers.
Scitovsky, Tibor 1976. *The Joyless Economy*. Oxford: Oxford University Press.
SDC 2006a. *I Will If You Will*. Report of the UK Sustainable Consumption Round Table. London: Sustainable Development Commission/National Consumer Council.
SDC 2006b. *The Role of Nuclear Power in a Low-Carbon Economy*. London: Sustainable Development Commission.
Sen, Amartya 1999. *Development as Freedom*. Oxford: Oxford University Press.
Sen, Amartya 1998. 'The Living Standard', in Crocker and Linden (eds), pp. 287–311.
Sen, Amartya 1984. 'The Living Standard'. *Oxford Economic Papers* 36: 74–90.
Sen, Amartya 1985. *Commodities and Capabilities*. Amsterdam: Elsevier.
Shaw, George Bernard 1903. *Man and Superman*, reprinted 2000. London: Penguin.
Sigurjónsson, F 2015. 'Monetary reform: a better monetary system for Iceland. A report commissioned by the Prime Minister of Iceland'. Online at www.forsaetisraduneyti.is/media/Skyrslur/monetary-reform.pdf (accessed 9 March 2016).

Sippel, Alexandra 2009. 'Back to the future: today's and tomorrow's politics of degrowth economics (décroissance) in light of the debate over luxury among eighteenth and early nineteenth century utopists'. *International Labor and Working-Class History* 75: 13–29.

Skidelsky, Edward and Robert Skidelsky 2013. *How Much is Enough? Money and the Good Life*. London: Penguin.

Smith, Adam 1776. *An Inquiry into the Nature and Causes of the Wealth of Nations*, reprinted 1937. New York: Modern Library.

Smith, Pete et al. 2016. 'Biophysical and economic limits to negative CO_2 emissions'. *Nature Climate Change* 6: 42–50. Online at www.nature.com/nclimate/journal/v6/n1/full/nclimate2870.html (accessed 12 July 2016).

Sober, E and D Wilson 1998. *Unto Others – The Evolution and Psychology of Unselfish Behaviour*. Cambridge, MA: Harvard University Press.

Soddy, F 1931. *Money Versus Man*. London: Elkin Mathews & Marrot.

Solomon, Sheldon, Jeff Greenberg and Tom Pyszczynski 2014. *The Worm at the Core: On the Role of Death in Life*. London: Penguin.

Solow, Robert 1956. 'A contribution to the theory of economic growth'. *Quarterly Journal of Economics* 70(1): 65–94.

Soper, Kate 2008. 'Exploring the relationship between growth and wellbeing'. London: Sustainable Development Commission. Online at www.sd-commission.org.uk/publications.php?id=780 (accessed 19 January 2016).

Soros, George 2008. *The New Paradigm for Financial Markets: The Credit Crisis of 2008 and What it Means*. London: PublicAffairs.

Sorrell, Steve 2007. 'The rebound effect: an assessment of the evidence for economy-wide energy savings from improved energy efficiency'. A report by the Sussex Energy Group for the UK Energy Research Centre. London: UK Energy Research Group.

Stahel, W. and T. Jackson 1993. 'Optimal utilisation and durability: towards a new definition of the service economy', in Jackson (1993), chapter 14.

Steffen, Will, Katherine Richardson, Johan Rockström, Sarah E. Cornell, Ingo Fetzer, Elena M. Bennett et al. 2015. 'Planetary boundaries: Guiding human development on a changing planet'. *Science* 347(6223). Online at www.sciencemag.org/content/347/6223/1259855.abstract (accessed 20 December 2015).

Sterling, Peter 2016. 'Why we consume: neural design and sustainability. A great transition viewpoint. Great transition network'. Online at www.greattransition.org/publication/why-weconsume.

Sterling, Peter and Simon Laughlin 2015. *Principles of Neural Design*. Cambridge, MA: MIT Press.

Stern, Nicholas 2007. *The Economics of Climate Change: The Stern Review*. Cambridge: Cambridge University Press.

Stiglitz, Joseph 2013. *The Price of Inequality*. London: Penguin.

Stiglitz, Joseph, Amartya Sen and Jean-Paul Fitoussi 2009. 'Report by the Commission on the Measurement of Economic Performance and Social Progress'. Online at www.insee.fr/fr/publications-et-services/dossiers_web/stiglitz/doc-commission/RAPPORT_anglais.pdf (accessed 20 January 2016).

Stuckler, David and Sanjay Basu 2014. *The Body Economic: Eight Experiments in Economic Recovery from Iceland to Greece*. London: Penguin.

Summers, Lawrence 2014. 'US economic prospects: secular stagnation, hysteresis, and the zero lower bound'. *Business Economics* 49(2): 66–73.

Sverdrup, Harald and Vala Ragnarsdottír 2014. 'Natural resources in a planetary perspective'. *Geochemical Perspectives* 3(2): 129–341.

Swan, Alan 1956. 'Economic growth and capital accumulation'. *Economic Record* 32: 344–361.

TEEB 2012. *The Economics of Ecosystems and Biodiversity: Ecological and Economic Foundations*. London: Routledge.

TEEB 2010. 'The economics of ecosystems and biodiversity: mainstreaming the economics of nature: a synthesis of the approach, conclusions and recommendations of TEEB'. Online at http://doc.teebweb.org/wp-content/uploads/Study%20and%20Reports/Reports/Synthesis%20report/TEEB%20Synthesis%20Report%202010.pdf (accessed 30 December 2015).

Teulings, Coen and Richard Baldwin 2014. 'Secular Stagnation: facts, causes and cures'. London: Centre for Economic Policy Research. Online at www.voxeu.org/sites/default/files/Vox_secular_stagnation.pdf (accessed 17 October 2015).

Thaler, Richard H. and Cass Sunstein 2009 *Nudge: Improving Decisions About Health, Wealth and Happiness*. London and New York: Penguin.

Timmer, Marcel, Mary O'Mahony and Bart van Ark 2007. EU KLEMS growth and productivity accounts: overview, November 200 release. Groningen: University of Groningen. Online at www.euklems.net/data/overview_07ii.pdf.

Townsend, Peter 1979. *Poverty in the United Kingdom – A Survey of Household Resources and Standards of Living*. London: Penguin.

Tukker, Arnold, Gjalt Huppes, Jeroen Guinée, Reinout Heijungs, Arjan de Koning, Lauran van Oers, et al. 2007. 'Environmental Impact of Products (EIPRO) – analysis of the life cycle environmental impacts related to the final consumption of the EU-25'. European Commission: Joint Research Centre. Online at http://ftp.jrc.es/EURdoc/eur22284en.pdf (accessed 23 July 2016).

Turner, Adair 2015. *Between Debt and the Devil. Money, Credit and Fixing Global Finance*. Princeton: Princeton University Press.

Turner, A. 2013. 'Debt, money and Mephistopheles: how do we get out of this mess'. Lecture to the Cass Business School. February 2013. Online at http://ineteconomics.org/sites/inet.civicactions.net/files/Turner%20Cass%20Lecture%202013.pdf. (accessed 23 July 2016).

Turner, Graham 2014. 'Is global collapse imminent? An updated comparison of *The Limits to Growth* with historical data'. MSSI Research Paper no. 4, August. Melbourne: Melbourne Sustainable Society Institute.

Turner, Graham 2008. 'A comparison of *The Limits to Growth* with thirty years of reality'. *Global Environmental Change* 18: 397–411.

UN 2015. 'World population prospects: key findings and advance tables, 2015 Revision'. New York: United Nations/UN Department of Economic and Social Affairs. Online at http://esa.un.org/unpd/wpp/Publications/Files/Key_Findings_WPP_2015.pdf (accessed 7 November 2015).

UN 2013. Inequality matters. Report on the world social situation 2013. New York: United Nations/UN Department of Economic and Social Affairs. Online at www.oecd.org/social/in-it-together-why-less-inequality-benefits-all-9789264235120-en.htm (accessed 8 November 2015).

UNCTAD 2007. 'The concept of odious debt in public international law'. Discussion Paper no. 185. Geneva: UN Conference on Trade and Development. Online at http://unctad.org/en/docs/osgdp20074_en.pdf (accessed 23 October 2015).

UNDP 2013. Humanity Divided – confronting inequality in developing countries. New York: United Nations Development Programme. UNDP 2005. *Human Development Report*. Oxford: Oxford University Press.

UNEP 2016. 'Global trends in renewable energy investment 2016'. Paris: United Nations Environment Programme. Online at http://fs-unep-centre.org/sites/default/files/publications/globaltrendsinrenewableenergyinvestment2016lowres_0.pdf (accessed 29 May 2016).

UNEP 2015. 'International trade in resources – a biophysical assessment'. Paris: United Nations Environment Programme. Online at www.unep.org/resourcepanel/KnowledgeResources/AssessmentAreasReports/TRADE/tabid/1060710/Default.aspx (accessed 6 January 2016).

UNEP 2011. 'Towards a green economy. Pathways to sustainable development and poverty eradication: a Synthesis for policy makers'. Paris: UNEP. Online at www.unep.org/greeneconomy/Portals/88/documents/ger/GER_synthesis_en.pdf (accessed 15 October 2015).

UNEP 2008. 'Global Green New Deal – UNEP green economy initiative'. Press release at London launch, 22 October 2008. Online at www.unep.org/Documents.Multilingual/Default.asp?DocumentID=548&ArticleID=5957&l=en (accessed 11 July 2016).

UNFCCC 2015. 'Adoption of the Paris Agreement'. UN FCCC/CP/2015/L.9. Draft. Online at http://un'fccc.int/resource/docs/2015/cop21/eng/l09.pdf (accessed 14 December 2015).

UNICEF 2014. 'Levels and trends in child mortality – report 2014: estimates developed by the UN Inter-agency Group for Child Mortality Estimation'. Online at www.unicef.org/media/files/Levels_and_Trends_in_Child_Mortality_2014.pdf (accessed 24 January 2016).

US Congress 1973. 'Energy reorganization act of 1973: Hearings, Ninety-third Congress', first session, on H.R. 11510: 248.

Veblen, Thorstein 1898. *The Theory of the Leisure Class*, reprinted 1998. Great Minds Series. London: Prometheus Books.

Victor, Peter 2008a. *Managing without Growth – Slower by Design not Disaster.* Cheltenham: Edward Elgar.

Victor, Peter 2008b. 'Managing without growth'. Think-piece for the SDC workshop 'Confronting Structure'. April 2008. London: Sustainable Development Commission.

Victor, Peter and Tim Jackson 2012. 'A commentary on UNEP's green economy scenarios'. *Ecological Economics* 77: 11–15.

Wachtel, Paul 1983. *The Poverty of Affluence – A Psychological Portrait of the American Way of Life.* New York: The Free Press.

Wall, Derek, 2014. *The Sustainable Economics of Elinor Ostrom.* London: Routledge.

Wall, Derek 2008. 'Prosperity without growth: economics beyond capitalism'. London: Sustainable Development Commission. Online at www.sd-commission.org.uk/publications.php?id=771 (accessed 19 January 2016).

Walsh, Catherine 2010. 'Development as buen vivir: institutional arrangements and (de)colonial entanglements'. *Development* 53(1): 15–21.

Washington, Henry (ed.) 1871. *The Writings of Thomas Jefferson*, vol. 8, reprinted 2010. Nabu Press.

Weber, Max 1958. *The Protestant Ethic and the Spirit of Capitalism*, trans. Talcott Parsons. New York: Charles Scribner's Sons.

Webster, Ken 2015. *The Circular Economy – A Wealth of Flows.* Cowes, Isle of Wight: Ellen McArthur Foundation Publishing.

White, Allen, Mark Stoughton and Linda Feng 1999. 'Servicizing: the quiet transition to extended producer responsibility'. Report to the US Environmental Protection Agency Office of Solid Waste. Online at www.infohouse.p2ric.org/ref/17/16433.pdf (accessed 24 March 2016).

WHO 2012. 'All for equity'. Report of the World Conference on the Social Determinants of Health. Geneva: World Health Organisation. Online at www.who.int/sdhconference/resources/Conference_Report.pdf?ua=1 (accessed 25 January 2016).

Whybrow, Peter 2015. *The Well-Tuned Brain: Neuroscience and the Life Well Lived.* New York: W. W. Norton and Co.

Wiedmann, Thomas, Heinz Schandl, Manfred Lenzen, Daniel Moran, Sangwon Suh, James West et al. 2015. 'The material footprint of nations'. *Proceedings of the National Academy of Sciences* 112(20): 6271–6276.

Wiedmann, Thomas, Heinz Schandl and D. Moran 2015. 'The footprint of using metals: new metrics of consumption and productivity'. *Environmental Economics and Policy Studies*, 17(3): 369–388.

Wiedmann, Thomas, R. Wood, Jan Minx, Manfred Lenzen, D. Guan and Rocky Harris 2010. 'A carbon footprint time series of the UK – results from a multi-region input–output model'. *Economic Systems Research* 22(1): 19–42.

Wilhelm, Richard 2003. *I Ching or Book of Changes*, 3rd edition. London: Penguin.

Wilkinson, Richard 2005. *The Impact of Inequality: How to Make Sick Societies Healthier.* London: Routledge.

Wilkinson, Richard and Kate Pickett 2009. *The Spirit Level – Why More Equal Societies Almost Always Do Better.* London: Penguin.
Williams, Tennessee 1954. *Cat on a Hot Tin Roof*, reprinted 2010. London: Methuen Drama.
Wilson, Edward O. 1975. *Sociobiology – The New Synthesis.* Cambridge, MA: Harvard University Press.
Wolf, M. 2015. *The Shifts and the Shocks: What We Learned from the Financial Crisis and What We Still Have to Learn.* London: Penguin.
Wolf, Martin 2014. 'Strip private banks of their power to create money'. *Financial Times*, 25 April.
Wood, W., J. Quinn and D. Kashy 2002. 'Habits in everyday life: thought, emotion, and action'. *Journal of Personality and Social Psychology* 83: 1281–1297.
Wray, R. 2012. *Modern Money Theory: A Primer on Macroeconomics for Sovereign Monetary Systems.* New York and London: Palgrave Macmillan.
Wright, Robert 1994. *The Moral Animal – Why We Are the Way We Are.* London: Abacus.
Zeebe, Richard, Andy Ridgwell and James Zachos. 2016. 'Anthropogenic carbon release rate unprecedented during the past 66 million years'. *Nature Geoscience.* Online at www.nature.com/ngeo/journal/vaop/ncurrent/full/ngeo2681.html (accessed 22 March 2016).

致谢

我写作这本书时,无论是原版还是之后的修订版,许多人都给予了我无私的帮助和支持,我对他们感激不尽。

萌发写这本书的想法来自于和乔纳森·波利特(Jonathon Porritt)的一次对谈,乔纳森已经在可持续发展委员会担任了十年的主席。2004年,我被委任为可持续发展委员会的经济专员,不久后,我便和乔纳森坐在一起探讨我在委员会中应该发挥什么样的作用。

我们约在了威斯敏斯特的一个咖啡馆见面,这是一次十分简短的会面,不超过二十分钟,因为我们都还要赴其他的约。但是这次见面为我之后十多年的工作指明了总体方向。曾有一个报告公开挑战当下流行的经济范式根基,乔纳森对此持十分肯定且毫不动摇的支持态度。时至今日,我仍然从他的见解和经历中收获颇多。

同样珍贵的还有和委员会的同事们之间的情谊,感谢写书过程中以及出版之后他们一直在身边,委员会的同事们和秘书处无私奉献他们的时间、参加研讨会、指出关键问题、审查我的稿子。感谢维克托·安德森（Victor Anderson）、简·贝冰顿（Jan Bebbington）、伯尼·布尔金（Bernie Bulkin）、林赛·科尔伯恩（Lindsey Colbourne）、安娜·库特（Anna Coote）、彼得·戴维斯（Peter Davies）、斯图尔特·戴维斯（Stewart Davis）、苏·迪柏（Sue Dibb）、萨拉·埃佩尔（Sara Eppel）、伊恩·芬恩（Ian Fenn）、安·芬雷森（Ann Finlayson）、苔丝·吉尔（Tess Gill）、艾伦·奈特（Alan Knight）、蒂姆·朗（Tim Lang）、安德鲁·李（Andrew Lee）、安迪·隆（Andy Long）、艾莉丝·欧文（Alice Owen）、埃尔克·皮尔格梅尔（Elke Pirgmaier）、艾莉森·普利德摩尔（Alison Pridmore）、安妮·鲍尔（Anne Power）、休·雷文（Hugh Raven）、蒂姆·奥瑞沃丹（Tim O'Riordan）、里安·托马斯（Rhian Thomas）、雅格布·托里蒂（Jacopo Torriti）、乔·特伦特（Joe Turrent）、凯·韦斯特（Kay West）、贝基·威利斯（Becky Willis），他们在这段时间都不断给予我鼓励和建议，衷心感谢。

还要特别感谢在2007年11月到2008年4月期间，为可持续发展委员会主办的有关繁荣的研讨会做出贡献的朋友们。他们是：西蒙·达利山德罗（Simone d'Alessandro）、弗雷德里克·布代（Frederic Bouder）、玛德琳·邦廷（Madeleine Bunting）、赫尔曼·戴利（Herman Daly）、阿里克·唐迪（Arik Dondi）、保罗·艾金斯（Paul Ekins）、蒂姆·卡瑟（Tim Kasser）、米利亚姆·肯尼特（Miriam Kennet）、盖伊·刘（Guy Liu）、托马索·卢扎蒂（Tommaso Luzzati）、杰西·诺曼（Jesse Norman）、阿夫纳·奥弗尔（Avner Offer）、约翰·奥尼尔（John O'Neill）、汤姆·普鲁夫（Tom Prugh）、希尔德·拉普（Hilde Rapp）、乔纳森·卢瑟福（Jonathan Rutherford）、吉尔·鲁特（Jill Rutter）、齐亚·萨达尔（Zia Sardar）、凯特·索珀（Kate Soper）、史蒂夫·索雷尔（Steve Sorrell）、尼克·斯宾塞（Nick Spencer）、德里克·沃尔（Derek Wall）、大卫·伍德沃德（David Woodward）和德米特里·曾格利斯（Dimitri Zenghelis）。

过去的十年，我十分享受与学术界的朋友和同事一起交流，这也对本书传达的观点有极大影响。创作这本书期间，我还在萨里大学主持了三项大型合作研究课题，属实荣幸之至。生活方式、价值观和环境研究小组（RESOLVE）、可持续生活方式研究小组（SLRG）以及最近成立的可持续繁荣理解中心（CUSP）为我提供了知识基础，我的许多观点也得以形成。

我个人还要感谢萨里大学的同事们和参与并支持这些研究课题的人们。他们是：艾莉森·阿姆斯特朗（Alison Armstrong）、特蕾西·贝德福德（Tracey Bedford）、凯特·伯宁罕（Kate Burningham）、菲尔·卡特尼（Phil Catney）、莫娜·契特尼斯（Mona Chitnis）、伊恩·克里斯蒂（Ian Christie）、亚历克西娅·寇可（Alexia Coke）、杰夫·库柏（Geoff Cooper）、威尔·戴维斯（Will Davies）、蕾切尔·杜兰特（Rachael Durrant）、安迪·多布森（Andy Dobson）、安琪拉·德鲁克曼（Angela Druckman）、比尔格塔·盖特斯莱本（Birgitta Gatersleben）、布朗温·海沃德（Bronwyn Hayward）、莱斯特·安（Lester Hunt）、阿利德·琼斯（Aled Jones）、克里斯·库克拉（Chris Kukla）、马特·利奇（Matt Leach）、费格斯·里昂（Fergus Lyon）、斯科特·米尔恩（Scott

Milne）、雅各布·穆卢盖塔（Yacob Mulugetta）、凯特·奥克利（Kate Oakley）、罗南·帕尔默（Ronan Palmer）、黛比·罗伊（Debbie Roy）、阿德里安·史密斯（Adrian Smith）、史蒂夫·索雷尔（Steve Sorrell）、安迪·斯特林（Andy Stirling）、苏·维恩（Sue Venn）、大卫·乌泽尔（David Uzzell）、巴斯·维尔普朗克（Bas Verplanken）、瑞贝卡·怀特（Rebecca White）。我不仅和他们有相同的工作日程，而且共同创造了开放且丰富的智慧结晶，即便有时候我们在某些细节上有分歧。

如果没有协助团队不知疲倦又充满善意的帮助，我们的合作研究便无法开展。感谢温迪·戴（Wendy Day）、玛丽莲·埃利斯（Marilyn Ellis）、克莱尔·利文斯通（Claire Livingstone）、玛拉·福斯特（Moira Foster）。此处还要特别感谢吉玛·伯吉特（Gemma Birkett），她在管理有时难以处理的记事簿、面对不同的挑战仍然保持冷静时发挥了十分重要的作用。

第一版出版之后，我收到了许多来自同事和朋友的广泛支持，在此无法一一列举他们的名字。甚至有些朋友从最偏僻的地方联系我，他们的热情成为了我继续进行这项研究的重要动力。

从救济院经理将我对消费主义的批判和他所关心的挑战进行比较，到奥古斯丁的姐姐写信给我讲述有关托马斯·阿奎那对于公共利益的观点；从经济学教授感谢我打破了他不曾理解的禁忌，到祖母19世纪60年代就已按照地球上"轻松生活"的规范来抚养孩子；从学校孩子们和大学生们邀请我去做讲座，到投资经理也开始侧耳聆听并打算做出改变。这些个人层面的回应对我来说意义非凡，远大于那些分析和批判"脱钩"局限性的学术文章。

第一版出版以来的六年里，有些人的智力投入是不可或缺的，如果不提及他们名字将是我的失职。他们和我有相同的想法、共享一个平台、一起度过那段时间，感谢他们：查理·艾登·克拉克（Charlie Arden-Clarke）、艾伦·阿特金森（Alan Atkinson）、迈克·巴里（Mike Barry）、娜塔莉·贝内特（Nathalie Bennet）、凯瑟琳·卡梅隆（Catherine Cameron）、伊莎贝尔·卡西耶（Isabelle Cassiers）、鲍勃·科斯坦萨（Bob Costanza）、本·戴森（Ben Dyson）、奥特玛·艾登霍弗尔（Ottmar Edenhofer）、玛丽娜·费歇尔·科瓦尔斯基（Marina Fischer-Kowalski）、邓肯·福布斯（Duncan Forbes）、约翰·富勒顿（John Fullerton）、拉尔夫·菲克斯（Ralf Fücks）、康妮·海德格尔德（Connie Hedegaard）、科林·海恩斯（Colin Hines）、安德鲁·杰克逊（Andrew Jackson）、乔治·卡利斯（Giorgos Kallis）、阿斯特丽德·卡恩·拉斯穆森（Astrid Kann Rasmussen）、罗曼·克兹纳里奇（Roman Krznaric）、萨提斯·库玛（Satish Kumar）、迈克尔·库姆霍夫（Michael Kumhof）、克里斯汀·拉尔（Christin Lahr）、菲利普·兰伯特（Philippe Lamberts）、安东尼·莱丝洛威茨（Anthony Leiserowitz）、卡洛琳·卢卡斯（Caroline Lucas）、霍安·马丁内斯·阿列尔（Joan Martinez-Alier）、杰奎琳·麦克格莱德（Jacqueline McGlade）、丹尼斯·梅多斯（Dennis Meadows）、多米尼克·梅达（Dominique Meda）、彼得·米歇利斯（Peter Michaelis）、曼恩哈特·米格尔（Meinhard Miegel）、埃德·米利

班德(Ed Milliband)、弗朗西斯·奥格雷迪(Frances O'Grady)、凯特·珀尔(Kate Power)、法比耶娜·皮埃尔(Fabienne Pierre)、保罗·拉斯金(Paul Raskin)、凯特·拉沃思(Kate Raworth)、比尔·里斯(Bill Rees)、约翰·罗克斯特伦(Johan Rockström)、弗朗索瓦·施奈德(François Schneider)、彼得拉·平泽勒(Petra Pinzler)、朱丽叶·斯格尔(Juliet Schor)、托马斯·塞德拉切克(Thomas Sedlacek)、格哈特·希特(Gerhardt Schick)、格斯·斯佩思(Gus Speth)、阿希姆·施泰纳(Achim Steiner)、帕万·苏克戴夫(Pavan Sukhdev)、安尼·苏利斯特约瓦蒂(Any Sulistyowati)、阿戴尔·特纳(Adair Turner)、芭芭拉·翁米斯希(Barbara Unmüßig)、亚当·韦克林(Adam Wakeling)、约翰·沃利(Joan Walley)、史蒂夫·卫古德(Steve Waygood)、恩斯特·冯·魏茨泽克(Ernst von Weizsäcker)、安德斯·维杰克曼(Anders Wijkman)、罗恩·威廉姆斯(Rowan Williams)。我们的观点不总是一致的,但他们对知识的热情是一个巨大的宝库,他们值得我最诚挚的感谢。

我很感激汤米·维德曼(Tommy Wiedmann)、托马斯·马奎斯(Tomas Marques)、内雅蒂·帕特尔(Neeyati Patel)、珍妮特·塞勒姆(Janet Salem)、海因兹·辛德勒(Heinz Schandl)和来自澳大利亚联邦科学与工业研究组织(CSIRO)、可持续欧洲研究所(SERI)、联合国环境规划署(UNEP)的同事们,因为他们无私地投入修改本书有关脱钩的章节。过去十年反思这场辩论中发生了多大的改变是十分有意思的。我想起七八年以前,我们努力地将物质足迹数据整合在一起,这很好地验证了一个极具价值的国际研究项目。如今，贸易在模糊富裕国家的资源依赖方面所起的作用已受到广泛认同，很大程度上也要归功于这项工作。

我个人非常感谢彼得·维克托（Peter Victor），他给予的知识陪伴是过去七年我个人发展不可或缺的一部分，也是第二版的灵感来源。彼得和我本应该在发展"后增长"宏观经济学中找到共同的愿景，这也是他早期参与可持续发展委员会工作中真正受益的地方，而发现彼此有如此多的共同爱好完全是意外之喜。也要特别感谢彼得的妻子玛丽亚·帕兹·维克托（Maria Paez Victor），她安静地容忍了我们长达一周的谈话，最后我们折服于她对西方资本主义精辟的批判。

《无增长的繁荣》成书过程中，我十分有幸和三个独立的编辑团队合作。最初是和可持续发展委员会的凯·韦斯特（Kay West）、里安·托马斯（Rhian Thomas）和安迪·隆（Andy Long）一起合作；第二次合作是和来自 Earthscan 出版社的乔纳森·辛克莱·威尔逊（Jonathan Sinclair-Wilson）、卡米尔·布拉莫尔（Camille Bramall）、古德伦·弗里兹（Gudrun Freese）、艾莉森·库兹涅茨（Alison Kuznets）和范若施卡·泽巴赫（Veruschka Selbach）；现在和来自 Routledge 出版社的尼尔·布恩（Neil Boon）、安迪·哈弗里斯（Andy Humphries）、凯西·赫伦（Cathy Hurren）、罗伯·兰厄姆（Rob Langham）、劳拉·约翰逊（Laura Johnson）、奥马尔·马苏德（Umar Masood）、阿黛拉·帕克（Adele Parker）、奈基·特怀福德（Nikky Twyford）合作。我诚挚地感谢他们付出的专业知识、对细节的关注和悉心理解。

最后，我要向我的搭档琳达（Linda）致以感谢，过去几年中，她给予的个人和专业帮助支持着我度过了不曾预料的挑战。我特别感谢我们散步时度过的愉悦时光，散布在河边、树林中、山谷里、山峦间。萨提斯·库玛曾经跟我说：最好的想法总会在路上出现。（我想他是从尼采那里学来的。）